西北大学学术著作出版基金
资助出版

网络传播中的
版权侵权责任比较研究

A Comparative Study on Copyright Liability in Online Transmissions

龙井瑢 著

人民出版社

目　录

引 言

版权总能随着技术发展而不断塑造自己。在过去的 120 年间，为了适应不断出现的新技术，版权法总是有规律地不断被迫修订。例如，当速记表音符号、摄影、无线电、电影以及电视出现的时候，皆是如此。任何重要的技术革新都有可能打破版权制度所寻求的在作者与作品使用者之间的利益平衡，最终导致法律的变革。新技术总是促使利益的钟摆离开原来的位置。在静电复印机出现之前，公众必须购买作品的印刷品、手抄或者从图书馆及其他购买者那里借阅，否则无法接触作品；在无线电收音机和视频录制设备出现之前，公众只能买票观看现场表演或者通过得到许可的媒介收看或收听作品。由于技术的限制，公众利用和使用作品的方式有限，版权人实质上控制了创作作品复制件的制作和传播，以及通过公开表演和传播向公众提供作品的行为。一旦技术的限制消失，利用与使用作品的限制也随之消失。"控制"的钟摆明显地开始朝着用户倾斜。版权人面对失去控制的局面，总是亟须从根本上扩大其范围，以覆盖智力产品以及财产权的新形式。[①] 于是，钟摆又朝着版权人方向回归，以重建最初的平衡。从理论上看，一方面要刺激创作，另一方面要保障公众获得信息、知识以及其他智慧成果的机会，版权法必须保持二者之间的平衡。

随着互联网的出现，版权法试图保持的平衡又开始动摇。复制变得极其容易，版权人基于技术的限制对作品使用的控制开始消失。对文件共享网络中的用户来说，无实际成本、无品质损耗的复制行为成为可能。数字化的作品在网络传输，只要具备适当的接收设备，世界任何角落的人都可以随时接收该作

[①] Alina Ng, "Copyright's Empire: Why the Law Matters", *Marq Intell Prop L Rev*, Vol.11, No.2（2007）, p.337.

品。版权人已有的复制权无法覆盖传播行为，因为数字传输越来越不依靠物理实体产品的复制和销售。版权文化产品的消费也随着新技术在我们的生活中蔓延开来。作者、中介和公众之间的关系开始发生改变，个人用户自然希望利用无限便捷的互联网接入、使用并传播信息和版权作品，然而版权工业却为了维持自己在版权市场的控制地位而拒绝满足这种需求。面对挑战，版权人言之凿凿地宣称，向公众在线提供作品的行为给版权产业带来了极其严重的、潜在的经济伤害，这种伤害与模拟世界中的盗版行为带给版权界的伤害相比，有过之而无不及。

通常来说，版权人可以对一项侵权行为分开提出若干项指控，指控大体可以分作两类：一是指控上传文件的个体用户直接侵犯某项或某几项版权权利；二是指控为非法行为提供辅助性设施、设备的制造商、服务提供者，使其为第三人的直接侵权行为承担间接侵犯版权责任。构成直接侵权的条件包括对有效版权作品的所有权，以及被告对版权作品中的受保护部分实施了实质性的复制行为从而侵害了版权法赋予版权人的某项独占权。因此，通过立法赋予版权人一项新权利以控制获得作品的行为就成为应对数字技术威胁最直接的办法。

1996 年，世界知识产权组织（World Intellectual Property Organization，以下简称 WIPO）所谓的"互联网条约"——《世界版权条约》（World Copyright Treaty 以下简称 WCT）与《世界表演与录音制品条约》（World Performance and Production of Phonogram Treaty）将传统的向公众传播权加以扩展从而使其适用于网络传输，因为网络传输的最大特点就是公众在可以选择的时间和地点获得作品。1996 年 WIPO 的"互联网条约"中扩大适用向公众传播权的条款实际上引入了一项新权利，即向公众提供权，赋予版权人控制在线按用户要求传播作品的权利。经过激烈的争论，[1] 国际条约最终以"伞状方案"的形式要求各国引入该新权利。所谓"伞状方案"，是指允许条约缔约方以内国法的特别形式来保护版权控制获得作品的独占权，而并非强制性地要求缔约国制定统一的某项条款。这种"伞状方案"引起了内国法是否必须引入该项新权利的

---

[1]　Mihály J. Ficsor, "Copyright for the Digital Era: The WIPO Internet Treaties", *Colum-VLA JL & Arts*, Vol.21, No.3（1996），p.197.

问题上的争议。

美国立法拒绝在版权法中引入一项新权利，因为美国国会认为美国版权法现有的权利尤其是发行权可以单独或者结合其他权利适用于数字传输。[①] 然而，美国法院在将现有版权权利适用于在线向公众提供行为时遇到了不小的麻烦。为了避免关于发行权的复杂问题，美国法院转而求助于普通法中分配法律责任的辅助侵权的概念。不久欧盟立法于 2001 年在该问题上也做出反应，之后欧盟主要成员国陆续在本国版权法中引入新的向公众传播权。英国 2003 年通过修订已有的版权法跟上了欧盟立法的脚步。几乎同时，中国也将此项新权利引入版权法。自此，在技术层面上，未经许可在线向公众提供作品的行为已经在多国法律制度中成为侵权行为。

尽管国际条约和内国法中的向公众提供权条文较为清晰，然而在利益各方如何分配侵权责任方面还是产生了棘手的问题。首先，这项权利是否只针对个人的上载行为？还是也包括为违法内容的传输提供网络或平台的辅助服务，例如 P2P 文件共享网络和搜索引擎的服务？在互联网上向公众提供版权保护作品是一项单一的限制性行为还是包括所有网站经营者以及其他接入服务提供者实施的各项行为在内的一系列限制性行为？提供访问内容的辅助服务，例如缓存服务，是否要为侵犯向公众提供权而承担责任？还是要为接受服务的用户的侵权行为承担间接责任？普通法国家的版权法大多都利用授权责任、帮助侵权、替代责任等已有的普通法概念来解决问题。在民法法系国家（包括中国）通常利用共同侵权的概念来分配责任。

接下来要回答的问题是，在网络传输的条件下，直接侵权与间接侵权是何种关系？要施加间接侵权责任，必须以存在被告人之外的其他人相应的直接侵犯版权行为为前提。当涉及版权间接责任时，如果第三人的行为并不违法，那么逻辑上就不存在被告人的间接侵权问题。如果网络用户无需承担版权责任，那么为无数个体网络用户提供辅助手段的行为就同样不具有可诉性。缺乏侵犯该权利的抗辩为认定间接责任提供了逻辑基础。相反，如果能适用有效的侵

[①]　Working Group on Intellectual Property（US）, *Intellectual Property and the National Information Infrastructure—The White Paper of the Working Group on Intellectual Property Rights*（1995）.

权抗辩，例如合理使用，意味着缺乏作为施加间接侵权责任的前提条件。因此，即便版权立法赋予版权人新的独占权，但是版权司法将间接版权责任拉入复杂的数字时代的责任分配问题成为全球趋势。如果我们不得不建立版权间接侵权责任制度来解决网络环境中的问题，则必须保证侵权原则从物理世界进入与网络虚拟空间之间的通道畅通。毕竟，中立性不但是我们在评价中间服务商的这一角色的关键，而且也是能贯彻版权法利益平衡原则的决定性要素。①

由于对上述问题的答案并不一致，比较研究就成为必要。由于缺乏共识，才有必要对不同国家的不同的立法选择和司法立法加以研究和评论。本书将集中研究美国、英国和中国的立法以及司法实践。为什么选择美国、英国和中国作为比较对象？原因不难理解。这三国代表了目前世界主要版权文化市场。首先，其版权法集中反映出发达国家和发展中国家版权保护的不同路径。其次，其版权立法和版权司法实践被广泛讨论，三国的案例法成就相当丰硕。尽管美国和英国都是典型的版权传统立法模式的代表，但由于英国版权法深受欧陆邻居的作者权传统立法模式的影响，它与美国的版权法在很多重要方面存在差异。随着中国近二十年经济的快速发展，中国版权法也同样面对关于版权与新技术关系的这一全球性问题。考虑到在当前全球贸易中的重要地位，中国在面对互联网挑战时的态度和对策不可小觑。

比较研究并不是简单罗列相同点和不同点。事实上，法律、历史和文化之间的联系非同寻常，任何法律制度都根植于特定的土壤，这块土壤上人的精神聚合成一种特殊的法律制度，这块土壤上发生的历史事件在塑造特殊的国民性格和环境的同时，相互纠缠互相影响塑造出特殊的法律制度。② 虽然学者 A. Watson 关于法律可以在异国土壤成功移植的观点引人注目，③ 但也遭到其他学

---

① Maria M. Frabboni, "File-Sharing and the Role of Intermediaries in the Marketplace: National, European Union and International Developments" in Copyright Enforcement and the Internet, Irini A. Stamatoudi (ed), The Netherlands: Kluwer Law International, 2010, p.119.

② Peter De Cruz, *Comparative Law in a Changing World*, 3rd edn, Abingdon: Routledge-Cavendish, 2007, p.6.

③ Alan Watson, *Legal Transplants: An Approach to Comparative Literature*, 2nd edn, Athens, GA: The University of Georgia Press, 1993, pp.23–34.

者的批评。P. Legrand 就认为，不仅仅因为法律是社会决定的，而且因为我们对法律的认识和对法条的解释也是解释者的认识论假设发挥作用的过程，而这种假设本身是具有历史性和文化性的。① "所有国家的本国法都反映了本国的社会价值观和社会条件，该法所追求的目标其实都是由各种政策目标混杂而成。" ② 我国台湾学者也提出"功能性的比较方法"，他们认为"功能性是比较法方法论的基本原则，每个社会的法律实质上均面临相同或类似的问题，不同的法律制度以不同的方法解决处理相同的问题。因此，从事比较研究时，必须从功能的角度，作为提出问题的出发点。" ③

版权法也不例外。不同国家都有不同的关于版权保护的目的。每个国家的版权法都反映了基于本国特定的社会、法律和政治文化的本国独特的版权视角。不同国家在执行政策时的差异是不可避免的。因此，我们不能当然地认为法律具有畅通的可移植性。"将来源于异质环境的法律模式适用于本国一直都存在'排异'的风险。" ④ 正如学者 Berkowitz 所说，"如果移植的法律能适应新的当地条件，或者当地人已经对移植的法律的基本原则相当熟悉的话，那么移植或许可以成功。" ⑤ 像中国这样一个版权传统缺失的国家，任何冒失激进的法律移植而不对成长于西方国家的版权法原则进行深入分析和评价，都将会在移植先进因素的同时移植进外国法律制度中的缺陷。⑥

然而，正如学者 O. Kahn-Freund 发现的，近年来一方面政治要素对法律仍有重要影响，但是地理、经济和社会、文化要素对法律移植的影响在逐渐弱

① Pierre Legrand，"The Impossibility of 'Legal Transplants'"，*Maastricht J Eur & Comp L*，Vol.4，No.2（1997），p.111.

② Matt Jackson，"Harmony or Discord? The Pressure Toward Conformity in International Copyright"，*IDEA-The Journal of Law Technology*，Vol.43，No.4（2003），p.607.

③ 王泽鉴：《人格权法》，北京大学出版社 2013 年版，第 16 页。

④ Otto Kahn-Freund，"On Uses and Misuses of Comparative Law"，*Modern Law Review*，Vol.37，No.1（1974），p.1.

⑤ Daniel Berkowitz，Katharina Pistor and Jean-Francois Richard，"The Transplant Effect"，*Am J Comp L*，Vol.51 No.1（2003），p.163.

⑥ Jie Hua，"Rethinking Copyright Reform: Should China Imitate or Innovate?"，*Journal of International Commercial Law and Technology*，Vol.9，No.2（2014），p.94.

化。[1] 学者 L. Friedman 也发现，不断扩展的现代性导致在截然不同的法律文化之间的法律移植也是可以成功的。[2] 随着现代工业、国际贸易以及全球传播技术向发展中国家扩展，其经历的法律问题也日益趋同于发达国家面对的问题。尤其是互联网流量的全球而非国内发展，一国的版权和传播政策几乎必然影响其他国家的法律实践。同时，版权侵权行为也正成为一个跨越国界的国际问题。可以合理地认为，在大多数情况下，政治分化的过程总是伴随着数字经济、社会、文化的日益相互吸收、同化的过程。

由于这种复杂的法律转型，本书作者力图避免过于理想化地、盲目乐观地认为存在"减少法律分歧"的进程，但也确信厘清法律界限的研究是必要的，通过客观系统地分析针对特定法律问题不同的法律系统给予的不同解决方案，从而推动法律更好地适应社会需求。当然，详细讨论那些导致各国法律路径差异的社会、政治等方面的考量并不是本书研究范围；作为法律分析的背景，本书在必要的时候也会涉及相关内容的阐述。而这些考量在将来的版权法的根本目的之研究方面则是不可忽视的。

本书内容分为六章，从不同角度和层面对影响世界版权市场的国家的立法与司法进行比较研究，讨论数字时代版权责任，尤其是网络服务商的版权间接责任。

作为比较分析非法在线"向公众提供行为"的版权直接侵权与间接侵权责任的基础，第一章将详细评述美国、英国和中国三国是如何在自身立法架构中各自履行国际条约所要求的在数字传输中保护版权作品的义务的。本章将研究侵犯向公众提供权的侵权行为人所承担的版权直接侵权责任。缺乏统一的规制"向公众提供行为"的法律规则使得对侵权责任的评价变得十分不确定。

第二章和第三章内容将转向司法领域，批判性地分析三国法院对版权人指

---

[1] Otto Kahn-Freund, "On Uses and Misuses of Comparative Law", *Modern Law Review*, Vol.37, No.1 (1974), p.1.

[2] Lawrence M. Friedman, "Some Thoughts on the Rule of Law, Legal Culture, and Modernity in Comparative Perspective", in Toward Comparative Law in the 21st Century, Institute of Comparative Law Japan (ed), Japan, 1998, p.1075; Inga Markovits, "Exporting Law Reform - But Will It Travel", *Cornell Int'l L J*, Vol.37, No.1 (2004), p.95.

控在线"向公众提供行为"的回应。这两章将集中讨论三国不同的侵权归责原则的司法实践。在美国，一系列案件显示，无论是向上载行为人还是网络服务商施加直接侵权责任，仍有很大争议，根本原因在于，如果没有进一步澄清，美国版权法中的发行权很难直接适用于网络"向公众提供行为"。美国的间接侵权制度无论是在理论还是在实践中并未使问题变得更容易，但显然地对其他国家产生了影响。在英国，就新的向公众传播权的司法实践显示，将该项权利适用于为用户接入作品提供辅助服务的网络服务商时，授权责任扮演了十分重要的角色。中国立法中的信息网络传播权因其范围较窄，迫使中国法院借鉴普通法尤其是美国法中的间接侵权规则，以弥补中国版权法在直接侵权与间接侵权之间的法律空隙。比较分析显示，间接版权侵权责任制度的适用呈扩大趋势，案件的认定方法从判定直接侵权的具体事实转向对间接侵权要素如故意、引诱以及帮助行为本身的考量。这种转变意味着版权法的深刻变革：从关注财产权转向关注那些可用于侵权的技术所带来的利益冲突和平衡问题。

　　一个平衡的版权体制需要一方面通过赋予作者独占权来保护作者的利益，另一方面要限制这种独占权来保证普通公众的利益。在网络传输的案件中，传统的抗辩如合理使用或立法者精心设计的"安全港"规则如何适用？重要的是，如果这些抗辩可以适用于当事人，则无需启动版权间接侵权规则。本书第四章着重分析了那些被追究直接侵权责任的行为人是否可以得到免责的问题。由于国际版权条约缺乏清晰的侵权行为免责条件，而三国内国法中的版权例外和限制制度存在差异，因此造成免责的结果也不尽相同。本章将分析三国司法者在适用合理使用制度保护被指控侵权行为人所面临的困难。由美国立法确立并在美国认定网络服务商侵权责任的司法实践中发挥了重要作用的"避风港"保护规则被输入到欧盟和中国，[①] 然而"避风港"规则却在"进口国"遭遇困境。通过分析各国的版权例外和限制制度，本章批判性地评价了数字环境中合理使用制度和"避风港"制度的有效性与合理性。按照现有的版权例外规则模式，

---

① 　美国《千禧数字版权法案》（DMCA）中的"避风港"条款为其他国家的相关立法树立了一个典范。参见 Mihály J. Ficsor, "The WIPO Internet Treaties: The United States as the Driver: The United States as the Main Source of Obstruction— As Seen by an Anti-Revolutionary Central European", *J Marshall Rev Intell Prop L*, Vol.6, No. i（2007），p.17。

网络服务商也很难在英国和中国获得免责。而两国不大可能在近期放弃已有的版权例外规则模式，但为创新拓展更大的空间，版权法寻找恰当的平衡点成为必要。

除了缺乏专门针对向公众提供行为的侵权免责条款，授权责任也备受诟病，英国仍然追随欧盟的脚步，制定了版权的执行措施条款。根据这一条款，版权人可以申请法院针对其网络用户的侵权行为向网络服务商发出禁止令。这就使向网络服务商就其用户的行为施加责任成为可能。本书第五章将分析禁止令规则的法律基础以及禁止令救济措施在英国的适用。显然，还没有证据证明英国充满争议的禁止令救济措施为打击网络侵权提供了有效的版权执法范例。

从第一章到第五章的分析为系统地重新思考向直接侵权者与间接侵权者施加不同的版权责任问题提供了支持。归责原则的选择并非无足轻重，事实恰好相反。在前五章分析的基础上，第六章将讨论版权责任归责所呈现出的发展趋势：版权诉讼从直接侵权事实的认定转向间接侵权构成要素的考量；并将分析在何种程度上版权体制应该仰仗版权间接责任制度来保持平衡这一更为根本的问题。

版权人将打击侵权的目标对准网络服务商的最根本的原因在于网络服务商处于抑制侵权行为更为有利的地位。然而重要的是，侵权人处于避免伤害更有利的位置这一事实是否能成为归责的充分条件？处于阻止侵权更有利的位置并非传统侵权法施加为第三方行为承担间接法律责任的基础。三国的版权间接侵权责任归责已经发生转变并且出现分歧。第六章在三个国家的侵权法中追踪版权责任的发展轨迹，将解释在面对新的数字技术挑战时版权间接侵权是如何被过分扩张的。将版权间接侵权责任重新放回侵权法的视域，本章得出结论，目前复杂的版权间接侵权规则无法为新技术的开发者提供一个清晰的法律指南，也无法确保版权法在不同利益冲突中保持应有的平衡；而从侵权法的角度看，为第三方的行为承担责任的关键是需要权衡为阻止侵权行为而采取合理措施的成本和收益。

综上分析，本书认为过失侵权规则制度是较为合适的选择，因为过失侵权规则原则要求考虑被告人在采取阻止侵权的措施的成本花费和困难、该措施的有效性以及该措施可能带来的负面影响等要素。由版权人承担证明上诉要素的举证责任，将会更好地平衡数字环境中版权人拥有的控制权。明确建立在过失侵权归责原则基础上的间接版权责任可以弥补缺乏灵活有效的合理使用制度和宽泛的"避风港"规则所造成的法律空隙：一方面假定在网络环境中网络服务商对阻止公众侵权行为负有责任，另一方面由版权人承担证明网络服务商存在过错的举证责任。本书最终得出结论，为了抑制洪水般的网络版权侵权行为，同时为了保留技术革新的自由空间，版权间接侵权责任制度需要重新塑造，需要坚实地建立在过失侵权归责原则的基础上。

在此基础上，第六章也将分析版权人孜孜以求将版权间接侵权责任扩大适用于网络服务商却收效甚微的主要经济原因。版权人试图在数字时代继续保持与物理模拟世界中相同的商业模式；试图继续控制他们在模拟世界中已经建立的市场，而不是努力满足消费者的需求。如果数字时代的版权制度立足于维护经历过时间检验的版权责任和侵权责任制度，或许能找到有效地解决问题的办法。

总而言之，通过对该领域当前问题的法律解决之道在文本和实践中的详细评价，我们看到，面对数字环境中不同利益方版权法律责任的分配问题，不同国家有不同思路并采取了不同路径。本书选择了两种数字传输技术来进行这种比较研究：P2P 文件共享技术和搜索引擎，前者被称为"海盗湾"，而后者则被誉为"网络的总开关"。[①] 两种技术因其不同的中立性和不同社会价值而面临两种不同的命运，而中立性与工具的社会价值性都会影响法院对其合法性的态度。在此基础上，本书还将进一步分析在近 20 年间版权不断扩张的主流发展趋势，以及对那些令人困惑的问题的不同处理方式的优势和缺陷。将法律问题与技术问题结合分析，本书的讨论为进一步研究探寻平衡文化产业、作者和创作者以及普通公众之间利益的可行方法奠定了基础。

---

① Tim Wu, *The Master Switch: the Rise and Fall of Information Empires*, Pbk. edn, London: Atlantic，2012, p.280.

第一章　向公众提供行为与直接侵权

虽然版权人宣称自己因在线向公众提供版权作品的行为而遭受的经济损失不再与非法复制件的数量有关，但仍承认后者对他们产生了经济上的影响。向版权人赋予一项新的独占权似乎可以直接减缓来自于在线向公众提供作品行为的威胁。依据国际条约的相应要求，英国和中国在本国版权法中分别确立了新的向公众提供权，但是美国却拒绝在其版权法中引入该项新权利。于是，在网络传输中各方行为人的版权侵权责任如何分配在各国出现分歧。在英国和中国，通过网络向公众提供版权作品可能直接侵犯向公众提供权；而在美国，由于哪项具体版权权利可以覆盖在线向公众提供作品的行为这一问题还没有定论，网络服务商可能需要承担间接版权侵权责任。这两种配置责任的路径代表了两种可以选择的基本方法。版权人一股脑地向网络用户和新兴的传播媒介服务商施加直接或者间接版权责任，试图将二者都纳入自己的控制范围。在很多国家，不单网络终端用户向公众提供版权作品的行为，而且提供网络平台服务的行为也常被判定为版权侵权行为。随之产生的问题是，面对网络传输的版权侵权问题，是否必须依据一项权利来追究行为人的直接侵权责任？还是可以转而适用间接侵权归责原则？

本章将梳理美国、英国和中国在处理网络向公众提供行为时所采取的不同法律方法，以及不同选择的背景，分析三国的立法如何就数字传输中的直接侵权问题做出反应。这一梳理为接下来的章节对当事方侵权责任配置与评价的比较研究提供基础。

一、问题产生的背景

（一）数字传播技术和向公众提供行为

在版权法的传统概念中，独占权利通常可以分为两类：一类是以物理复制行为和演绎行为（如发行、销售、翻译和改编等）为指向对象的权利；另一类则包含了与非物质形式的公开传播作品（如公开表演、表演之外的向公众传播，后者包括广播和有线传播）有关的权利。[①] 按照传统的版权原则，针对作品的有形物理复制件的使用权允许版权人复制作品、向公众发行作品。而非物质形态的使用主要涉及作品被传播使公众得以接收作品的行为。在非物质形态作品传播技术出现之前，与制作永久复制件有关的复制权就具有了这如此功能：版权人一旦控制了复制件就控制了随后的作品的传播。对于版权人来说，在当时的技术条件下没有必要在复制权之外另行设置一项权利来控制传播，因为后者的实现以制作有形复制件为前提条件。因此复制权就成为后续对作品进行传播的前提条件。[②] 复制权的这一特点限制了作品在个人之间的传播，也正因如此，虽然版权人未对任何形式的作品传播行为进行控制，也不会给版权人带来财产权损失。然而，无需制作有形复制件的非物质传播从根本上改变了作品的传播模式：为传播而制作多件作品复制件的需求逐渐消失了，版权人对版权作品加以控制的技术性限制因素也就跟着消失

---

① Kimberlee Weatherall，"An End to Private Communications in Copyright? The Expansion of Rights to Communicate Works to the Public: Part 1"，*E I P R*，Vol.21，No.7（1999），p.342; Jane C. Ginsburg，"From Having Copies to Experiencing Works: The Development of an Access Right in U.S. Copyright Law" in US Intellectual Property: Law and Policy，Hugh Hansen（ed），Oxford: OUP，2001，p.39; Mihály J. Ficsor，"Copyright for the Digital Era: The WIPO Internet Treaties"，*Colum-VLA JL & Arts*，Vol.21，No.3（1996），p.197.

② 根据《伯尔尼公约》第 9 条第 3 款，只要通过适当设备使用户可以感知复制的作品即可构成"传播"。参见 Guido Westkamp，"Information Access, Lex Digitalis and Fundamental Rights in Modern Copyright Law"，in New Directions in Copyright Law，Vol.4，Fraser Macmillan（ed），Cheltenham: Edward Elgar Publishing，2007，p.226。

了。^① 版权人需要复制权之外的权利来控制作品传播，公开表演权和传播权随之产生。例如，20 世纪初出现的广播行为催生了播放权。21 世纪后，随着数字和网络技术的发展，复制变得非常便捷，越来越多的作品在网络上传播，新型的网络传播行为与传统的广播行为差异越来越大，存在了近百年的播放权越来越显得力不从心了。^②

在传统大众传播模式中，广播并不要求接收广播电视节目的听众或观众实际收听或收看一档通过光缆网络或者陆地（卫星信号）传送的广播或电视节目。广播组织事先安排播放时间表，由他们决定接收听众或观众的地域范围。相反，在网络传播中，决定通过网络接收作品的时间和地点的是用户而不是广播者。这种新的传播被称为"向公众提供行为"。"向公众提供行为"与广播的根本区别在于，在向公众提供行为中，用户可以在自己选定的时间和自己选定的地点接入一项特定作品或其他版权保护的客体；而在广播过程中，接收某一特定作品只能与其传播同时进行。^③ 因此，将作品上载到互联网使公众可以获得该作品（即所谓的"向公众提供"）成为一种新的传播方式：网络（电子）传输。在这种情形下，无论作品的复制件是否被下载、接收或者以其他方式消费，与"向公众提供行为"本身无关，^④ 使公众可以在网络"接入"作品足以构成该行为。在这种新的传播方式中，使作品可以为公众通过网络接入（然后接收）可能最终引起作品的后续传播行为。

版权人宣称他们遭受经济损失的程度已经不再与未经许可的复制件的数量

---

① Nicola Lucchi，"The Supremacy of Techno-Governance: Privatization of Digital Content and Consumer Protection in the Globalized Information Society"，*Int'l J L & Info Tech*，Vol.15，No.2（2007），p.192.

② William Van Caenegem，"Copyright, Communication and New Technologies"，*Fed L Rev*，Vol.23，No.2（1995），p.322; Kimberlee Weatherall，"An End to Private Communications in Copyright? The Expansion of Rights to Communicate Works to the Public: Part 2"，*E I P R*，Vol.21，No.8（1999），p.398.

③ Silke Von Lewinski and Michel M. Walter，"Information Society Directive" in European Copyright Law: A Commentary，Michel M. Walter and Silke Von Lewinski（eds），Oxford: OUP，2010，p.921（11.3.32）.

④ P. Bernt Hugenholtz，"Caching and Copyright: The Right of Temporary Copying"，*E I P R*，Vol.22，No.10（2000），p.482.

有关的时候，网络用户轻松制作大量复制件并加以散播的新能力被看作一种对传统版权保护模式的严重威胁，向公众提供行为的经济意义就变得十分重要了。①

（二）新传播技术彻底改变了文化消费的语境

在前网络时代，作者、传播中介（如出版商、发行商）以及公众三方利益紧密结合，这是由于一个基本事实，即向公众提供作品使公众获得作品的成本相当昂贵。② 由于复制和发行的高昂成本，创作者和传播中介的利益紧紧地捆绑在一起，前者是被归入到整个中心化的作品生产和销售网络中的一个环节，例如，消费者从唱片公司而不是从音乐创作者手里购买音乐作品。长期以来，各个版权领域的发行商带领创作者为自己争取权利。通过创建版权市场，发行商和其他传播中介提供手段、设备和服务向公众提供作品，也投入资金来激励创作者创作新作品并将其复制件或对其的表演带到读者、听众和观众面前。③ 生产和供应网络的中心化确保了传统的商业模式的有效性和稳定性。版权法及其实施体制提供了一个重要的支撑保障。④ 而这种捆绑结合也解释了为什么传播中介和其他用于大规模侵权行为的技术制造商因为其数量有限而可能被施以间接责任。当然，发行商参与版权市场的动机并不只是为了推动"科学文化发

---

① Sverker K. Högberg，"The Search for Intent-Based Doctrines of Secondary Liability in Copyright Law"，*Colum L Rev*，Vol.106，No.4（2006），p.909; Raymond Shih Ray Ku，"The Creative Destruction of Copyright: Napster and the New Economics of Digital Technology"，*U Chi L Rev*，Vol.69，No.1（2002），p.263.

② Jessica Litman，*Digital Copyright: Protecting Intellectual Property on the Internet*，Amherst，N.Y.: Prometheus Books，2001，p.15; Lital Helman，"When Your Recording Agency Turns into an Agency Problem: the True Nature of the Peer-to-Peer Debate"，*IDEA— The Intellectual Law Review*，Vol.50，No.1（2009），p.49; Julie E. Cohen，"Lochner in Cyberspace: The New Economic Orthodoxy of 'Rights Management'"，*Mich L Rev*，Vol.97，No.2（1998），p.462.

③ Jessica Litman，"Real Copyright Reform"，*Iowa L Rev*，Vol.96，No.1（2010），p.1; Wendy J. Gordon，"Fair Use as Market Failure: A Structural and Economic Analysis of the Betamax Case and its Predecessors"，*Colum L Rev*，Vol.82，No.8（1982），p.1600.

④ Joseph Savirimuthu，"P2P@software（e）.com: Or the Art of Cyberspace 3.0" in New Directions in Copyright Law，Vol.6，Fiona Macmillan（ed），Northampton: Edward Elgar Publishing，2007，p.249.

展"，更多地是为了自身的经济利益。① 比较而言，创作者的创作目的五花八门，有人为了作品的经济利益最大化，而有人则纯粹出于非经济目的，如表达的欲望、名誉和地位等。② 正如学者 T. Wu 指出的：

> "人类为了自身的需求而强烈地渴望表达、创造、建构或者以其他方式来表达自己，并不期望经济回报，这并不稀奇……早在网络时代之前，在没有付费下载的时代，甚至在商业电视之前，纯粹为了修补关系以及与他人联络的渴望催生了现在称之为"广播"的东西……而为了赚钱的说法则是从未听说的。"③

发行商主要关心的是如何最大化他们对作品使用的控制，从而确保他们在已经占据的市场上的主导性地位。④ 学者 W. Patry 敏锐地指出，"版权是一种商品经营形式，作者利益在其中是居于次要地位的"。⑤ 然而，新的传播技术提供了创作者和消费者之间新的沟通渠道，唱片公司在音乐市场的垄断权利被消解了。⑥ 技术带来了新的市场消费预期；而这些预期或被满足或被拒绝。

正如上文所述，在网络时代，是由作品的接收者而不是发送者来决定对传播加以接收的时间和地点。例如，P2P 文件共享网络就建立了这样一套系统，允许用户共享其无限存储、搜索、检索和传输数字文件的能力，并在这些方面加以合作。互联网彻底地改变了创作、复制和发行的可能性。个人用户自然期

① Jessica Litman，"Real Copyright Reform".

② William M. Landes and Richard A. Posner，"An Economic Analysis of Copyright Law"，*J Legal Stud*，Vol.18, No.2（1989），p.325.

③ Tim Wu，*The Master Switch: the Rise and Fall of Information Empires*，p.37.

④ Lital Helman，"When Your Recording Agency Turns into an Agency Problem: the True Nature of the Peer-to-Peer Debate"；Neil W. Netanel，*Copyright's Paradox*，Oxford: OUP，2008，p.60；Jessica Litman，"Billowing White Goo"，*Colum J L & Arts*，Vol.31, No.4（2008），p.587.

⑤ William F. Patry，*How to Fix Copyright*，Oxford: OUP，2011，p.29.

⑥ Jane C. Ginsburg，"From Having Copies to Experiencing Works: The Development of an Access Right in U.S. Copyright Law"，p.39；Frederik W. Grosheide，"Copyright Law from a User's Perspective: Access Rights for Users"，*E I P R*，Vol.23, No.7（2001），p.321.

望可以利用互联网的巨大潜能去接入、使用和传播信息以及作品。这种需求是巨大的而且快速增长的。如果这些新的需求能够得到满足，版权工业将拥有无穷的创造财富的能力。如果这些新的需求被拒绝，版权工业只能寻求其他途径来创造他们所祈求的财富。[①] 消费者的需求与版权工业拒绝满足该需求之间的缺口随着技术和产品的快速发展而急剧扩大。[②] 例如，当 Google 于 1997 年建立时，它所推出的新的商业模式——提供由搜索结果生成的免费广告——遭到拒绝，因为当时已有的商业模式均为导入性的，即力图使消费者保留在原来网页，而搜索引擎所做的刚好相反，它们尽量将消费者带向最相关网页，即导出性的。[③] 在音乐产业，唱片公司以为他们可以忽视网络市场存在的下载单曲的需求，而一味推销其整张唱片。[④] 报纸行业犯了同样的错误，他们坚持纸质报纸的销售却忽视消费者对单篇文章而不是整份纸质报纸的阅读需求。互联网的创建者 Berners-Lee 曾对此做出判断，认为"从总体上看，网络的发展不是因为任何权威的决定或者命令，而是因为整个网络世界的公众的选择"。[⑤]

市场需要什么样的文化产品以及买卖双方的关系该如何重塑？互联网这一平台使之前的任何形式都相形见绌，因为真正的推动力量来自于消费者，其表现出来的内在规则与传统的供应结构正好相反。数字技术对传统中心化的供应网络的造成巨大威胁。[⑥] 面对这一挑战，版权工业行动迟缓，未能及时满足消费者的新需求。为了保持他们在文化产品市场的主导地位，版权人以为通过扩展独占权或者向侵权行为人发动更多的诉讼可以解决支付不足的问题。他们不但追究个人网络用户的直接版权侵权责任，而且也追究新传播服务提供者的直接或者间接版权侵权责任。在大部分国家，版权人通过指控网络平台服务行为构成版权侵权，加强他们对版权作品的控制权。

[①]　William F. Patry, *How to Fix Copyright*, p.39.

[②]　William F. Patry, *How to Fix Copyright*, p.39.

[③]　John Battelle, *The Search: How Google and Its Rivals Rewrote the Rules of Business and Transformed our Culture*, Rev. edn, London: Nicholas Brealey, 2006, p.105, pp.142–143.

[④]　Willian F. Patry, *Moral Panics and the Copyright Wars*, New York: OUP, 2009, p.3.

[⑤]　Tim Wu, *The Master Switch: the Rise and Fall of Information Empires*, p.283.

[⑥]　Yochai Benkler, *The Wealth of Networks*, New Haven & London: Yale University Press, 2006, p.85.

二、直接侵犯独占权

尽管版权学者一致同意在网络上对版权作品的未经许可使用属于或者应该属于版权法禁止的行为，但是哪项权利可以覆盖此种对版权作品的使用？对此问题的回答却没有达成统一。[①] 将已有的版权权利扩大适用于新的数字传输形式是保持版权体系稳定的首选方式。"我们无法忽视根据已有的分类、权利以及权利例外规则建立起来的司法实践……"[②] 除了已有的传播权，最可能被适用于在网络上未经许可使用版权作品行为的权利包括复制权和发行权。

（一）复制权与向公众提供行为

从技术的角度看，对电子版本的文字作品的使用分两个步骤：将版权作品展示在电脑屏幕；以及在电脑的随机存储器（Random Access Memory，RAM）中存储作品。如果要将作品显示在电脑屏幕上，从技术上讲都要求在电脑的内存中制作一个永久或者临时的复制件。与网络传输有关的首要问题就是，当网络传输发生的时候，版权复制权是否能够适用于在电脑内存中生成的这个可能是临时性的复制件？

在国际上，对这个问题的回答形成了所谓的"复制理论"。该理论最早出现在 1987 年 WIPO 召集的一个印刷品政府专家委员会会议上。[③] 该委员会的报告认为在电脑内存中的复制行为满足版权法复制权项下的"复制"的含义，因为"从电脑系统到终端用户，信号的电子传输不应该被看作一种单独的使用行为（向公众传播）而应该作为同样复杂的复制过程的一部分"。[④] 据此，从

---

① 在 WIPO 签订"互联网条约"的准备阶段，就一点已经达成共识，即公开的数字传输无法凭借"私人复制"的版权例外规则而得到免责。参见 Mihály J. Ficsor, *The Law of Copyright and the Internet*, *The 1996 WIPO Treaties*, *Their Interpretation and Implementation*, Oxford: OUP, 2002, p.106 (3.42)。

② Mihály J. Ficsor, "Copyright for the Digital Era: The WIPO Internet Treaties".

③ The Report of Group of Experts, Copyright (1985), pp.146–157. 依呈递给"印刷品政府专家委员会"的一份工作文件的"引言"所述，在该委员会的工作语境中，"印刷品"指文学作品（文字作品）。

④ The Report Group of Experts, Copyright (1985), p.213.

版权权利人合法利益的角度出发，向公众提供行为无非就是与更为重要的传输复制件的行为的补充而已，不足以引起特别关注。①

"复制理论"得到某些美国评论者和法院的支持。例如，著名知识产权学者 J. Ginsburg 就认为，长久以来我们不但认为"将一件作品输入内存构成一项复制行为"，而且坚持"单单在网络上接入作品的行为也涉及复制权，即便用户并没有在其硬盘或者软盘上制作永久性的复制件"。② 在 *MAI Systems Corp. v Peak Computer, Inc.* 案（MAI 案）中，美国法院判定一款电脑程序未经许可被载入电脑内存的行为属于侵权复制，虽然这种"载入"行为只是由一个简单的电脑开机动作完成的。③ *Sega Enterprises, Ltd. v MAPHIA* 案（MAPHIA 案）法院也认定，未经许可向电子公告板上载和从其下载的行为均构成对复制权的侵犯，而不涉及其他任何与传播有关的权利。④ *Playboy E. v Webbworld* 案（Webbworld 案）、*Vault Corp. v Quaid Software Ltd.* 等案法院也遵循了相同的法律思路。⑤

但是"复制理论"也遭到 1987 年 WIPO 印刷品政府专家委员会其他一些参会者的反对。他们认为在电脑屏幕上显示作品应该属于传播行为而非复制行为，在接收文件的电脑上生成复制件可以被看作传播行为的一个补充而非相反。⑥

在 1996 年 WIPO 召开的关于制定的外交大会上，关于复制权与其他可以

① Mihály J. Ficsor, *The Law of Copyright and the Internet，The 1996 WIPO Treaties，Their Interpretation and Implementation*，p.106（3.42）.

② Jane C. Ginsburg，"Putting Cars on the Information Superhighway: Authors，Exploiters and Copyright in Cyberspace"，*Colum L Rev*，Vol.95，No.6（1995），p.1466.

③ *MAI Systems Corp. v Peak Computer, Inc.*，991 F 2d 511（9th Cir.1993），at 519；David Nimmer，*Copyright: Sacred Text，Technology，and the DMCA*，Hague: Kluwer Law International，2003，pp.12–14.

④ *Sega Entertainment v MAPHIA*，857 F Supp 679（N.D.Cal.1994）.

⑤ *Playboy Enterprises, Inc. v Webbworld*，968 F Supp 1171（N.D.Tex.1997）；*Vault Corp. v Quaid Software, Ltd.*，848 F 2d 255（5th Cir.1988）.

⑥ Mihály J. Ficsor, *The Law of Copyright and the Internet，The 1996 WIPO Treaties，Their Interpretation and Implementation*，p.107（3.43）；Ashley M. Pavel，"Reforming the Reproduction Right: The Case for Personal Use Copies"，*Berkeley Tech L J*，Vol.24，No.4（2009），p.1615; Jessica Litman，"Readers' Copyright"，*J Copyright Soc'y USA*，Vol.58，No.2（2011），p.325.

适用于数字网络传输的各项权利之间的关系问题再次浮出水面。经过争论和妥协，协议各方最终达成一致意见，即在电子传输过程中与传输同步产生并在一个永久复制件之外制作的临时复制件属于《世界版权条约》和《世界表演与录音制品条约》中复制权所指的复制行为。[①] 与此同时，在欧盟内部，一个较原有复制权宽泛的复制权也出现在了《欧盟数据库法律保护指令》第 5 条（a）款以及第 7 条（2）款（a）项。而 2001 年的《欧盟信息社会版权指令》第 2 条也在此出现这一宽泛的复制权的定义。[②]

据此，凡是将内容上载到服务器的中央存储器的行为从法律性质上与下载行为一样属于复制权控制的范围。这一判定意义重大，因为行为一旦认定复制权可以覆盖临时复制，那么证明未获得版权人同意的向公众提供行为侵犯复制权就变得非常容易。然而，从使用作品的角度来看，如果临时复制需要取得版权人的同意的话，可能严重阻碍信息技术的进一步发展，因为大部分网络临时复制都是网络技术不可缺少的环节。[③] 毕竟，只存在于电脑内存中的复制件如果受到版权人的控制，那么依赖自动临时复制技术的电子邮件、网页、FTP 网址以及所有其他形式的数字传播行为将有可能要承担繁重的版权责任。[④]

数字环境下复制权的过分扩张无疑会限制互联网的自由，如浏览网页等行为，为了避免这一结果的发生，《欧盟信息社会版权指令》第 5 条（1）款与（4）

---

① Mihály J. Ficsor, *The Law of Copyright and the Internet, The 1996 WIPO Treaties, Their Interpretation and Implementation*, p.139（3.107）.

② Directive 96/9 of the European Parliament and of the Council of March 11, 1996 on the Legal Protection of Databases, O.J. L77/20；Directive 2001/29/EC of the European Parliament and of the Council of 22 May 2001 on the Harmonisation of Certain Aspects of Copyright and Related Rights in the Information Society（the Directive 2001/29/EC）.

③ Makeen F. Makeen, *Copyright in a Global Information Society: the Scope of Copyright Protection under International, US, UK and French Law*, Vol.5, Hague: Kluwer Law International, 2000, p.278（6.2.3）；R. Anthony Reese, "The Public Display Right: The Copyright Act's Neglected Solution to the Controversy over RAM Copies", *U Ill L Rev*, Vol.2001, No.1（2001）, p.83.

④ Craig A. Grossman, "The Evolutionary Drift of Vicarious Liability and Contributory Infringement: From Intersititial Gap Filler to Arbiter of the Content Wars", *SMU L Rev*, Vol.58, No.2（2005）, p.357; Pamela Samuelson, "Preliminary Thoughts on Copyright Reform", *Utah L Rev*, Vol.2007, No.3（2007）, p.551.

款做出例外规定，将满足特定条件的临时复制行为排除在侵权行为之外。

在 *Infopaq International A/S v Danske Dagblades Forening* 案（Infopaq I 案）中，欧盟法院（Court of Justice of the European Union，CJEU）对这两项条款做出了进一步解释。[1] Infopaq 经营了一个监控和分析商业信息的网站，他们通过数据捕获程序创建了一个聚合网站，将发表于丹麦报纸的文章的摘要加以搜索汇聚。该程序运行的具体步骤如下：在一篇文章中搜索预先给定的关键词，然后将已经在文章中定位的该词与其之前和之后的五个词一起复制。作为原告的丹麦报纸出版商专业联合会指控被告的"捕获"以及"数字处理"原告文章的行为并未得到授权。被告则主张他们的程序在丹麦无需取得版权人许可。问题最终集中在程序处理过程中生成的复制件所具有的暂时性或临时性特点上。欧盟法院认为，该案被告的复制行为的确需要法院通盘考虑《欧盟信息社会版权指令》第 5 条（1）款是否可以适用于对数字格式的数据存储和浏览行为的问题。欧盟法院最终得出结论，该条款对复制行为的免责实际上构成对该《指令》建立的一般版权原则——在制作任何版权作品的复制件时必须得到版权人许可——的减损，因此必须严格解释。

在另外一起案件 *Football Association Premier League Ltd and others v QC Leisure* 案（FAPL 案）中，欧盟法院认为，在卫星解码器的存储器中以及电视机屏幕上生成的临时复制件可以得到免责，因为它们构成"在包含争议作品的电视节目的接收过程中不可分割也无法独立保存的一部分"。[2] 遵循欧盟法院的解释，英国最高法院也在案例中认定浏览网页过程中发生的临时复制行为属于将用户电脑硬盘内容在网络缓存过程中以及在其电脑屏幕上制作的临时性复制件而可以得到免责。[3] 这样一来，至少在欧盟，复制权很难覆盖大部分向公众提供行为。

---

[1] （*C-5/08*）*Infopaq International A/S v Danske Dagblades Forening*，EU:C:2009:465（CJEU，2009）. 该案在本书第四章还将详细讨论。

[2] （*C-403/08 and C-429/08*）*Football Association Premier League*，*Ltd. and others v QC Leisure and others*；*Murphy v Media Protection Services*，*Ltd.*（*Joined Cases*），[2012] Bus LR 1321（CJEU），at 176. 下文将详细分析该案。

[3] *Public Relations Consultants Association*，*Ltd. v Newspaper Licensing Agency*，*Ltd.*，[2013] UKSC 18；[2013] 3 CMLR 11（UK Supreme Court），at H23.

（二）发行权与向公众提供行为

由于《伯尔尼公约》没有一般性地认可发行权，因此在召开签署 WIPO "互联网条约" 的外交大会大约一年前，美国的谈判代表建议在新条约中承认发行权可以适用于数字传输行为。① 但是在正式的外交大会上，各方并未就设立一项 "扩展适用于首次销售后含义宽泛的发行权或者作品有形复制件所有权转移的其他形式" 的问题达成一致意见。② 这项宽泛的权利是否能够适用于所有的发行形式以至于能够包括复制件的网络传输行为？就此仍然众说纷纭。事实上，选择用发行权来覆盖数字传输的主张主要是美国提出来的，大部分其他国家则倾向于将发行权限定在作品有形复制件发生实际转移或交付的情形。③ 从理论上来讲，如果已有的发行权适用于网络传输，那么势必要澄清版权法上的 "发行" 概念是否包含网络发行行为。

由于较为严重的分歧，《世界版权条约》和《世界表演与录音制品条约》最终只规定了限于作品或其他版权法客体有形复制件的发行权。④ 很显然，WIPO 倾向于适用向公众传播权来覆盖通过网络传输的发行行为。⑤

---

① 尽管《伯尔尼公约》第 14 条（1）款（i）项和 bis（1）项规定了电影作品的发行权，以及电影据以改编和复制的文学和艺术作品的发行权，但是《伯尔尼公约》并不包含适用于所有类型作品的一般发行权。参见 Silke Von Lewinski, *International Copyright Law and Policy*, Oxford: OUP, 2008, pp.144–145（5.131）。

② Mihály J. Ficsor, *The Law of Copyright and the Internet*, *The 1996 WIPO Treaties*, *Their Interpretation and Implementation*, p.241（4.142）.

③ David O. Carson, "Making the Making Available Right Available", *Colum J L & Arts*, Vol.33, No.2（2010）, p.135; Mihály J. Ficsor, *The Law of Copyright and the Internet*, *The 1996 WIPO Treaties*, *Their Interpretation and Implementation*, p.241（4.142）.

④ 《世界版权条约》第 6 条与《世界表演与录音制品条约》第 12 条规定了一项 "许可通过销售或者其他转移所有权的方式向公众提供作品原件和复制件" 的独占权，这项权利被冠以 "发行权"。但是这项权利范围比美国《版权法》第 106 条中的 "发行权" 范围窄。参见 David O. Carson, "Making the Making Available Right Available".

⑤ 1996 年 5 月，由欧盟成员国提议的引入新权利的建议得到广泛支持。参见 Silke Von Lewinski, *International Copyright Law and Policy*, *International Copyright Law and Policy*, pp.455–456（17.72）。

（三）国际条约中的向公众提供权

1.《伯尔尼公约》中的向公众传播权

在广播技术出现之前，版权法中并没有传播权一项，这是因为有限的传播技术决定了作品只可能通过表演传递给集中于有限场地的现场观众，例如电影只能在电影院放映，观众也只能在电影院观看。① 随着无线电广播技术的产生，新形式的作品传播成为可能，按照新的传播方式，公众无需集中于某特定场地。面对广播技术的发展，在 1928 年为修订《伯尔尼公约》签订的《罗马条约》中第一次赋予作者传播权。②《罗马条约》规定，文学艺术作品的作者享有许可通过无线电播放的方式向公众传播作品的独占权。③

向公众传播权包含三项相互独立的权利：(i) 播放权；(ii) 对播放的作品通过有线或无线方式进行再传播（转播）的权利；(iii) 通过扩音器或者其他模拟设备对播放的作品向公众传播的权利。该项新权利不同于《伯尔尼公约》中已有的表演权，后者仅适用于现场表演，④ 而前者可以适用于将作品传播至现场之外的地方的传播行为。

---

① Simon Fitzpatrick，"Copyright Imbalance: U.S. and Australian Responses to the WIPO Digital Copyright Treaty"，*E I P R*，Vol.22, No.5（2000），p.214.

② 相关的《罗马条约》条款为 Art 11 *bis*（1）；Art 11 *bis*（1）(i)；Art 11 *bis*（1）(ii)；Art 11 *ter*（1）(ii)；Art 14（1）(ii)；Art 14 *bis*（1）。

③ 《罗马条约》第 11 条 *bis*（1）款。《伯尔尼公约》第 11 条 *bis*（1）款 (i) 项规定：文学、艺术作品的作者享有许可 (i) 广播其作品或者通过任何无线播送信号、声音或图像的方式向公众传播其作品的权利。(... authors of literary and artistic works shall enjoy exclusive right of authorising: (i) the broadcasting of their works or the communication thereof to the public by any other means of wireless diffusion of signs, sounds or images ...) 很清楚，这里的"传播"是指除了广播之外的任何形式的传播行为。此处文本中英文 diffusion 含义与 communication 在那个时候同义。参见 Mihály J. Ficsor，*The Law of Copyright and the Internet*，*The 1996 WIPO Treaties*，*Their Interpretation and Implementation*，pp.156（4.18）–157（4.19）。

④ 《伯尔尼公约》第 11 条（1）款 (i) 项规定了戏剧、戏剧—音乐作品和音乐剧作品的作者有权许可对其作品的公开表演，包括通过任何手段和过程的公开表演。在 1948 年《伯尔尼公约》的"布鲁塞尔修订案"对该项表演权加以扩展，使其包含了对作品的表演的传播行为。

但是关于向公众传播行为的构成要件却并未在国际上达成一致。^①对此，《伯尔尼公约》文本或者其附属文件也没有提供任何实质性的解释作指导。然而可以确定的是，《伯尔尼公约》的传播权并不适用于在线传播作品或作品的复制件，因为即便是在 1971 年《伯尔尼公约》的最后修订版签订时，数字传输技术基本上还没有出现。

2.《世界版权条约》与《欧盟信息社会版权指令》中的向公众提供权

在 1996 年《世界版权条约》和《世界表演与录音制品条约》两份"互联网条约"签订之前，国际社会就哪项版权权利最适合覆盖网络传输行为的问题一直存在争论。根据"新条款应该尽量接近已有的传播权"的建议，在 1996 年 5 月 WIPO"关于《伯尔尼公约》可行协议草案专家委员会"的一次会议中，欧盟代表指出，新权利的条款措辞应该将电子传输作为向公众传播权的一部分，并且标明权利指向的行为应该具有"为了个人接入（作品）之目的向公众提供（作品）"之特点。^②经过协商，在最终的文本中，WIPO"互联网条约"将《伯尔尼公约》中的向公众传播权条款加以修改，使其可以适用于网络传播行为。^③WCT 第 8 条规定：

> "（作者享有）许可任何通过有线和无线方式向公众传播作品，包括向公众提供作品，使公众可以在自己选定的时间和地点获得作品的独占权。"^④

---

① Sam Ricketson and Jane C. Ginsburg, *International Copyright and Neighbouring Rights: the Berne Convention and Beyond*, Vol.1, 2nd edn, Oxford: OUP, 2006, pp.741–743（12.47–51）.

② Follow-up to the Green Paper on Copyright and Related Rights in the Information Society, European Commission COM（96）568 final, Brussels, 20 November 1996, at 14.

③ Silke Von Lewinski and Michel M. Walter, "Information Society Directive", *Information Society Directive*, p.942（11.0.19）; Silke Von Lewinski, *International Copyright Law and Policy*, *International Copyright Law and Policy*, pp.456–457（17.72–74）.

④ "向公众提供"的表述第一次出现在《伯尔尼公约》对"发表的作品"进行定义的条款中，但其仅限于以一种可能的方式向公众提供作品的情形，即提供作品复制件的行为。但是在另外两个条款（第 7 条（2）款和（3）款）中所出现的"向公众提供"则未加任何限制。这表明，在这两个条款中，以任何公众可以获得作品的方式提供作品的行为都在规制之列。参见 Mihály J. Ficsor, *The Law of Copyright and the Internet*, *The 1996 WIPO Treaties, Their Interpretation and Implementation*, p.168（4.36）.

　　该条款的核心即后半部分通常被称为"向公众提供权"，该权利将《伯尔尼公约》中的向公众传播权扩展适用于具有互动性和个体化的网络"按请求"的传播方式。WIPO总秘书对此解释说："……该条款后半部分所确认的特点，即该条款中的'提供'的含义可以包含在《伯尔尼公约》的向公众传播权的合理范围中"。①

　　在国际条约中确认一项新权利并非易事，尤其是关于该项新权利的诸多方面仍存在分歧的情况下。更为重要的是，数字传输中各种行为的法定构成要件可能与已经存在的各国不同的版权权利和版权司法实践发生冲突和摩擦。② 因此，WIPO"互联网条约"采用了所谓的"伞状方案"。根据这一方案，协议各国有义务在内国法中赋予版权人一项或多项独占权，使其有权许可通过"按请求"传输的方式对作品的使用；或者许可在这种数字传输中的特定行为，但是这种权利的法律构成要件则留给个协议国内国法确定。③ 值得注意的是，对于那些引入向公众提供权的国家，在其国内版权法中，这仍是一项特定的权利。对此，学者 M. F. Makeen 评论认为：

　　　　"尽管向公众传播权开初是作为'伞状方案'被提出的，事实上，虽然某些学者仍然认为在 1996 年 WIPO 签署条约的大会上，协议各国同意自愿决定在内国法中通过一项或者结合不同的权利来履行 WCT 第 8 条的义务，但是，在各国引入该新权利之后，在本国国内就不再是'伞状方案'

---

① The WCT Basic Proposal，para 10.13.《世界表演与录音制品条约》的"向公众提供权"与《世界版权条约》中的规定稍有不同，前者并没有规定一般性的"向公众传播权"，而只是规定了针对"广播录音制品的行为和其他传统的向公众传播行为"的平等求偿权。大部分国家并没有赋予权利人对广播录音制品或者以传统的方式如有线传播的方式向公众传播录音制品的独占权。参见 Mihály J. Ficsor, *The Law of Copyright and the Internet*, *The 1996 WIPO Treaties*, *Their Interpretation and Implementation*, p.517（10.04）。

② "伞状方案"是在 WIPO 一次高层会议墨西哥城专题研讨会上由 WIPO 总助理主任（Assistant Director General）首次提出。参见 The Submissions of the Delegations of the US and the UK to the Committee of Experts on a Possible Protocol to the Berne Convention, Fifth Session, WIPO Document *BCP/V19-INR/CE/IV8*, para.20。

③ Mihály J. Ficsor, *The Law of Copyright and the Internet*, *The 1996 WIPO Treaties*, *Their Interpretation and Implementation*, pp.204–206（4.84）.

而是一项特定权利了。"①

M.F. Makeen 还拿出证据证明自己的观点：从世界范围内看最近的立法行为例如欧盟 2001 年的《欧盟信息社会版权指令》第 3 条和《澳大利亚数字议程法案》都是将其作为一项特定权利加以规定的。②

从较早时候起，欧盟认为计算机网络的发展并不会激烈地改变版权法。1995 年，欧盟的《信息社会版权和相关权绿皮书》认为，新技术不会影响版权和相关权最根本的概念和原则，只需要对某些概念和原则做一些修订和增加一些新特点即可。③ 从这一立场出发，《欧盟出租和租借权指令》中的出租和公开出借权就可以适用于数字信息社会，立法者认为完全没有必要引入新权利来调整数字传输。④ 尽管如此，欧盟委员会还是发现，如果未就《欧盟出租和租借权指令》中的出租和公开出借权加以澄清并明确其适用于数字传输情况的话，欧盟成员国可能通过增加更多例外情形来减损出借权。⑤

因此，欧盟委员会在 1996 年的《〈信息社会版权和相关权绿皮书〉续篇》中建议，各成员国立法需要将相关条款尽可能与传统的"向公众传播权"概念靠拢。⑥ 如上文所述，尽管欧盟也接受"复制权与向公众传播权可以同时适用于电子传输"的观点，但是这似乎意味着他们承认复制权是核心权利，通过阻

---

① Makeen F. Makeen, *Copyright in a Global Information Society: the Scope of Copyright Protection under International*, *US*, *UK and French Law*, p.291（6.2.4）.

② Makeen F. Makeen, *Copyright in a Global Information Society: the Scope of Copyright Protection under International*, *US*, *UK and French Law*, p.291（6.2.4）.

③ Green paper on Copyright and Related Rights in the Information Society, European Commission COM（95）382 final, Brussels, 19 July 1995, at 11–12.

④ Council Directive 92/100/EEC of 19 November 1992 on Rental Right and Lending Right and on Certain Rights Related to Copyright in the Field of Intellectual Property, OJ L346/61.

⑤ Silke Von Lewinski and Michel M. Walter, "Information Society Directive", *Information Society Directive*, p.940（11.0.11）.

⑥ Follow-up to the Green Paper on Copyright and Related Rights in the Information Society, European Commission COM（96）568 final, Brussels, 20 November 1996, at 14.

止复制行为而控制着对作品的后续使用。① 直到 2001 年欧盟议会通过《欧盟信息社会版权指令》，按照《世界版权条约》和《世界表演与录音制品条约》的相关条款引入向公众传播权，才确定了向公众传播权在网络时代欧盟版权法中的核心地位。②《欧盟信息社会版权指令》中的向公众传播权覆盖在线提供作品行为，包括为从在线存储器或者按次付费的电视频道下载或流传播作品服务，以及通过 P2P 文件共享网络分享音乐或者视频文件等行为，行为人可能是传播者也可能是网络用户。

　　立法使用"向公众提供"的表达（或者任何上位概念）一方面反映了技术中立的版权立法观念，版权法并未差别对待任何将版权作品提供给公众的方式。③ 另一方面，"向公众提供"的表述表明更为消极的行为可能足以构成一项侵权。这项权利所指向的行为与作品事实上是否以及如何被用户接入无关。实践中，在数字环境中版权人更容易证明侵权存在，因为再无需费力地证明版权内容确实已被传输。值得注意的是，将"向公众提供行为"看作一项消极行为仅仅是相对而言。如果与网络服务商的其他提供物质性服务比较，比如提供接入互联网的服务、提供电子邮件服务，"向公众提供行为"则在一

---

① 欧盟委员会宣称，统一复制权的明确目的就是使其覆盖作品数字化及其结果，以及其他诸如扫描、上传、下载数字化格式的文件和临时复制等行为。参见 Follow-up to the Green Paper on Copyright and Related Rights in the Information Society, at 11。

② 《欧盟信息社会版权指令》第 3 条第（1）款和第（2）款分别赋予四类相关权权利人该项权利：表演者（包括视听作品表演者）、录音制品制作者、电影制片人以及广播组织。

③ 2013 年国际文学艺术联合会（L'Association Litteraire et Artistique Internationale，ALAI）成立了一个研究小组，负责研究分析关于作者和相关权人的向公众传播权以及向公众提供权适用于链接问题的影响。根据发表于 2014 年 9 月的《ALAI 报告》，"新公众"标准与《伯尔尼公约》第 11（1）(ii)、11*bis*（1）、11*ter*（1）(ii)、14（1）、14*bis*（1）诸条、《世界版权条约》第 8 条、《世界表演与录音制品条约》第 2、10、14 和 15 条以及《欧盟信息社会版权指令》第 3 条等条款相矛盾。参见 Association Litteraire et Artistique Internationale，"Report and Opinion on the Making Available and Communication to the Public in the Internet Environment: Focus on Linking Techniques on the Internet"，*E I P R*，Vol.36，No.3（2014），p.149。也可以访问 www.alai.org.，最后访问日期：2017 年 12 月 10 日；Mihály J. Ficsor，"Svensson: Honest Attempt at Establishing Due Balance Concerning the Use of Hyperlinks- Spoiled by the Erroneous 'New Public' Theory"，available at http://www.copyrightsee-saw.net/archive/?sw_10_item=68，最后访问日期：2017 年 12 月 10 日。

定程度上属于积极行为了。为了避免误解，《世界版权条约》建议，单纯提供传播物质设备和服务的行为本身并不属于该条约项下的传播行为。[①] 如果如此解释，上载作品到互联网使公众可以接入作品的行为比较而言就是积极行为了。

三、"向公众提供行为"在美国版权法上的定性

计算机网络技术滥觞于美国，美国法院和美国版权学者最早开始分析数字传输在版权法中的含义。[②] 为了解决互联网带来的新问题，美国政府于1995年成立了一个知识产权工作组，后者发表的《白皮书》聚焦于一项未经许可的网络传输是否构成版权侵权行为这一问题。[③] 按照美国1976年《版权法》，未经许可行使版权的任何一项独占权，包括复制权、演绎权、发行权、公开表演权以及展览权的，构成侵权。[④] 承认数字传输可能涉及不止一项权利，《白皮书》分析了在数字传输环境中适用多项权利的可能性。[⑤] 然而，《白皮书》并没有特别提出在适用于WIPO"互联网条约"中新的实体权利之前是否需要修改任何一项权利的问题。一方面，美国1998年为适用《世界版权条约》和《世界表演与录音制品条约》而制定的《千禧数字版权法案》（Digital Millennium Copyright Act）并没有涉及哪项独占权最适合网络传输的问题，而是将重点放

---

① The Protocol on Art 8 of the WCT.

② Makeen F. Makeen, *Copyright in a Global Information Society: the Scope of Copyright Protection under International*, *US*, *UK and French Law*, p.303（6.6）.

③ Working Group on Intellectual Property（US），*Intellectual Property and the National Information Infrastructure— The White Paper of the Working Group on Intellectual Property Rights*.

④ Sec 106 of 17 United States Copyright（17 U.S.C.）.

⑤ Working Group on Intellectual Property（US），*Intellectual Property and the National Information Infrastructure— The White Paper of the Working Group on Intellectual Property Rights*, at 215.

在了技术保护措施的问题上。① 另一方面，美国司法则将发行权（与隐含的复制权一起）、公开表演权和展览权等权利结合适用于数字互动传输行为。

（一）美国版权法上的复制权、公开表演权以及展览权

在美国，复制权的首要目的是对未经许可的传播作品行为加以控制。按照1976 年《版权法》，版权人享有制作版权作品复制件的独占权。② 该法中的"复制件"是指："物质客体……以现有的或将来出现的方式将作品载于其上，并通过该物质客体，作品可以被识读、复制或者以直接或通过机械设备的辅助加以传播。这里的'复制件'一词包含除了作品首次被记录的唱片之外的物质客体。"③

虽然在上文讨论的 MAI 案、MAPHIA 案和 Webbworld 案中，法院都认定未经许可从电子公告板上载和下载的行为构成对复制权的侵犯，但是审理三起案件的法院都没有清楚地解释为什么法院选择适用复制权而不是公开表演和展览权。④ 事实上，大部分法院主要还是将复制权与其他权利尤其是公开表演权和展览权结合起来适用于数字传输行为，而不是单独适用复制权。⑤

关 于 表 演 权， 直 到 1924 年 的 *Jerome H. Remick and Co. v American Automobile Accessories Co.* 案，美国法院才将公开表演权扩展解释适用于无线电广播行为。⑥ 该案判决第一次确立了新的"向公众传播"标准，将表演的

---

① 在《千禧数字版权法案》的五部分中只有两部分涉及对 WIPO"互联网条约"的适用问题，即第一部分"版权保护系统与版权管理信息"；第二部分"版权在线侵权责任限制问题"。参见 P. Samuelson，"Intellectual Property and the Digital Economy: Why the Anti-circumvention Regulations Need to be Revised"，*Berkeley Tech L J*，Vol.14，No.40（1999），p.519; Jörg Reinbothe and Silke Von Lewinski，"The WIPO Treaties 1996: Ready to Come into Force"，*E I P R*，Vol.24，No.4（2002），p.199.

② Sec 106（1）of 17 U.S.C.

③ Sec 101 of 17 U.S.C.

④ *MAI Systems Corp. v Peak Computer，Inc.; Sega Entertainment v MAPHIA; Playboy Enterprises，Inc. v Webbworld.*

⑤ Makeen F. Makeen，*Copyright in a Global Information Society: the Scope of Copyright Protection under International，US，UK and French Law*，p.306（6.6.3）.

⑥ *Jerome H. Remick and Co. v American Automobile Accessories Co.*，298 Fed 628（S.D.Ohio 1924）; *Jerome H. Remick and Co. v American Automobile Accessories Co.*，5 Fed 2d 411（1925）.

含义扩大以覆盖非现场表演的情形。① 含义宽泛的公开表演权覆盖广播行为的普通法原则被写入 1976 年《版权法》。该法第 101 条规定："作品的表演是指朗诵、表演、演奏、舞蹈或者在舞台上表演,无论是直接或者借助设备或程序,在电影或者其他视听作品中,连续展示或者伴以声音的展示形象的行为。"②

显然,该款将公开表演权的范围扩大适用于将作品传输于非现场观众的行为。这项宽泛的公开表演权是否能够适用于现代语境下的作品在计算机网络的传播行为呢?《白皮书》没有提出任何修改建议,只是解释"如果一件作品通过传输被公开表演,那么就存在公开表演行为——无论是否涉及发行权。"③

互联网是一种互动媒体,它允许视听作品以非时序性的方式上演,因此美国法院也曾考虑将公开展览权适用于网络传输。④ 从技术的角度看,用户访问一个网站并接入版权作品时,该存储于网络服务商主机的服务器或某用户电脑硬盘的作品将被传送到其他用户电脑以使该作品在电脑屏幕显示。因此,只要作品先被下载到用户电脑的内存(RAM),它就可以在电脑屏幕展示。这也可以认为,将作品复制件向所有可以接入该网站的用户进行了展览。美国 1976 年《版权法》中的展览权的实质也包含了这种"传输"之意。⑤ 美国立法机关及法院都认为,展览权中"展览"可以分为直接展览与间接展览。直接展览"如将图书放置在书架上,将版权作品的印刷复制件张贴在冰箱门上,或者将绘画原件挂在墙上等。"⑥ 而间接展览则包括"将文字作品或者绘画的印刷品以幻灯片的形式在投影上展示,或者在电脑屏幕上显示存储于 CD-

---

① Makeen F. Makeen, *Copyright in a Global Information Society: the Scope of Copyright Protection under International*, *US*, *UK and French Law*, p.37(2.1.2).

② Sec 101 of 17 U.S.C.

③ Working Group on Intellectual Property(US), *Intellectual Property and the National Information Infrastructure— The White Paper of the Working Group on Intellectual Property Rights*, at 217.

④ 美国的展览权适用于展示文学、音乐、戏剧、舞蹈作品、哑剧等作品,以及展示摄影、图像或者雕塑作品复制件、不连续展示电影或者视听作品等行为。参见 Sec 101 of 17 U.S.C.。

⑤ Sec 101 of 17 U.S.C.

⑥ Ringgold v Black Entm't Televison, Inc., 126 F 3d 70, 74 & n.2(2d Cir. 1997).

ROM 上的文字作品或者绘画的图像"。[1] 由于大部分对作品的网络使用都可以构成一项公开展示，因此有学者也支持"展览权比其他任何独占权都更适合网络传输行为"的观点。[2] 也有法官在数字传输案件中适用了展览权，但是没有一起案件的判决是单独依据展览权的，法院总是将其与其他权利结合适用。[3]

另外，从 1976 年《版权法》对"公开"概念的解释也可以证明公开表演权和展览权能够满足履行国际条约的要求：

> "通过任何设备或程序向公众传送或者以其他方式传播作品的表演或展示，无论公众是在同一地点还是不同地点、在同一时间还是在不同时间接收该表演和展示。"[4]

这一条款从表述上看非常接近《世界版权条约》第 8 条的规定，因为接收传输内容的特定时间和地点与是否存在作品的展示行为无关。[5] 但是无论如何，公开表演权与展览权是否能够适用于任何数字传输情形仍然存在分歧。某些传输构成复制以及对复制件的公开发行，但并不意味着这些传输必然构成公开表演或公开展览。[6] 例如，在 P2P 文件共享的情况下，很难说，向公众提供作品使其在网络传输并导致在下载用户的个人电脑上形成永久复制件的行为既属于表演又属于公开展览下载的文件。公开表演和展览权更无法覆盖上载这种典型的"向公众提供行为"。

---

[1] House Report（1976）No. 94–1476, at 63.

[2] R. Anthony Reese，"The Public Display Right: The Copyright Act's Neglected Solution to the Controversy over RAM Copics".

[3] *Playboy Enterprises*，*Inc. v Frena*，839 F Supp 1552（M.D. Fla 1993）；*Michaels v Internet Entertainment Group*，5 F Supp 2d 823（C. D.Cal.1988）；*Perfect 10*，*Inc. v Amazon.com*，*Inc.*，508 F 3d 1146（9th Cir.2007）.

[4] Sec 101 of 17 U.S.C.（1992）（definition of "publicly"）.

[5] Jörg Reinbothe and Silke Von Lewinski，"The WIPO Treaties 1996: Ready to Come into Force".

[6] Working Group on Intellectual Property（US），*Intellectual Property and the National Information Infrastructure*，at 212.

（二）美国版权法上的发行权

美国版权法上的发行权是指，版权人享有通过出售或者转移所有权的其他方式，或者出租、租借、出借等方式向公众提供作品的复制件或者唱片的独占权。[①] 与其他大部分国家一样，美国的发行权也只适用于作品的有形客体。司法中为了使该发行权适用于网络传输，需要对其是否能够包含传输行为做出解释。

正如上文提到的，美国表演权可以适用于公开传输行为。[②] 但是1995年"知识产权工作组"建议在《版权法》的发行权定义中增加一项"传输"行为，以此来确定一项传输可以构成"发行作品的复制件或者唱片"。[③] 工作组建议增加一项与已有的"对表演的传输"的定义平行的"对复制件的传输"的定义。然而，工作组的修改建议似乎无法达成其提议修法的目的，因为所提议的发行权定义与传输的概念形成了一个循环定义。具体来说，"复制件的传输"可以定义为"通过任何设备或程序发行作品的复制件，而该作品的复制件在其发送地之外的地方被接收、固定"；[④] 而"发行"的定义被修改后包含通过传输转移所有权的行为。这样一来，传输就是发行，发行就是传输的一种。存在这样一个明显的逻辑矛盾的建议并未被接受，最终《白皮书》本身也承认法律并未明确规定版权作品的传输等同于该作品的发行。[⑤]

美国国会一直以来也总是强调版权法各独占权之间存在重合，而极力避免各权利相互之间可能存在的排斥。[⑥] 这样一来，各权利如何结合适用

---

① Sec 106（3）of 17 U.S.C.

② Sec 101 of 17 U.S.C.

③ Working Group on Intellectual Property（US），*Intellectual Property and the National Information Infrastructure*, at 213; Sec 106（3）of 17 U.S.C.

④ Working Group on Intellectual Property（US），*Intellectual Property and the National Information Infrastructure*, Appendix 2, at 1.

⑤ Victoria A. Espinel，"The U.S. Recording Industry and Copyright Law: An Overview, Recent Developments and the Impact of Digital Technology", *E I P R*, Vol.21, No.2（1999），p.53.

⑥ H.R. REP. No.94–1476, at 61–65（1976）.

就由当事人通过合同做出安排或者由法院来裁决。① 知识产权工作组建议，考虑到美国法院拥有在特定情形下做出判决的自由裁量权，如果需要的话，"由法院而不是国会来决定哪项或哪几项权利适用于特定的传输行为更适合"。②

事实上，不少法院也的确将 1976 年《版权法》第 106 条的权利结合适用于网络传输行为，认定网络服务商承担在线传输中的直接侵权责任。③ 在 *Playboy Enterprises，Inc. v Frena* 案（Frena 案）中，被告向注册用户提供收费 BBS 服务，如果用户从被告人处购买商品，则可以获得该项免费服务。一位身份不明的用户上传了未经许可的版权摄影作品的复制件，其他网络用户可以在被告的 BBS 上浏览、下载包括争议照片的复制件在内的图片。基于被告提供了一件包含未经许可的版权作品复制件的事实，法院判定被告公开发行了该版权摄影作品，虽然他本人并没有制作任何复制件。④ 另外，该法院判定被告还侵犯了原告的展览权，因为被告通过电脑设备向付费公众展示了作品的复制件。⑤ 最终，法院判定被告在电脑网络传输原告的版权作品侵犯了美国版权法上的发行权与展览权。

为了绕开棘手的"是否存在实际交付和转移"的问题，版权人费尽心机地说服美国法院接受"美国《版权法》中的发行权也可以适用于'向公众提供行为'"的观点。但是，美国法院就此问题并没有达成一致。对于美国立法者来说，引入任何新的特定权利来处理网络传输问题似乎也并非迫在眉睫。反而，为了保护版权人的经济利益，更紧迫的任务似乎是找到一个务实的方

---

① Mihály J. Ficsor, *The Law of Copyright and the Internet*, *The 1996 WIPO Treaties*, *Their Interpretation and Implementation*, p.503（C 8.15）.

② Working Group on Intellectual Property（US），*Intellectual Property and the National Information Infrastructure*, at 213, 218.

③ *Playboy Entersprises, Inc. v Chuckleberry Publ'g, Inc.*, 939 F Supp 1032, 1039（S.D.N.Y.1996）; *Playboy Enterprises, Inc. v Russ Hardenburgh, Inc.*, 982 F Supp 503, 512–15（N.D. Ohio 1997）; *Marobie-FL, Inc. v Nat'l Ass'n of Fire Equip. Distribs.*, 983 F Supp1167（N.D. Il.1997）; *Perry v Sonic Graphic Sys., Inc.*, 94 F Supp 2d 616（E. D. Pa.2000）.

④ *Playboy Enterprises, Inc. v Frena*, at 1556.

⑤ *Playboy Enterprises, Inc. v Frena*, at 1557. Frena 案法院的判决并未考虑被告是否因为侵犯原告的复制权而承担直接或者帮助侵权责任。

法来平衡所谓的"数码战争"中不同参与者的利益冲突。为了达到这一目的，大部分法院都转而求助于美国版权法中间接版权责任的概念来处理版权责任问题。上述 Frena 案被告作为一个网络服务提供商被认定直接侵权而不是因为提供辅助服务而承担间接责任，这一结论与其他类似案件大不相同，而成为网络版权时代美国司法中的特例。在后来的 Napster 案和 Grokster 案等著名案件中，网络服务商大部分都被认定为其用户的侵权行为承担间接版权责任。

四、英国版权法上的向公众传播权

（一）欧盟向公众传播权中"公众"的含义

2001 年《欧盟信息社会版权指令》中引入以《世界版权条约》和《世界表演与录音制品条约》为依据的向公众传播权，将传统的向公众传播权扩大适用于网络，在播放权之外，增加向公众提供权，从而确定了该权利在欧盟版权法中的中心地位。[①] 如同《世界版权条约》《世界表演与录音制品条约》以及《欧盟信息社会版权指令》在定义了新的排他权之后，也采用了"伞形保护"的方式。[②] 随后，新权利被写进了英国版权法。[③]

正如上文所述，版权权利通常分为两类：一类权利与有形复制有关，而另一类与无形的使用行为有关，而后一类权利所适用的范围在关键的一点上比第

---

① 《欧盟信息社会版权指令》第 3 条第 1 款赋予作者该项权利，第 2 款将该项权利赋予相关权的权利人，即表演者（包括视听作品表演者）、音像作品制作者、电影制片人和广播组织。

② 根据《欧盟信息社会版权指令》第 3 条，欧盟成员国的内国立法在适用该《指令》时可以自由选择不同的与自身版权法相协调的概念。参见 Silke Von Lewinski and Michel M. Walter，"Information Society Directive"in European Copyright Law: A Commentary，Michel M. Walter and Silke Von Lewinski (eds)，p.982（11.3.27）。

③ 按照欧盟立法程序，欧盟立法者必须发布适用于管辖权范围内的"指令"，欧盟成员国有义务将"指令"适用于内国法。同时，成员国必须根据自身立法权限对世界知识产权组织条约规定的事项立法。参见 Jörg Reinbothe and Silke Von Lewinski，"The WIPO Treaties 1996: Ready to Come into Force"。

一类权利小很多——对表演和传播行为区分公开的和私人的两种不同类型。[1]
广播技术产生之前，在版权法上，使公众接入作品属于版权控制的行为，而使
个人接入作品的行为则不属于版权控制的行为。[2] 你在家里如何处理、使用一
本图书、一部电影或者一张唱片、在家庭中的表演、朗诵等行为不会构成侵犯
版权行为，即便你使用的作品复制件属于盗版。在那时除非涉及复制行为，私
人传播行为通常都处于版权控制行为之外。[3]

自广播权产生后，"公众"这一概念就不再单指集结在同一场所来欣赏作
品的人。无论是无线还是有线广播，作品的传送都是由单个听众或者观众在私
人空间单独接收并欣赏的。因此 1928 年《伯尔尼公约》中的向公众传播权第
一次适用于"一点对多点"式广播行为：作品从一个中心向无数的接收者（不
特定公众，或者某一区域的公众）发散式播送。[4] 由于接收公众在规模上可以
描述，也由于是特意向大量的接收者同时播送，因此对这类传播的定性是较为
容易的。跟这类传播有关的权利并不包括特定主体之间"点对点"的私人传播，
例如甲在电话上向乙朗诵一首诗或者唱一首歌。[5]

然而，网络"按请求"的互动传输作品行为模糊了私人交流与公开传播的
界限。传统广播模式的根本特点是同时向不特定公众（通过无线电或者电视信
号）传送版权作品。而新的数字信息技术使得个人可以在自己选择的时间、自
己选择的地点接收版权作品，并且可以在个体用户之间通过网络传输这些作
品。问题是，如果不特定的公众接续地而不是同时在线接入作品，我们还能将
这样向不特定的公众播送行为称为"公开传播"吗？

---

[1] Kimberlee Weatherall，"An End to Private Communications in Copyright? The Expansion of Rights to Communicate Works to the Public: Part 1".

[2] Kamiel J. Koelman，"A Hard Nut to Crack: The Protection of Technological Measures"，*E I P R*，Vol.22，No.6（2000），p.272; Niva Elkin-Koren and Orit Fischman-Afori，"Taking Users' Rights to the Next Level: A Pragmatist Approach to Fair Use"，*Cardozo Arts & Ent L J*，Vol.33，No.1（2015），p.1

[3] Jessica Litman，"Readers' Copyright".

[4] Kimberlee Weatherall，"An End to Private Communications in Copyright? The Expansion of Rights to Communicate Works to the Public: Part 1".

[5] 当然，并非所有私人传播行为都采用"点对点"的形式，例如，涉及多方参与者的电话会议很可能被认为是私下的行为。

WIPO 的 1980 年的《版权与相关权法术语表》在定义"传播行为"时，"公众"被描述为：

　　"以任何方式使作品……，可以被不限于归属某私人群体的特定个人的大众接收。"①

　　与此不同，2003 年 WIPO 新的《版权与相关权法指南与术语表》更宽泛地解释了"公众"：

　　"在普通家庭成员和其最亲密的社交圈子之外有相当数量的一群人，……"②

从 1980 年到 2003 年的二十多年间，WIPO 的政府专家会议经过大量讨论和全面分析导致两个版本对"公众"含义界定的区别。第一，新版本定义中包含了旧版本中"私人群体"这一准确描述的判定标准，符合要求的"公众"由"在家庭和最亲密的社交圈子之外的一大群人"组成。第二，新版本定义明确了"公众"的含义与"上述人群是否能够在同一时间同一地点，或者在不同的时间和不同的地点接收图像和 / 或声音"无关。

虽然 WIPO "互联网条约"和《欧盟信息社会版权指令》均未定义在数字环境下"公开"的含义，而是将其留给各国内国法，③ 欧盟的"向公众传播权"定义中"公众"这一概念的含义则是欧盟法院在一系列案例中确立下来的。在 *SGAE v Rafael Hoteles* 案（SGAE 案），一家酒店将电视信号通过有线转播的方式传送至酒店房间的电视机。④ 根据《欧盟信息社会版权指令》第 3 条中的"向公众传播行为"应该宽泛解释的原则，⑤ 欧盟法院做出判决认为，尽管单纯的

---

① Glossary of Terms of the Law of Copyright and Neighbouring Rights，WIPO publication No.816（EFS），1980，p.42.

② Guide to Copyright and Related Rights Treaties Administered by WIPO— Glossary of Copyright and Related Rights Terms，WIPO publication No.891（E），pp.275–276.

③ 《欧盟信息社会版权指令》第 3 条。

④ （C-306/05）*Sociedad General de Autores y Editores de Espana（SGAE）v Rafael Hoteles SL*，EU:C:2006:764；[2006] ECR 1-11519；[2007] ECDR（CJEU（Third Chamber））.

⑤ 《〈欧盟信息社会版权指令〉书面陈述》第 3 条。

提供设备不足以构成"向公众传播"，但迅速地、接续性地入住酒店房间的人是"数量相当大的一部分人"（a fairly large number of persons），这完全可以构成本条款的"公众"。①

显然，欧盟法院认为，"公众"的含义必须有一个基本门槛，即排除了人数太少或者不具备经济重要性的小群体；更为重要的是，必须注意潜在听众（观众）在同一时间或者接续地接入作品而产生的累加影响（cumulative effective）。也就是说，界定"公众"不但需要明确有多少人在同一时间接入了作品，也需要明确其中有多少人在一段时间中会接入作品。② 其实，欧盟法院并没有给"公众"下一个放之四海皆准的定义，其所指范围是在扩大还是在缩小完全取决于所涉及的具体权利的特点。但有一点可以肯定，即传播的目标公众应该具有相当数量，而传播行为发生地点的公开性还是私密性并不重要。③ 向公众传播权中"向公众提供"这一要件的本质是接收者有能力选择传播的地点和时间。接收者选择公共场所如网吧或机场候机厅，还是私人空间如书房或酒店房间，都不影响传播的公开性。如果公众选择了私人空间而造成行为性质的区别的话，那么条件中所谓的"可以选择"的能力就无从谈起了。④

在上文提到的 Infopaq I 案中，欧盟法院继续了这一立场。该法院认定，即便每一项在特定时间点上的具体传播的接收者是具体的个人用户，都不能否认这些个体用户也构成向公众传播权中的"公众"。⑤ 欧盟法院从根本上确立了一项"累积性"（cumulative effects）原则，即一部分公众，包括接续性地接

---

① （C-306/05）*Sociedad General de Autores y Editores de Espana*（*SGAE*）*v Rafael Hoteles SL*，at 38.

② Association Litteraire et Artistique Internationale，"Report and Opinion on the Making Available and Communication to the Public in the Internet Environment: Focus on Linking Techniques on the Internet".

③ Hector L. MacQueen，"Appropriate for the Digital Age? Copyright and the Internet:1. Scope of Copyright"in Law and the Internet，Lilian Edwards and Charlotte Waelde（eds），Oxford: Hart Publishing，2009，p.183.

④ （C-306/05）*Sociedad General de Autores y Editores de Espana*（*SGAE*）*v Rafael Hoteles SL*，at 54.该法院得出结论认为，酒店房间的私密性并未排除通过电视机传播作品的行为构成《欧盟信息社会版权指令》第 3 条第 1 款的向公众传播行为的可能性。

⑤ （C-5/08）*Infopaq International A/S v Danske Dagblades Forening*，at 56.

收同一服务的不同用户，也可以构成向公众传播权意义下的传播行为。[1] M.F. Makeen 认为《世界版权条约》第 8 条中"以公众可以在其选择的时间和地点的方式传播"的措辞就是指向公众传播行为的时间接续性这一特点。[2]

（二）"新公众"标准的确立

澄清"公众"概念的含义并不意味着树立了一项判断侵权的标准。如果单独看，酒店房间的顾客一次最多也就是两人，不足以构成任何经济上的影响，但是从整个酒店来看，可能造成的经济影响就不容小觑，尤其是电视节目的首次传播者与转播人并非同一人的时候。于是，欧盟法院在 SGAE 案中首次提出"新公众"标准。法院认定，酒店在接收电视信号以后通过有线传输将电视信号传送到各个房间的行为构成面向"新公众"的传播行为。[3] 也就是说，除了原始广播组织之外的传播者的传播行为构成向"新公众"的传播，因为收听（看）节目的公众不同于原始传播所指向的公众。法院将关注的焦点放在了未经许可的传播行为对版权作品利用的影响。根据 WIPO 的一份就《〈伯尔尼公约〉指南》（1978）（*Guide to Berne Convention 1978*）的解释，权利人在第一次许可向公众传播权的时候所考虑到的公众仅限于"直接使用者"，也就是那些"接收设备拥有者，也即个人或者在私人、家庭范围内接收电视节目的人"。[4] 援引 1978 年《〈伯尔尼公约〉指南》，欧盟法院认为，如果是以更多的观众为受众（可能是为了获利），使得新的接收公众收听或者收看版权作品，那么通过扬声器或者模拟设备播送电视节目不再构成简单地广播（电视）节目

---

[1] Francesco Rizzuto, "The European Union Law Concept of Communication to the Public and the Protection of Copyright in Electronic Transmissions", *Computer and Telecommunications Law Review*, Vol.18, No.6（2012）, p.179.

[2] Makeen F. Makeen, *Copyright in a Global Information Society: the Scope of Copyright Protection under International, US, UK and French Law*, p.301（6.5.3）.

[3] （C-306/05）*Sociedad General de Autores y Editores de Espana（SGAE）v Rafael Hoteles SL*, at 41.

[4] Guide to the Berne Convention for the Protection of Literary and Artistic Works（Geneva: WIPO, 1978）, p.69; Association Litteraire et Artistique Internationale, "Report and Opinion on the Making Available and Communication to the Public in the Internet Environment: Focus on Linking Techniques on the Internet", pp.16–19.

接收行为，而是一个独立的将广播的作品向"新公众"进行的"传播"行为。①

欧盟法院的 *Football Association Premier League*, *Ltd. and others v QC Leisure and others* 案（FAPL 案）回应了这一推断思路，并在定义"新公众"时增添了一些细节：那些在得到受保护作品的权利人的许可后首次向公众传播时并未考虑在内的公众，② 并将"新公众"提升为侵权行为的构成要件。

FAPL 案是源于英国的一起纠纷。英超联盟享有关于欧洲足球赛事在英国的所有权利，得到许可的广播组织向其用户直播相关赛事。为了确保只有付费用户收看比赛直播，所有的比赛直播信号都经过加密，公众必须购买"解密机顶盒"才可以收看。英超在各个国家分别发放赛事直播许可，而广播组织在直播赛事更赚钱的国家必须支付更多费用，所以他们必须向观众收取更多的费用才能收回支出。加密的足球赛事直播市场在希腊并不赚钱，所以这种"解密机顶盒"在希腊卖得非常便宜。原告英超联盟认为被告向英国境内的酒吧、餐馆提供一种解码卡，利用这种设备行为人可以在英国境内直播原告在境外播送的足球比赛赛事节目。于是原告分别向这种解码卡的提供商和一位酒吧老板（Karen Murphy）提出诉讼，指控侵犯版权人的复制权和向公众传播权。两个案子的被告分别上诉到英国高等法院，后者向欧盟法院提出咨询案。欧盟法院将两个案子合并审理。

2011 年欧盟法院做出判决，在对一系列问题的解释中，欧盟法院认为本案被告的行为构成"向公众传播"行为，因为本案中的收看电视比赛直播的观众是版权人在许可传播权时并未考虑在内的观众。法院还进一步强调，判决也需要考虑播放是否具有"营利性"，因为酒吧的老板正是希望通过这样的直播吸引更多的消费者，从而能够增加酒吧消费收入。③

尽管欧盟法院 SGAE 案的判决正确，但是其在电缆有线转播中适用的"新

---

① （*C-306/05*）*Sociedad General de Autores y Editores de Espana*（*SGAE*）*v Rafael Hoteles SL*，at 41.

② （*C-403/08 and C-429/08*）*Football Association Premier League*，*Ltd. and others v QC Leisure and others; Murphy v Media Protection Services*，*Ltd.*（*Joined Cases*），at 197—198.

③ （*C-403/08 and C-429/08*）*Football Association Premier League*，*Ltd. and others v QC Leisure and others; Murphy v Media Protection Services*，*Ltd.*（*Joined Cases*），at 205.

公众"标准所依据的理由并不正确，对向公众传播权进行"新公众"的解释也不合逻辑（non-sequitur），而根本原因是对法律条款误读的结果。① 在 SGAE 案的判决中，法院依据《伯尔尼公约》关于即时有线电缆转播权（simultaneous cable retransmission right）的第 11 条 bis（1）款（ⅱ）项所规定的"作者有权许可通过有线或者以无线广播的方式向公众传播作品，如果该项传播是由不同于原始传播者进行的。"② 而认定"再传播行为的指向公众不同于原始传播行为指向的公众，也就是一批新公众。"③ 这个推论显然不符合逻辑，因为在《伯尔尼公约》第 11 条 bis（1）款（ⅱ）项的规定中（"一个不同于原始传播者的广播组织的传播行为"）根本没有提到"不同于作品的原始传播行为指向的公众"。《伯尔尼公约》的文本非常清楚，只有当再传播是由不同于原始传播者的其他传播者实施时，作者才能再次行使向公众传播权，而无论是否指向相同公众，是否指向相同公众的一部分，是否仅指向原始传播并没有覆盖的公众，亦即"新公众"。而且，2003 年的《〈伯尔尼公约〉指南》也清楚地表示，任何关于第 11 条 bis（1）款（ⅱ）项的如下解释都是无法接受的（即会被伯尔尼公约组织执行委员会拒绝）：允许向公众传播权的适用受制于任何《伯尔尼公约》未曾写明的条件。④ 欧洲版权学者 M. F. Makeen 也认为，虽然《伯尔尼公约》的一项基本原则规定，任何向新的潜在观众传播对作品的表演都属于一项单独

---

① Makeen F. Makeen，"The Controversy of Simultaneous Cable Retransmission to Hotel Rooms under International and European Copyright Laws ", *J Copyright Soc'y USA*, Vol.57, No.1–2 (2010), p.59; Birgit Clark and Julia Dickenson, "Theseus and the Labyrinth? An Overview of 'Communication to the Public' Under EU Copyright Law: After Reha Training and GS Media Where are We now and Where Do We Go from Here?", *E I P R*, Vol.39, No.5（2017）, p.265; Mihály J. Ficsor, "Svensson: Honest Attempt at Establishing Due Balance Concerning the Use of Hyperlinks- Spoiled by the Erroneous 'New Public' Theory ".

② 《伯尔尼公约》第 11 条 bis（1）款（ⅱ）项的英文表述如下：... grants authors of literary and artistic works the exclusive right of authorising:"(ⅱ) any communication to the public by wire or by rebroadcasting of the broadcast of the work, when this communication is made by an organisation other than the original one."

③ （C-306/05）*Sociedad General de Autores y Editores de Espana（SGAE）v Rafael Hoteles SL*, at 40.

④ Guide to Copyright and Related Rights Treaties Administered by WIPO– Glossary of Copyright and Related Rights Terms, WIPO publication No.891（E）, pp.77–78.

被禁止的行为，但是《伯尔尼公约》并没有将该标准适用于该公约第11条 *bis*（1）款（ⅱ）项规定的即时电缆转播权。因此，SGAE案应该适用比"新公众"标准更为严格的"原始传播人之外的组织者"标准，而欧盟法院由于疏忽（*per incuriam*）错误地将向公众提供权适用于该案，对划定《欧盟信息社会版权指令》第3条的范围这一问题几乎没有任何帮助。[①]

如果说涉及电视播放的 SGAE 案与数字传输情形还有所差异，那么 *ITV Broadcasting Ltd. and others v TV Catchup Ltd.*（*No 2*）案（TV Catchup案）则就涉及数字传输了。[②] 被告人经营的网络服务使其英国注册用户可以收看免费电视节目的几乎即时的网络"流传播"，而其中包括了原告按照本国版权法拥有版权的电视节目。原告指控被告侵犯向公众传播权，而被告则认为它的注册用户（只限于英国的）只是接入流传播的电视节目，而这些电视节目是注册用户通过缴纳电视许可费而取得合法收看权的。不同于原始传播者(陆地广播者)的另一个传播组织通过互联网的流传播向其注册用户提供原始传播者广播的电视，而这些注册用户处于原始传播者传播行为的覆盖范围，完全可以合法地收看原始传播者播送的节目。援引 SGAE 案，欧盟法院首先承认，单纯的提供技术手段使用户可以接收原本在本区域已经传输的内容或提高接收效果的行为并不构成欧盟法上的"传播"。但是如果按照之前欧盟案例法确立的"新公众"标准的话，可能基于不存在"新公众"的事实而使判决结果不利于原告。于是欧盟法院调整了判定思路，认定被告人的技术干涉行为构成对版权保护作品的一项不同于原始广播组织所进行的传播，这两项传播使用了不同的传播手段，而这些手段都需要特定的技术条件，因此该案的转播行为仍然需要取得作者同意。[③] 如果使用不同传播技术进行的两项不同的传播都构成"向公众传播"行为，欧盟法院认为，在这种情形下，无需认定接收第一次传播的公众是否构成"新公众"。在这里，法院强调了传播方式的重要性，即作品通过不同传播媒介

[①] Makeen F. Makeen，"The Controversy of Simultaneous Cable Retransmission to Hotel Rooms under International and European Copyright Laws ".

[②] （*C-607/11*）*ITV Broadcasting，Ltd. and others v TV Catchup，Ltd.*（*No 2*），EU:C:2013:147; [2013] Bus LR 1020（CJEU（4th Chamber））.

[③] （*C-607/11*）*ITV Broadcasting，Ltd. and others v TV Catchup，Ltd.*（*No 2*），at 26，30，39.

实现了多重用途，那么每一项利用"特定技术手段"（specific technical means）进行的传播或者再传播（retransmission）都需要版权人的单独授权。[①] 另一方面，针对"新公众"的传播是"向公众传播"这一概念的必要条件（sine qua non），因此，在使用相同技术进行的传播行为中，"新公众"标准仍然保留。

值得注意的是，ITV 案所确定的"特定技术手段"标准在国际公约中也找不到任何依据。[②] 这种并行适用"新公众"标准（以相同技术进行传输时）与"特定技术手段"两项标准虽然没有给 ITV 案带来实质性的困扰，但是，在随后的 Svensson 案中，标准欧盟法院已经无法回到准确适用法律的轨道上了。[③]

（三）2003 年前英国版权法对传输行为规制

2003 年之前，英国 1988 年《版权、工业设计和专利法》（Copyright, Designs and Patent Act, CDPA）中的几项版权权利似乎都可以适用于数字传输，但如果仔细分析，却也都存在问题。该法中的发行权和租借权无法适用于作品的网络使用：发行权和租借权都需要证明存在实体复制件，而电子传输却不产生实体复制件。[④] 该法赋予版权人的表演权也只适用于特定范围的"表演"，其中并不包括在计算机上生成的"表演"。[⑤]

依据复制权，以任何物质形式的存储均为《版权、工业设计和专利法》禁止的行为。[⑥] 因此，作为网络传输的第一步，将文件上传到服务器应该属于"存

---

① 这一观点得到学者的支持，例如 Maurizio Borghi, "Chasing Copyright Infringement in the Streaming Landscape", *IIC*, Vol.42, No.3（2011），p.316。

② Mihály J. Ficsor, "Svensson: Honest Attempt at Establishing Due Balance Concerning the Use of Hyperlinks— Spoiled by the Erroneous 'New Public' Theory".

③ Mihály J. Ficsor, "Svensson: Honest Attempt at Establishing Due Balance Concerning the Use of Hyperlinks— Spoiled by the Erroneous 'New Public' Theory".

④ Sec 18 of the UK Copyrights, Designs and Patents Act 1988（CDPA 1988）.

⑤ Sec 180（2）of the CDPA 1988.该条款的"表演"是指现场的戏剧、音乐剧表演、文学作品的朗诵，或者其他表演行为。参见 Simon Stokes, *Digital Copyright: Law and Practice*, 3rd edn, Oregan: Hard Publishing, 2009, p.32.

⑥ 根据《版权、工业设计和专利法》第 17 条第 6 款，通过电子手段在任何媒介上存储文学、戏剧、音乐剧或技术作品都构成复制。值得注意的是，这一条款中作品范围并未提及唱片。

储"行为。① 但是自从新的临时复制例外规则的引入，在上传阶段的复制行为很容易被归入可以免责的临时复制。②

除上述各项权利之外，最接近网络传输的当属《版权、工业设计和专利法》第 7 条（2003 年废除了该条）规定的"有线电视节目服务"（cable programme service）所隐含的"有线传输权"。③ 英国案例法的确有将该"有线传输权"适用于网络传输的先例。例如，在 1997 年的 *Shetland Times Ltd. v Wills* 案（Shetland 案）和 2003 年的 *Sony Music Entertainment*（*UK*）*Ltd. v Easyinternetcafe Ltd.* 案（Sony（UK）案）中，在网页下载过程中的网络传输行为被认为符合 CDPA 年第 7 条第 1 款规定的"有线电视节目服务"。④

在 Shetland 案中，被告设置搜索引擎链接到原告的包含有新闻标题的网页，原告网页的多个新闻标题和报道内容被逐字逐句复制到被告的新闻网页。原告主张被告的行为构成对其"有线传输权"的侵犯。但是被告主张其行为并不包含"有线传输权"所要求的信息"发送"行为。Hamilton 大法官支持了原告的主张，认为被告的行为包含有"发送"的要素，因为存储于网络的信息是被动地等待用户的接入，这其实并不排除信息被传送并被请求者接收的概念。⑤ 如果事实如此，被告的搜索链接过程可以认为是包含了对信息的"发送"。据此，法院最终裁判，网络传输构成通过有线网络的传输行为。

在 Sony（UK）案中，被告向其网络"咖啡厅"的用户提供 CD 刻录服务，用户可以将他们下载的作品存储在"咖啡厅"服务器上的个人目录中。作为原告的唱片版权人宣称，由被告提供的 CD 刻录服务使公众在未经许可的情况下

---

① Sara John，"What Rights Do Record Companies Have on the Information Superhighway?"，*EIPR*，Vol.18，No.2（1996），p.74.

② 根据《版权、工业设计和专利法》第 17 条第 6 款，所列举的作品的复制包括为使用作品的暂时或临时复制。

③ 根据《版权、工业设计和专利法》第 7 条，有线电视节目服务是指，以（a）在两个以上的地点接收（无论是同时接收或者按照不同用户的要求在不同时间接收）；或者（b）以公开演讲为目的，整个或者主要包括通过电信系统而不是无线电报的方式发送可视图像、声音或者其他信息的服务。

④ *Shetland Times*，*Ltd. v Wills*，[1997] FSR 604.

⑤ *Shetland Times*，*Ltd. v Wills*，at Lord Hamilton.

将版权作品刻录进 CD 侵犯了版权人权利。法院面临着和 Shetland 案同样的问题：网络是否构成版权法意义上的"有线传输"？法官 Smith 赞同 Hamilton 大法官在 Shetland 案中的观点，强调网络传输构成《版权、工业设计和专利法》中的"有线电视节目服务"。①

然而，Shetland 案很难作为权威先例，因为它的判决是在网络发展相对不成熟的初期阶段作出的。② Hamilton 大法官的观点后来被指是基于当时对电子传输特点的过时理解。Hamilton 大法官对于网络运行的描述严格说来并不可靠：网络的确不"发送"信息，网络上的信息是"被搜索"然后"被拖拽"至用户的。网络上的信息通常是被用户检索，而并非网站服务器主动"推送"至用户。③如果没有人接入网站就不会有接下来信息"传送"的发生。相反，如果没有人收看卫星电视节目，电视节目仍然会"传送"，只是没有被"收看"而已。

"发送"信息和"提供"信息之间的关系在欧盟法院最近的案件 *Football Dataco Ltd. and others v Sportradar GmbH and another* 案（Sportradar 案）中得到证实。④ 该案基本的事实是原告 Football Dataca 公司拥有关于足球赛事的数据库权，位于欧洲大陆的被告 Sportradar 公司从原告数据库抽取数据并在其网站向公众提供其抽取的数据。原告主张被告的行为构成对数据的"再利用"而侵犯原告的数据库权。在审查相关的"发送"行为是否构成 1996 年《欧盟数据库法律保护指令》第 7 条中的"再利用"这一构成要件时，欧盟法院称，用户可以访问网站上的相关数据并不能得出"网站的运营者从事了'再利用'行为"的结论，⑤ 但是在网络用户的要求下，发送诉争数据的行为构成发送数据

---

① *Sony Music Entertainment（UK），Ltd. v Easyinternetcafe，Ltd.*，[2003] EWHC 62（Ch）.

② Ben Allgrove and Paul Ganley，"Search Engines，Data Aggregators and UK Copyright Law: A Proposal"，*E I P R*，Vol.29，No.6（2007），p.227.

③ Ben Allgrove and Paul Ganley，"Search Engines，Data Aggregators and UK Copyright Law: A Proposal"，"Search Engines，Data Aggregators and UK Copyright Law: A Proposal".

④ （C-173/11）*Football Dataco，Ltd. and others v Sportradar GmbH and another*，[2013] 1 CMLR 29（CJE（Third Chamber））.

⑤ （C-173/11）*Football Dataco，Ltd. and others v Sportradar GmbH and another*，at 36.《欧盟数据库法律保护指南》第 7 条第 2 款（b）项规定的"再利用"是指可能发生在不同成员国境内的、通过网络服务器所从事的一组接续的操作，包括对相关数据的上传从而使公众可以查阅，以及将数据传送给有兴趣的用户。

行为人的"再利用"行为。显然,这一判决暗示存储于网站服务器上的数据本身并不足以构成一个"发送"行为。

从这一解释可以推断,互联网并不"发送"信息,因此很少有网络满足关于"有线电视节目服务"的定义,网络的互动性从逻辑上排除了这种可能性。[1]的确,英国版权学者 Campbell 也认为"有线电视节目服务"的概念如果包含网络媒体是对其范围的过分夸大。[2] 所以,在当时看似合理的判决现在看来并不足以构成指导性意见。最终,《版权、工业设计和专利法》第 7 条被 2003 年的《版权和相关权条例》废除。[3]

(四)2003 年《版权与相关权条例》中的电子传输权

2003 年《版权与相关权条例》修改了《版权、工业设计和专利法》第 20 条,增设第 182CA 条,从而创设了全新的"向公众传播权"和表演者的"向公众提供权"。《版权、工业设计和专利法》第 16 条第 1 款给向公众传播权下了定义,而第 20 条第 2 款进一步划定了其范围。

> "该条中的向公众传播是指,通过电子传输向公众传播,包括:(a)播放作品;(b) 通过电子传输向公众提供作品,以使公众可以在自己选定的时间和地点接入作品。"[4]

关于向公众传播权的界定,正如前述,欧盟法院认为应该做宽意解释。然而,在数字传输中,谁向公众提供了作品:是网络用户,还是传输服务的提供者?在英国,这个问题仍然悬而未决。

---

① Simon Stokes, *Digital Copyright: Law and Practice*, *Digital Copyright: Law and Practice* (3rd edn), p.14; Paul Lambert, *Gringras: The Laws of the Internet*, 4th edn, London: Bloomsbury Professional Ltd., 2002, p.229.

② Kenneth J. Campbell, "Copyright on the Internet: The View from Shetland", *E I P R*, Vol.19, No.5 (1997), p.255.

③ UK Copyright and Related Rights Regulations, SI 2003 No.2498.

④ Sec 20 (2) of the CDPA 1988.

五、中国的信息网络传播权

（一）中国版权法上的表演权、广播权与网络传输行为

面对国际社会要求打击盗版的压力，中国早在20世纪90年代就制定了《著作权法》，但是直到2001年国家知识产权保护工作组成立，中国的版权制度建设才进入一个新阶段。为了加入世界贸易组织（World Trade Organisation，以下简称WTO），中国于2001年的第九届全国人民代表大会常务委员会对1990年颁布的《著作权法》进行了修订。同一年，中国加入了WTO和TRIPS协议。[①]这次对《著作权法》修订最重要的成果就是引入新的信息网络传播权，而在此之前，针对网络传输行为应该适用哪项版权权利的问题一直未有定论。

1990年的《著作权法》，对作者享有的经济权利只在一个条款中做了含义宽泛而模糊的规定。按照该法第10条第5项规定，版权人享有：

> "使用作品，即通过复制、表演、广播、展览、发行、摄制以及改编、翻译、注释、编辑等方式使用作品以及获得报酬的权利。"

在这些法定权利中，复制权、表演权及广播权与数字传输有关。尽管1990年《著作权法》并未定义"表演"，但是《著作权法实施条例》规定：演奏乐曲、上演剧本、朗诵诗词等直接或者借助技术设备以声音、表情、动作公开再现作品都属于"表演"。这里的"技术设备"是指扩音设备以及其他对个人表演的机械辅助设备，而不包含机械性的对在先表演的广播（如播放磁带唱片等）行为。正因如此，中国1990年《著作权法》中的公开表演权仅仅覆盖现场表演。

2001年的《著作权法》将表演权修改为"公开表演作品以及通过任何手

---

① WTO Document, The Protocol on the Accession of the People's Republic of China signed at the Fourth Ministerial Conference of the WTO in Doha (11 November, 2001), para.259, available at http://www.wto.org/english/news_e/pres01_e/pr252_e.htm，最后访问日期：2018年4月8日。

段公开播送作品的表演的权利"。虽然该条款中的"播送"是否包含通过录制品的表演并不十分清楚，但是立法者的意图显然是将传统的现场表演扩展至机械表演。不过这项表演权也很难覆盖数字传输的情形。

1990 年《著作权法》规定的广播权是指通过无线电广播信号或者有线电视系统传播作品的权利。[①] 虽然"通过无线方式向公众传播"是一个非常宽泛的界定，但是该条款中的"广播"也仅仅针对的是模拟形式的、通过无线电点播或者电缆电视的方式进行的传播行为，而不包括数字传输。显然，1990 年《著作权法》制定的时候还无法预见对迅速发展的在线行为的版权保护需求。然而，2001 年修订后的广播权也并没有将其范围扩展至数字传输。这样，版权人无法依据已有的表演权和广播权来控制作品的网络传输。

（二）中国版权法中的复制权与网络传输

按照 1990 年《著作权法》的规定，所谓"复制"是指以印刷、复印、临摹、拓印、录音、录像、翻录、翻拍等方式将作品制作一份或多份的权利。该定义并未指明是否能将下载行为作为对版权作品的复制对待。同时，该定义中的"以任何其他方式"作为一个总括用语，似乎使该条款成为一个非排他性的开放条款，从而为其他该法未提及但将来立法者认为需要加以规制的复制形式留下回旋余地。例如，在 2000 年的《大学生》杂志诉京讯公司案中，一名大学生将原告的一篇文章上传到互联网，法院认定未经版权人许可将版权作品上传到网络的行为构成对作品的复制。[②] 该判决依据就是 1990 年《著作权法》中"以任何其他方式进行的复制"的规定。

因为缺乏必要的关于网络传输的法律依据，虽然被告的侵权行为十分明显，中国法院也无法就哪项权利可能被侵犯这一问题给出准确解释，导致实务中类似案件却得出不同结果的现象。在著名的王蒙诉世纪互联公司（Cenpok）案中，被告网站未经许可将以王蒙为首的六位中国知名作家的作品放入其管理

---

① 《著作权法实施条例》第 5 条第 3 款。
② 《大学生》杂志诉北京京讯公众技术信息有限公司案，北京市第二中级人民法院民事判决书（二中知初字第 18 号，2001）。

的图书馆数据库中。① 被告认为当时的《著作权法》并没有关于网络版权侵权的规定，因此，通过数字化对作品的复制并不构成侵犯版权。但是北京市海淀区人民法院做出了有利于原告判决，认为尽管1990年《著作权法》没有关于新的互联网技术发展的规定，但是可以将作品的数字化理解为一种单纯的作品形式的变化，而不是创作演绎新作品。法院解释认为，中国版权法赋予作者利用作品并从其作品的利用获利的权利，无论是线下的利用还是线上的利用。法院并没有进一步解释作品的数字化是否构成复制以及互联网上的作品是否能得到版权保护的问题，但是判决显示，法院愿意将已有的版权原则适用于新的互联网环境，从而为立法的跟进铺平道路。该案为接下来的中国版权法的立法和司法修订打下了坚实的基础。

在国际层面，《世界版权条约》似乎为保护临时复制确立了最低标准，发达国家加紧敦促，要求中国扩大复制权的范围以履行《世界版权条约》的潜在义务。在国内，主要的中国知识产权学者也基于同样的理由提出了类似的建议。② 然而，2001年《著作权法》的修订并未将临时复制归入中国复制权的覆盖范围。由于并未明确将复制权范围扩大适用于包含在计算机内存中的临时复制行为，导致大量版权作品在网络传播的上载行为很难由复制权控制。③ 直到新的信息网络传播权被引入版权法，复制与上传之间的关系问题才得到解决。

（三）信息网络传播权（向公众提供权）

2001年《著作权法》第10条第12款规定，版权人享有信息网络传播权，是指以有线或者无线方式向公众提供作品，使公众可以在其个人选定的时间和地点获得作品的权利。自此，信息网络传播权成为中国版权权利体系中的一项独立于复制权的新权利。

虽然引入新权利，但是修订的新法并未对其新条款做出具体的适用标准的

---

① 王蒙诉世纪互联信息公司案，北京市海淀区人民法院民事判决书（海民初字第57号，1999）。

② 参见郑成思、薛虹：《知识产权法》，北京大学出版社2003年版，第246页。

③ 参见王迁：《网络版权直接侵权研究》，《东方法学》2009年第2期。

规定。五年之后由国务院发布《信息网络传播权保护条例》（以下简称 2006 年《条例》）对该项新权利做出了详细的解释。作品、表演或者音像制品权利人享有的信息网络传播权包括自己行使以及许可他人行使两个方面。[①] 任何人将他人的作品、表演或者音像制品上传到网络服务器供公众接入、复制或者以其他方式利用都应该获得许可，向版权人支付报酬，除非另有规定。

　　虽然中国的信息网络传播权条款（《著作权法》和 2006 年《条例》中）几乎逐字逐句从《世界版权条约》第 8 条翻译而来，但是中国版本的"向公众传播权"与国际条约中的规定并不一致。"向公众提供行为"在国际条约中是作为宽泛的向公众传播权的一部分出现的。《世界版权条约》第 8 条使用"包括"一词将在互联网上的"按请求"传输行为归为向公众传播权的特定形式，从而使得国际条约中的向公众传播权保持了一种技术中立性，即不但包含了传统的播放权，而且将其扩展至在线向公众提供权。中国的信息网络传播权仅指向公众在线提供作品的行为，即将作品上传至网络的行为，属于用户选择接入作品的时间和地点的"按请求"传输行为，而不是宽泛地包含了传统的播放行为。遗漏国际条约中的"包括"一词，使得中国的信息网络传播权仅指向公众提供权。这一点在司法实践中得到证明。

六、小　结

　　为版权人赋予新权利控制其作品的利用是一种保护版权自身利益的传统路径，尤其当他们面对新技术挑战的时候。通过指控行为人直接侵犯版权独占权，版权人可以维持其在市场上的垄断地位。在数字技术出现之前，版权人可以确保对自己作品的合法利用和商业收益，而无需明文赋予其接入、获得作品的控制权。由于担心失去对作品的商业使用的全面控制，版权人经过游说，将传统向公众传播权范围加以扩展，以适用于"以公众可以自己选择获得作品的时间和地点为特点"的网络传输行为。然而，《世界版权条约》和《世界表演和录音制品条约》以"伞状方案"而不是统一的义务性条款引入新权利，要求

---

① 《信息网络传播权保护条例》第 1、3、26 条。

内国法用各自特别的方式保证版权可以控制网络接入作品的行为。从而，各国规制方式各具形态。

《欧盟信息社会版权指令》和英国 2003 年对《版权、工业设计和专利法》加以修订的《版权和相关权条例》都按照 WIPO"互联网条约"的要求引入新权利。中国也在 2001 年修订《著作权法》的时候规定了一项信息网络传播权。但是，美国的立法界显然并不愿意新设一项独立的向公众提供权，他们坚持美国 1976 年《版权法》已有的发行权、复制权、公开表演权和展览权结合起来足以适用于网络行为以追究行为人的直接侵权版权的责任，从而履行 WIPO 的条约义务。

长期以来，版权的政治经济理论无不涉及权利关系和价值判断。侵权责任的认定和评价并没有因为引入新的向公众提供权而尘埃落定。适用版权间接侵权责任来处理"向公众提供行为"所引起的责任分配问题时，美、英、中三国的法律实践变得更加复杂。第二章、第三章将分别分析美、英、中三国在司法实践中各自如何处理向公众提供行为尤其是搜索引擎和 P2P 文件共享技术所产生的版权侵权纠纷。

第二章　间接版权责任在美国和英国的扩张

从理论上说，版权侵权指控可以分别主张对独占权的直接侵犯和间接侵犯。通常，直接侵权的构成要件包括：作品享有有效版权以及被告对该版权保护作品进行了复制，从而侵犯了一项或多项版权权利。[1] 正如本书第一章所讨论的，自《世界版权条约》与《世界表演与录音制品条约》两个条约在1996年首次规定向公众提供权始，网络传输当事方就可能被指控直接侵犯该权利。但在内国法层面，就在线向公众提供作品的行为所带来的法律责任问题却没有得到统一的解决方案。美国立法认为其内国版权法中的独占权足以覆盖网络传输中的"向公众提供行为"，因此没有必要在已有的版权法系统中引入新权利。英国和中国则在本国法中写入了该项新权利。英国版的向公众提供权与传统播放权结合形成一项宽泛的向公众传播权；而中国在2001年对《著作权法》进行修订时新增一项信息网络传播权。不仅在立法态度上，美、英、中三国的司法实践也表现出明显差异。

即便有些美国学者主张美国版权法也需要一项独立的权利来处理网络传输的问题，[2] 但是大部分美国法院还是尽力将未经许可的网络传输行为归入被重新界定的发行行为。[3] 美国法院与学者之间就此问题的分歧使得是否能将发行权适用于网络上传行为的问题变得十分不确定。于是，间接侵权就成为处理网

---

①　R. Anthony Reese，"The Public Display Right: The Copyright Act's Neglected Solution to the Controversy over RAM Copies".

②　David O. Carson，"Making the Making Available Right Available"；Ashley M. Pavel，"Reforming the Reproduction Right: The Case for Personal Use Copies".

③　Robert Kasunic，"Making Circumstantial Proof of Distribution Available"，*Fordham Intell Prop Media & Ent L J*，Vol.18，No.5（2008），p.1145.

络传输行为的法律责任问题的较为务实的选择。[①] 然而，与直接侵权的认定相比，美国普通法上的间接侵权责任规则并未显得更为容易，甚至在一定程度上还使问题变得更加复杂。[②]

在英国和中国，将版权保护作品非法上载到网络的行为则明确地侵犯了的向公众提供权。然而，中国的信息网络传播权的有限性意味着那些为用户接入作品提供辅助条件或者使用户接入作品更为容易的服务提供者并不构成对信息网络传播权的侵犯。因此，中国法院多数时候也必须依据中国侵权法上的共同侵权责任原则追究网络服务商的责任。英国较为宽泛的向公众传播权可以覆盖用户使用数字传输工具的行为，也可以覆盖提供这类工具的服务商的行为。但在英国的版权司法中，授权责任同样扮演了重要角色。本章通过涉及 P2P 文件共享网络技术和搜索引擎两项数字传输技术的案例，对美国和英国有关的司法实践进行分析和比较。中国的情况将在第三章专章讨论。在讨论法律问题之前，本章将对 P2P 文件共享网络和搜索引擎两项技术做一简要说明。

一、P2P 文件共享网络、搜索引擎与"向公众提供行为"

（一）P2P 文件共享网络与"向公众提供行为"

在网络传输技术中，最具代表性的当属 P2P 文件共享网络、链接以及搜索引擎，它们散播信息，使网络用户能够访问信息。自互联网滥觞，P2P 文件

[①] John Horsfield-Bradbury, "'Making Available' as Distribution: File-Sharing and the Copyright Act", *Harv J L & Tech*, Vol.22, No.1（2008）, p.273.

[②] R. Anthony Reese, "The Public Display Right: The Copyright Act's Neglected Solution to the Controversy over RAM Copies".

共享软件就被大量用于网络终端计算机的连接，[①] 以实现文件直接在电脑之间的传递。例如，作为 P2P 文件共享软件应用程序的代表，FTP 和 TelNet 已然形成当前互联网的关键特性——定位其他网页从而交换文件和信息的能力。[②]每一台安装了 P2P 软件的电脑都可以作为一个迷你型的"服务器"，其他 P2P用户就可以从该"服务器"下载文件，从而形成一个网络，相互交换文件，实现全球范围内对信息的便捷共享。

　　从技术角度来看，P2P 文件共享网络已发展至第三代。Napster 是第一代中心化 P2P 软件的代表，其技术特点表现为，Napster 在其服务器上保留一个用户所分享文件的索引，按照这个索引，用户可以直接从其他用户的电脑下载文件。作为搜索的辅助手段，该索引为用户提供相应的音乐文件信息。Napster 软件 1999 年推出以后迅速流行，至 2001 年其用户已达两千六百万。第二代 P2P 软件转为非中心化系统，每台安装这种软件的电脑都可以直接向其他个人用户发出搜索请求，无需软件提供方的中心服务器。例如，FastTrack就是一个建立在首个非中心化文件共享系统 Gnutella 之上的应用程序，而这一应用程序为流行的 P2P 软件 Kazaa 和 Grokster 提供技术支持。但第二代 P2P文件共享软件也存在缺陷，那就是虽然下载很快，但是上载行为却耗时颇多。被视作第三代 P2P 软件的 Bit-Torrent 则允许用户直接相连并传送所分享的文件的一部分，从而大大提高宽带流量的使用效率。Bit-Torrent 网络用户在搜索一份文件时，来自于不同用户的该文件一部分最终可以汇聚起来成为一个完整

---

① 关于 P2P 文件共享软件的功能，参见 Stan J. Liebowitz，"File Sharing: Creative Destruction or Just Plain Destruction?"，*Journal of Law and Economics*，Vol.49，No.1（2006），p.1; Minar Nelson，Marc Hedlund and Popular Power，"A Network of Peers: Peer-to-Peer Models through the History of the Internet" in Peer-to-Peer: Harnessing the Power of Disruptive Technologies，Andy Oram（ed），Sebastopol，CA: O'Reilly & Associates，Inc.，2001，p.9; Enrico Bonadio，"File sharing，Copyright and Freedom of Speech"，*E I P R*，Vol.33，No.10（2011），p.619; Genan Zilkha，"RIAA's Troubling Solution to File-Sharing"，*Fordham Intell Prop Media & Ent L J*，Vol.20，No.2（2010），p.667; David W. Opderbeck，"Peer-to-Peer Networks，Technological Evolution，and Intellectual Property Reverse Private Attorney General Litigation"，*Berkeley Tech L J*，Vol.20，No.4（2005），p.1685.

② David W. Opderbeck，"Peer-to-Peer Networks，Technological Evolution，and Intellectual Property Reverse Private Attorney General Litigation".

的文档，这种被分割成碎片的小容量文档被称为 Torrent 文档。一份 Torrent 文档本身并不是原始文件，而是包含了该文件的文件目录、文件大小等可以用来鉴别所需文件的信息。同时，Bit-Torrent 技术要求用户必须向其他用户提供文件，而不能仅仅接受分享。因此，网络文件就源源不断地被上传到网络，并在海量的 Bit-Torrent 用户之间共享。Bit-Torrent 软件的独特之处就在于用户越多下载速度越快，因为更多用户就意味着更多的数据资源和分享渠道。不可避免地，潜在的版权侵权也大量出现，而现有证据显示 Bit-Torrent 网络中的可能侵权行为比效率较差的 P2P 网络数量更大、情况更复杂。

虽然广受欢迎的 P2P 文件共享软件在数字时代迅速崛起，但是却麻烦不断、官司缠身。按照典型的 P2P 技术的运作，在几个技术环节都有可能造成侵权。在下载环节，如果没有取得相关许可，在下载用户电脑硬盘上制作复制件势必侵犯版权人的复制权。但是，在大多数 P2P 文件共享的版权纠纷中，因为很难证明下载行为是否真正发生，所以不大可能只依据复制权来进行指控。如果下载行为被证明，在上载环节，版权人还必须证明上传行为人直接侵犯复制权，否则无法追究上传行为人侵犯复制权的责任，因为从技术上讲，下载环节的侵权复制件并不来自于某个上传行为人的电脑硬盘。那么，上传行为人是否应该为下载方的复制行为承担责任？上传行为人是否侵犯了版权人的其他权利呢？

P2P 软件上述技术特点导致使用该软件向公众提供作品的行为在英国和中国可能侵犯了版权人的向公众提供权；而在美国，由于不存在此项权利，在 P2P 软件版权争议案件中法院给出了不同的结论。关于 P2P 软件提供商，从法律的角度看似乎并不如其他提供网络接入服务的服务商那样表现出明显的中立姿态。[①] 当非法文件通过 P2P 文件共享网络进行传输时，网络服务商可能构成对向公众提供权的侵犯，但是这可能是一种间接而非直接侵权，因为其仅仅为终端的文件分享用户的直接或初次侵权行为提供手段或加以鼓励。建立在使直接侵权成为可能的技术手段之上的行为可能构成间接侵权，于是版权责任不仅

---

① Maria M. Frabboni，"File-Sharing and the Role of Intermediaries in the Marketplace: National, European Union and International Developments"，p.119.

仅限于那些直接侵犯版权的个人，如文件的上传者和提供人。随着 P2P 技术的发展这个问题变得越来越复杂。

（二）搜索引擎和链接

毫无疑问，搜索引擎已经构成网络的基础性技术，这项技术对信息加以聚合提供给公众，成为具有建设性意义的网络工具。[①] 搜索引擎没有统一的定义，广义的搜索引擎通常是指以关键词搜索文档并将包含了关键词的搜索结果目录返回给用户的技术。而狭义的搜索引擎则强调搜索引擎技术使用 bots（spiders，robots，and crawlers）等应用程序对网页进行搜索，提取信息以创建一个可以点击访问的网络索引。从技术角度看，搜索引擎最关键的构成要素是一个被称作"爬虫"（crawlers）的程序，这个程序搜索网页并复制内容，然后将其存储于主机服务器，这一过程也被称作缓存；然后，一份包含了关键词的索引（数据库）出现在页面；接下来，搜索引擎软件对索引进行编辑，并将带有链接的编辑结果返回给用户，如果用户对感兴趣的链接进行点击的话，就能接入目标网页。在这一过程中，用户是否实际点击被缓存的链接并不重要，公众只要可以接入被链接网站就已经完成搜索引擎的全部功能。[②] 被缓存的复制件并不是用户点击链接可以查看的内容的原始版本，而是在原始网页被加入索引时基于该网页的 HTML 格式代码而制作的一份复制件。这种缓存可以在搜索引擎主机服务器上生成，也可以在用户电脑内存中生成，前者被称为主机缓存或系统缓存。因为系统缓存是搜索引擎发挥基础功能的必须技术环节，在此过程中向公众提供网页复制件的行为就引发了一个重要的法律问题：为了辅助用户接入整个网页而制作缓存复制件是否侵犯了版权人的权利？

[①]　关于搜索引擎的功能，参见 John Battelle，*The Search: How Google and Its Rivals Rewrote the Rules of Business and Transformed our Culture*，chapter 2，pp.19–37；Charlotte Waelde，"Search Engines and Copyright: Shaping Information Markets" in Law and the Internet，Lilian Edwards and Charlotte Waelde（eds），Oxford: Hart Publishing，2009，p.227；Ben Allgrove and Paul Ganley，"Search Engines，Data Aggregators and UK Copyright Law: A Proposal"。

[②]　Ben Allgrove and Paul Ganley，"Search Engines，Data Aggregators and UK Copyright Law: A Proposal"．

虽然链接构成搜索引擎的基础性技术，但链接仍然是一个独立的技术工具，用户通过链接在不同网页之间进行切换。锁定一个目标网页，用户需要一个通常由字母和数字组成的 IP 地址或者统一信息定位器（URL）。为了提供关于搜索目标更有意义的信息，超文本链接常常使用可视文本或图形来指代目标网页。[①] 这些可视的文本或图形通常是从超文本链接所指向的网页中提取的。严格说来，一个超文本链接本身就是将目标网站内容提供给用户，似乎构成一种向公众提供作品行为。如果链接指向侵犯了版权人权利的第三方网页的话，链接也可能被认为构成该第三方网页的向公众提供行为的辅助手段。[②]

尽管如此，如果目标网页已经可以较为容易地通过其他方式接入，考虑到更多普通公众在搜索互联网海量信息过程中对链接这一带有组织性的工具的需求，可以认为，该目标网页是期望被链接的。在很多国家，除非刻意设置一项链接权利，设链者只能依据所谓的默示授权来获得侵权免责。[③] 美国案例法表明，版权人将其作品放置在互联网就表示其愿意他人对其作品设置链接，除非采取技术措施阻止这种链接行为。[④] 基于链接对互联网的基础性意义，如果一个网站经营者在网络放置版权作品，美国司法认为该版权人对其他网页设置链接接入版权内容给予了默示授权。

在何种情况下存在版权人的默示授权，这一问题却一直在英国立法与司法中存在争论。[⑤] 是否存在链接的默示授权以及该种默示授权的范围并未形成定论。例如，在 *McGrath v Dawkins* 案中，英国高等法院认定，在一定情况下，网站经营者可能要为链入某一网站上的诽谤内容承担责任，尽管他自

---

① Hasan A. Deveci, "Hyperlinks Oscillating at the Crossroads", *Computer and Telecommunication Law Review* Vol.10, No.4（2004）, p.82.

② Silke Von Lewinski and Michel M. Walter, "Information Society Directive", p.985（11.3.36）.

③ Diane Rowland, Uta Kohl and Andrew Charlesworth, *Information Technology Law*, 4th edn, London: Routledge, 2012, p.329.

④ *Field v Google, Inc.*, No CV-S-04-0413-RCJ-LRL（Dis. Nevada 2006）.

⑤ Ben Allgrove and Paul Ganley, "Search Engines, Data Aggregators and UK Copyright Law: A Proposal".

已的网站没有这样的内容。① 大法官 Arnold 在 *Paramount Home Entertainment International Ltd. v British Sky Broadcasting Ltd*. 案中承认，仅仅提供超文本链接的行为是否构成向公众传播行为（尤其是当超文本链接并不直接指向一个版权作品的来源时）这一点仍存在争议。② 他也承认，关于链接指向的版权作品是否已经得到版权人的授权会导致设链者的不同责任这一点也存在争议。③

在欧洲，链接的法律责任问题直到最近才有了较为明确的答案。很多学者强烈主张，法院应该对超文本链接技术对于互联网运作的关键行角色予以充分考虑，以确定其法律责任。④ 他们建议链接行为并不构成《欧盟信息社会版权指令》第 3 条第（1）款中的向公众传播行为。他们也认为深层链接、装框链接与超文本链接在功能和目的上并无不同。在 2014 年的 *Nils Svensson*，*StenSjögren*，*MadelaineSahlman*，*PiaGadd v RetrieverSverige AB* 案（Svensson 案）中，欧盟法院终于有机会对设置链接的行为是否侵犯向公众传播权问题做出解释。⑤ 在该案中，注册用户可以通过被告人提供的链接访问存储于第三方网站的原始报纸文章。其中一位名叫 Svensson 的作者指控，他有一篇同时发表于纸质报纸和网页报纸的文章被被告人通过搜索引擎提供给公众，侵犯了作者的向公众传播权。欧盟法院判决，提供链接使公众可以链入其原本就可以自由访问的网页作品的行为不构成向公众传播行为；设置链接需要版权人授权的唯一情况是该链接的用户对版权作品来说属于"新公众"。⑥ 欧盟法院认为在

---

① *McGrath v Dawkins*，Unreported，March 30，2012（QBD）；Saadat Nisar，"The Uncertain State of the Law on Liability for Hyperlinking: Christopher Anthony McGrath v Professor Richard Dawkins"，*Computer and Telecommunications Law Review*，Vol.18，No.5（2012），p.121.

② *Paramount Home Entertainment International*，*Ltd. v British Sky Broadcasting*，*Ltd.*，[2013] EWHC 3479（Ch）；[2014] ECDR 7（The High Court of Justice（Chancery Division）），at 32.

③ *Paramount Home Entertainment International*，*Ltd. v British Sky Broadcasting*，*Ltd.*，at 32.

④ Jessica Litman，*Digital Copyright: Protecting Intellectual Property on the Internet*，p.183；Tanya Aplin，*Copyright Law in the Digital Society: The Challenges of Multimedia*，Oxford: Hart Publishing，2005，p.151.

⑤ （C-466/12）*Nils Svensson*，*Sten Sjögren*，*Madelaine Sahlman*，*PiaGadd v Retriever Sverige AB*，EU: C:2014:76；[2014] Bus LR 259（CJEU（4th Chamber））.

⑥ （C-466/12）*Nils Svensson*，*Sten Sjögren*，*Madelaine Sahlman*，*PiaGadd v Retriever Sverige AB*.

该案中不存在"新公众",因为原始网站并没有设置任何网页访问限制来控制潜在的网站访问者,所以原始网站的目标公众覆盖了所有潜在的访问者。如果一个有效链接绕过版权作品出现的网页的技术限制或者版权作品已经在原始网页不存在,情况就有所不同。如果该链接构成一个有效的干涉(技术支持),没有该链接用户将无法接入被传输的作品,这样的话,该链接用户就构成"新公众"。

在 *C More Entertainment AB v Sandberg* 案中,[①] 原告支付费用获得许可对冰球比赛现场进行网络流传播,它的注册付费用户可以通过设置了"支付墙"(paywall)的网站收看比赛。被告发现了该网站的地址并且在被告自己的网站公布了相关链接,网络用户可以通过被告网页的链接自由接入并收看流传播的现场比赛。瑞典最高法院请求欧盟法院就设置链接行为是否构成《欧盟信息社会版权指令》第3条第(1)款中的向公众传播行为的问题做出解释。在 *BestWater International GmbH v Mebes* 案中,原告 BestWater 委托制作了一部关于水质污染的广告短片,并就此享有版权。[②] 有人将这部短片上传到著名的视频分享网站 YouTube。作为原告竞争对手的两位个体商业代理人在他们经营的网站设置装框链接,当被告网站用户点击链接,该电影短片就从 YouTube 网站下载,然后在被告相关的网站进行"装框"——将原始网站的广告屏蔽,并加以播放。德国法院向欧盟法院就以下问题提出咨询申请:在其自己网站设置装框(埋置)链接链入他人作品,使得自己网站用户可以接入第三方网站作品的行为是否构成欧盟法中的向公众传播行为。

虽然在链接的法律地位问题上仍存在不同观点,但是就责任而言,超文本链接设链者的法律责任似乎要比搜索引擎的法律责任轻。[③] 与搜索引擎相比,链接因设链人可以对链接服务有更多的控制权和更多的干涉而获得存在理由。一个超文本链接更像是一个"参考信息"(reference)而不是"引用"

---

① (*C-279/13*) *C More Entertainment AB v Sandberg*,EU: C:2015:199;[2015] ECDR 15(CJEU(9th Chamber)).

② (*C-348/13*) *BestWater International GmbH v Mebes*,2315(CJEU,2014).

③ Diane Rowland,Uta Kohl and Andrew Charlesworth,*Information Technology Law*,*Information Technology Law*,p.330.

(quotation)，尤其是当被链接网站的经营者仍然对公众获得作品有全面控制的情况下。①

从技术角度看，P2P 文件共享软件与搜索引擎构成了最为常用的提供网络信息的基础工具。但是从法律角度看，这两种数字工具面对着不同的命运。P2P 文件共享软件似乎天然不合法，被认为是"盗版的港湾"，而具有讽刺意味的是，世界上最成功的 P2P 软件提供商就叫"海盗湾"（The Pirate Bay）；Bit-Torrent 文件网络中立性的缺乏成为其经营者的主要弱点。而搜索引擎技术却被称为互联网的"总开关"，构成互联网的基础设施。② 与第三代 P2P 文件共享网络相比，搜索引擎带来的社会利益不可同日而语。

二、美国的司法路径

在美国，未经版权人许可侵犯法定的五项权利中的一项或多项的，构成直接侵犯版权。③ 间接侵权责任是美国普通法中的概念，是指被告虽然并不属于直接侵权人但法律仍旧认为其对版权人所遭受损害承担责任的归责原则。④ 间接侵权责任包括帮助侵权和替代侵权两种责任形式，适用于第三方直接侵犯版权造成当事人一方可能需要承担间接版权责任的情形。

（一）P2P 文件共享网络上传行为人直接侵犯发行权

正如本书第一章所指出的，与"向公众提供行为"联系最为紧密的权利是

---

① 有人认为，如果链入的目标网站是一个商业网站，例如有广告收入，可能依据其他行为例如不正当竞争而不是版权侵权来追究设链网站的责任。参见 Alain Strowel and Vicky Hanley，"Secondary Liability for Copyright Infringement with Regard to Hyperlinks" in Peer-to- Peer File Sharing and Secondary Liability in Copyright Law，Alain Strowel（ed），Cheltenham，UK: Edward Elgar，2009，p.71。

② 从技术角度理解搜索引擎，参见 Tim Wu，*The Master Switch: the Rise and Fall of Information Empires*。

③ Sec 501 of 17 U.S.C.（2009）.

④ Lynda J. Oswald，"International Issues in Secondary Liability for Intellectual Property Rights Infringement"，*Am Bus L J*，Vol.45，No.2（2008），p.247.

发行权。除了美国 1976 年《版权法》第 106 条第（3）款给出的发行权定义，美国版权法没有对"发行"行为做进一步明确解释，美国法院在如何将发行权条款的含义适用于网络传输行为时产生分歧，因为网络传输并不以产生有形复制件为前提，也不要求该复制件所有权发生实际转移。那么网路传输仍旧属于复制件的发行行为吗？法律是否明确要求实际发生了对复制件的占有转移，否则不存在发行行为？要证明存在对发行权的侵权行为是否必须证明发生了"实际转移"？对这些问题的不同回答导致了 P2P 案件关于上传行为人责任的不同判决结果。如果美国的发行权可以覆盖"向公众提供行为"，那么 P2P 网络中的上传行为人可能构成对发行权的直接侵犯。

1."向公众提供理论"与"推定发行规则"——无需证明实际发生占有转移即可成立发行权侵权行为

在著名的 *A&M Record v Napster*，*Inc.* 案（Napster 案）之前，美国法院就已经开始讨论关于发行权是否能够适用于"向公众提供行为"这一问题了，只不过 Napster 案就这一问题展开深入讨论。在 1997 年的 *Hotaling v Church of Jesus Christ of Latter-Day Saints* 案（Hotaling 案）中，Hotaling 家族拥有其宗族研究文献的版权，位于犹他州圣盐湖城的基督教最后圣徒教堂的图书馆得到了该文献的一份合法复制件。[①] 后来，该教堂未经许可制作了多份复制件，并将其置于该教会在全国各地的教堂图书馆，构成了教会图书馆收藏的一部分，而且被制成目录供公众查阅。Hotaling 女士得知后指控这些未经许可的复制件侵权。被告则主张，向公众开放的图书馆的馆藏图书最多构成发行该作品的一项"要约"，因为图书馆并没有保留借阅的记录，因此不存在图书观向公众提供了争议图书复制件的证据。法院审理后认为，向公众提供作品的行为构成侵犯发行权，因为公共图书馆将一本书放入其馆藏、录入其图书索引或者目录系统，使得公众可以借阅或者阅览，这已经完成了所有发行行为所必须的步骤和程序。法院强调：

"如果要证明存在版权作品的发行行为，当事人一方必须证明存在非

---

①   *Hotaling v Church of Jesus Christ of Latter-Day Saints*，118 F 3d 199（4th Cir.1997）.

法复制件向公众散播的事实，而仅向公众提供作品——即便没有证明该复制件已经出售——也可以构成对版权人发行权的侵犯。"①

这就是所谓的"向公众提供理论"。该理论认为美国 1976 年《版权法》第 106 条第（3）款并没有要求当事人证明存在复制件的"实际转移"，而只要提供作品已经向公众提供的证据就足以认定侵权责任。在典型的 P2P 网络中，像 Kazaa 这样的文件共享网络并不追踪文件是否已经被复制、是否以及何时被传送，因此很难证明一份特定文件是否从一台特定电脑传送到另一台电脑，因此无法证明"实际转移"了复制件。② 另外，允许用户从其他不同用户电脑下载同一文件的各个组成部分的 Bit-TorrentT 网站从整体上看也无法确定某用户分享的文件一定就会被复制。在这种情况下，"向公众提供理论"得到了美国唱片业协会（Recording Industry Association of America，RIAA）的支持，因为这一理论对"仅上传文件到用户电脑硬盘的共享文件夹使其可以被公众接入的行为就构成发行行为"的主张十分有利。虽然涉及 P2P 文件共享网络的首例案件是 *UMG Recordings, Inc. v MP3.com* 案，但第九巡回法院的 Napster 案则更具有代表性。③ 在该案中，Napster 公司为其用户提供软件和分享平台的行为承担其用户侵犯音乐作品的复制权与发行权的帮助侵权责任。法院认为，

"Napster 用户将文件名上载到搜索索引，以供其他用户搜索、复制为的行为侵犯了原告的发行权。"④

法院并没有详细解释发行权的构成要件，但是如果单独将文件名上载到 Napster 服务器从而使文件本身转移成为可能的行为构成侵犯发行权，那么发

---

① *Hotaling v Church of Jesus Christ of Latter-Day Saints*, at 203.

② Robert Kasunic，"Making Circumstantial Proof of Distribution Available".

③ *A&M Records, Inc. v Napster, Inc.*，239 F 3d 1004（9th Cir.2001）；*UMG Recordings, Inc. v MP3.com*，92 F Supp 2d 349（S. D. N. Y.2000）.

④ *A&M Records, Inc. v Napster, Inc.*, at 1014.

行权显然没有要求具备所有权或占有权的"实际转移"这一条件，① 因为在文件下载环节存在显而易见的复制行为，所以法院似乎也没有必要在此案中讨论发行权的问题。②

Napster 案以后，美国地方法院将其看作先例，依循裁判。在 *Warner Bros. Records，Inc. v Payne* 文件共享案中，堪萨斯州西区区法院认为图书馆未经许可占有作品的有形复制件与未经许可在电脑硬盘上存储数字复制件的法律性质相同。③ 在 *Universal City Studios Productions LLLP v Bigwood* 案中，缅因州区法院援引 Hotaling 案判定，在 P2P 网络上向公众提供作品构成发行作品，但法院并没有详细解释"向公众提供"以及立法上的"发行"的含义。④ 在 *Sony BMG Music Entertainment v Doe* 案中，北卡罗来纳州东区区法院认为 Hotaling 案构成具有约束力的先例，可以用来解释"发行包含了向公众提供作品的行为"这一观点。⑤ 值得注意的是，尽管 Hotaling 案并不涉及数字传输，但是该案作为先例强有力地支持了"向公众提供理论"。

无论 Napster 案在法律上给 P2P 软件如何定性，音乐文件网络共享逐渐发展成为一个产业。于是，美国唱片业协会向网络音乐共享者发动了大规模的法律行动，⑥ 诉讼目标从网络服务商转向文件共享用户。从 2003 年到 2008 年底，美国唱片业协会共提起了超过三万件针对文件共享用户的诉讼。仅 2009 年 5 月一个月，美国唱片业协会起诉的新案件至少有

---

① David O. Carson，"Making the Making Available Right Available".

② John Horsfield-Bradbury，"'Making Available' as Distribution: File-Sharing and the Copyright Act".

③ *Warner Bros. Records，Inc. v Payne*，No W-06-CA-051，2006 WL 2844415（W.D. Tex.2006），at 3.

④ *Universal City Studios Productions LLLP v Bigwood*，441 F Supp 2d（D.Me.2006），at 185，190; Diana Sterk，"P2P File-sharing and the Making Available War"，*Nw J Tech & Intell Prop*，Vol.9，No.7（2011），p.495.

⑤ *Sony BMG Music Entertainment v Doe*，No 5:08-CV-109-H 8 US Dist LEXIS 106088（E.D.N.C.2008）.

⑥ Genan Zilkha，"RIAA's Troubling Solution to File-Sharing".

六十二件。[①] 虽然很难证明用户散播了作品或唱片的复制件，但 RIAA 能够指控被诉文件分享者的最好证据就是用户电脑"共享文档"文件夹中的内容，这些内容可以显示版权歌曲被上传到 P2P 网络。为了绕开证明"文件实际从一个用户电脑被发送到另一用户电脑"的举证责任，美国唱片业协会主要依据了"向公众提供理论"，因为版权人在指控直接侵权时，无需证明用户实际传送了文件复制件。[②] 如果法院接受这一观点，版权人就能轻而易举地指控网络用户直接侵犯发行权。

当事人避免举证难题的另一选择是以间接证据证明存在发行行为。在 *Perfect 10 v Amazon.com*，Inc. 案（Perfect 10 案）中，作为对"向公众提供理论"的支持，法官 Ikuta 提出了"推定发行规则"。[③] 美国一家娱乐业出版商 Perfect 10 在网络向注册用户提供裸体模特摄影图片供后者下载（包括将微缩图片下载到手机）。后来在第三方网站出现了 Perfect 10 享有版权的图片的未经许可复制件。Google 又对第三方网站进行了搜索和系统缓存，制作"拇指图片"并在 Google 的图片搜索结果页面加以展示。Perfect 10 指控 Google 直接侵犯原始图片的展览权，同时，对原始大小的图片加以复制并设置装框链接的行为也构成直接侵犯发行权。在援引 Hotaling 案和 Napster 案时，第九巡回法院解释说：

> "Hotaling 案判决作品的版权人向公众提供作品可以被推定认为发行了该作品的复制件。同样，当 Napster 用户使用 Napster 软件向所有其他 Napster 用户提供他们收集的版权作品时，也就侵犯了原告版权人的发

---

① Shana Dines，"Actual Interpretation Yields 'Actual Dissemination'：An Analysis of the 'Make Available' Theory Argued in Peer-to-Peer File Sharing Lawsuits, and Why Courts Ought to Reject It"，*Hastings Comm & Ent L J*，Vol.32，No.1（2000），p.157. 实际上，只有十二起案件最终由被告提起诉讼，大部分案件在诉前就因为本身原因结案。

② Diana Sterk，"P2P File-sharing and the Making Available War"，P2P File-sharing and the Making Available War.

③ *Perfect 10*，*Inc. v Amazon.com*，*Inc*. Perfect 10 因为 A9 search 同时起诉了 Google 和 Amazon，因为 Google 向 Amazon 提供图像搜索功能的技术支持。两起案件在上诉阶段合并审理。

行权。"①

这一观点被称为"推定发行规则",即如果你向公众提供侵权作品以便向他人传输,则可以推定行为人发行了该侵权复制件。② 当然,Perfect 10 案法院认定"推定发行规则"并不适用于 Perfect 10 案,因为 Google 本身并没有占有已经向公众提供的作品的复制件,它只是提供链接使得终端用户可以直接从第三方网站获得这些图片的复制件。

借助于"推定发行规则",P2P 文件共享者的行为构成了美国版权法上的发行行为,因为文件共享者的确占有了已经在网络进行传输的作品的复制件。在 *London-Sire Records*, *Inc. v Doe 1* 案中,法院解释"如果被告已经完成了所有公开发行所应该经过的程序,那么依据'推定发行规则'可以得出'发行行为已经发生'的结论。"③ 间接地推定"发行"行为存在的证据,这一法律方法最大的好处就是无需提供侵权的直接证据,原告所需证明的就是直接侵权发生的合理的可能性。或许会有人说,发行几部作品的直接证据并不能得出也同样实际发行了所有处于用户共享文档文件夹的其他作品的结论。但是,正如学者 Kasunic 指出的,如果一个被告持续参与了文件共享网络,一个较小的分享量就可以推定认为文档实际上很有可能都已经被发行。④

2. 反对观点

与此同时,"向公众提供理论"遭到学术界的批评,也并没有被美国法院普遍接受。⑤ 截至 2005 年,大量针对 Napster 的待决案件合并审理,以处理为用户分享音乐文件的行为提供中心化索引服务的法律责任问题。⑥ 与之前的 Napster 案不同,在后来合并审理的 Napster 版权纠纷案中,法院基于 Hotaling 案的判决改变观点认为,不可否认的事实是在 Hotaling 案中,图书馆占有作

---

①　*Perfect 10*, *Inc. v Amazon.com*, *Inc.*, at 1162.

②　David O. Carson, "Making the Making Available Right Available".

③　*London-Sire Records*, *Inc. v Doe 1*, 542 F Supp 2d 153(D. Mass.2008).

④　Robert Kasunic, "Making Circumstantial Proof of Distribution Available".

⑤　Lital Helman, "When Your Recording Agency Turns into an Agency Problem: the True Nature of the Peer-to-Peer Debate".

⑥　*In re Napster*, *Inc.Copyright Litig.*, 377 F Supp 2d 796(N.D.Cal.2005).

品的侵权复制件，但是侵权作品却从未出现在 Napster 系统。该案法院批评 Hotaling 案曲解了美国《版权法》的文本含义和立法历史，特别强调法定的发行权要求必须具有"复制件实际转移"这一要件。法院认为指控侵犯发行权，原告必须证明：

"……被告要么（1）实际散播了一份或者多份作品复制件……要么（2）为了进一步发行之目的而为销售作品复制件提出要约（offer to）……"①

基于这一解释，法院认定 Napster 公司制作索引和其用户的行为并不构成直接侵犯发行权。

在另一起 P2P 文件共享软件的案件 *Capitol Records v Thomas* 案（Thomas 案）中，被告在 Kazaa 音乐共享程序中分享了二十四首歌曲。② 陪审团认定被告 Thomas 故意侵犯了该二十四首歌曲的版权。主审法官 Michael J. Davis 给陪审团提供了如下指令：

"未经版权人许可，在 P2P 网络以电子发行方式提供版权保护的唱片的行为侵犯了版权人独占的发行权，无论是否发生了实际的销售行为。"③

但是，该法院后来决定重审案件，驳回了"向公众提供理论"，转而依据"发行"的字典含义做出了判决：

"'发行'一词的普通字典含义必须包含'所有权或占有权从一个人转移到另一个人'之意。"④

---

① *In re Napster*, *Inc.Copyright Litig.*, at 805.

② *Capitol Records*, *Inc. v Thomas*, 579 F Supp 2d 1210（D. Minn.2008）.

③ *Capitol Records*, *Inc. v Thomas*, Jury Instructions, at 15.

④ 2008 年 9 月 24 日，主席法官 Michael J. Davis 通过一份《法律与秩序备忘》(Memorandum of Law and Order) 发布重审命令。参见《法律与秩序备忘》, at 44. 法院引用的是《Merriam-Webster 学院字典》(Merriam-Webster's Collegiate Dictionary.531（10thev.ed 1998）) 中关于"发行"的定义。

之后，法院援引了与 P2P 文件共享软件无关的 *National Car Rental System, Inc. v Computer Associates International, Inc.* 案做出判决。[①] 在后一案件中，原告认为被告汽车出租公司违反双方的协议将原告拥有版权的计算机程序适用于协议之外的公司，并向第三方提供未经许可的程序复制件从而侵犯版权。最终，Thomas 案法院判决认为，"实际散播"行为这一点是发行权一项具有约束力的法律要求，也就是说被告的行为并不满足侵犯发行权的要求。

在直接证据缺乏或无法得到的情形下，"推定发行规则"提供了一项有效的强化版权人权利的证据规则。向公众提供可供下载的文件构成有力的间接证据，如果和其他间接证据链条上的证据结合起来，或许可以证明侵权。然而，因为"推定发行规则"要求拥有侵权复制件，正如 Perfect 10 案法院所指出的，这实际上很难适用于搜索引擎。即便在 P2P 文件共享情形中，间接证据也并非无懈可击。随之而来的问题包括：由谁来证明这一"推定"？这一"推定"是否影响法定损害赔偿的计算？[②] 而且，间接证据也会带来与"向公众提供理论"同样的不良后果——将文件存储于一个共享文件夹，但实际上并没有发行该文件的人将被施加责任。在一个 P2P 文件共享纠纷中，发行行为的间接证据是一个低标准的举证责任，只是要求证明版权文件存在于 P2P 网络中的一个共享文件夹即可。与"向公众提供理论"一样，发行权间接证据规则也对版权人十分有利。学者 D. Carson 就指出，在版权人与 P2P 软件的参与者之间，如果无法确定特定的传输是否以及何时实际发生，那么现有的考量标准似乎总是对版权人有利。[③]

综上所述，关于非法在网络向公众提供作品是否侵犯了发行权这一问题，在美国司法领域并未得出结论。在这个问题上，美国法院出现两种不同观点，而双方观点似乎都有颇具说服力的证据来解释 1976 年《版权法》第 106 条的法条措辞。一些法院和学者支持美国唱片业协会所提出的"向公众提供理论"，

[①] *National Car Rental System, Inc. v Computer Associates International, Inc.*, 991 F 2d 426（8th Cir.1993）.

[②] 根据美国《版权法》第 504 条，每件作品可以获得的损害赔偿有最高限额，所以无论作品能被传输多少次都不导致损害赔偿额无限增加。

[③] David O. Carson, "Making the Making Available Right Available".

认为在网络向公众提供版权作品，尤其是在 P2P 文件共享网络属于第 106 条规定的发行行为，因此上传行为人可能直接侵犯了版权人的发行权。

但是笔者认为，在对发行行为是否要求"实际散播"这一要素进一步解释之前，美国版权法上的发行权很难包含网络上的"向公众提供行为"。允许版权人只证明向公众提供作品即认定网络环境中侵犯发行权显得过于简单。同样地，"推定发行规则"也降低了指控侵犯发行权的举证责任。在这些问题得到统一答案之前，美国法上的发行权无法直接适用于网络环境中的"向公众提供行为"。正因如此，美国学者和法院转而求助于其他法律工具来避免纷争。为了履行《世界版权条约》和《世界表演和录音制品条约》的条约义务，美国司法开始考虑适用普通法上的间接侵权责任规则向那些为侵权行为提供辅助设备或手段的网络服务商施加法律责任。

（二）P2P 文件共享网络服务商的间接版权责任

当追究直接侵权人耗时费力而且对得到补偿来说杯水车薪的时候，美国法院已经不止一次求助于间接责任规则了。[①] 虽然美国版权法没有明确规定间接侵权责任，但是在版权司法中向当事人施加间接侵权责任的情形似乎也屡见不鲜，在数字时代则更为普遍。间接责任得到关注的主要原因有二：一是数字技术使识别、定位以及起诉直接侵权人都变得十分困难；二是具体用户承担经济损害赔偿的能力有限，使得判决可能得不到执行。[②] 更为重要的是，只有如此法院才可以避开发行权是否能够适用于网络"向公众提供行为"的难题。然而，版权争议中在适用间接侵权责任规则过程中，对一些根本问题法院仍然存在分歧，远没有形成定论。

1. Sony 案、Napster 案与 Aimster 案中的帮助侵权责任

美国普通法上关于帮助侵权构成要件的经典描述出现在 *Gershwin Publ'g Corp. v Columbia Artists Mgmt.* 案中：

---

① Randdal C. Picker，"Copyright as Entry Policy: the Case of Digital Distribution"，*Antitrust Bull* Vol.47 No.2–3（2002），p.423.

② Lynda J. Oswald，"International Issues in Secondary Liability for Intellectual Property Rights Infringement".

　　"明知侵权行为发生，引诱、促成或者为他人的侵权行为提供物质帮助的，可以作为帮助侵权人承担责任。"①

　　尽管这一概括性表述也出现了"引诱"一词，但是在著名的 *Metro-Goldwyn-Mayer Studios Inc. v Grokster, Ltd.* 案（Grokster 案）之前，②大部分法院只将认定帮助侵权责任的焦点集中在两项要素上："行为人主观上知道侵权行为存在"和"为直接侵权行为提供了物质帮助"。③前数字时代，尤其是在 *Sony Corp. of America v Universal City Studios Inc.* 案（Sony 案）之前，间接侵权责任在美国版权司法中的地位并不重要。④在 Sony 案中，版权人电影制片公司指控 Betamax 制家庭录制机（VCR）的制造商 Sony 公司应该为用户利用该设备录制版权作品的行为承担间接侵权责任。在版权侵权指控中，Sony 公司指出，其用户广泛将其设备用于录制电视节目并在自己方便的时间收看，这种被称为"时间转换"（time-shifting）的使用方式构成版权法上的合理使用。美国联邦最高法院认定，从主观上看不仅仅"明知"第三方的侵权行为而且"应知"也可以满足帮助侵权责任的主观要件。⑤然而，该法院最终还是认定，即便存在就直接侵权行为的"应知"主观状态也不足以满足帮助侵权的要求，只要争议的产品具有实质性的非侵权商业用途。⑥这就是著名的"Sony 实质非侵权用途"的抗辩原则。

　　不同的是，在 P2P 文件共享领域，Napster 案与 Aimster 案中的被告人却未能逃脱责任，即便他们均援引了"Sony 实质非侵权用途"原则。在 Napster

①　*Gershwin Publ'g Corp. v Columbia Artists Mgmt., Inc.*，443 F 2d 1159（2d Cir.1971）.

②　*Metro-Goldwyn-Mayer Studios, Inc. v Grokster, Ltd.*，125 S Ct 2764（2005）.

③　例如 *Faulkner v Nat'l Geographic Soc'y*，211 F Supp 2d 450，473（S.D.N.Y.2002）。在该案中，帮助侵权责任的认定标准被描述为"双管齐下"：主观"知道"要件和客观上有"物质帮助"行为。

④　*Sony Corp. of America v Universal City Studios, Inc.*，464 U S 417（1984）. M. Brent Byars，"Boucha T V. Bon- Ton Department Stores, Inc.: Claim Preclusion, Copyright Law, and Massive Infringements"，*Harv J L & Tech*，Vol.21，No.2（2008），p.609.

⑤　*Sony Corp. of America v Universal City Studios, Inc.*，at 439.

⑥　*Sony Corp. of America v Universal City Studios, Inc.*，at 442.

案中，第九巡回法院在肯定了 Napster 用户的直接侵犯发行权和复制权的责任后，继续分析了 Napster 是否应该承担帮助侵权责任的问题。[1] 最终法院认定了 Napster 公司对其用户的直接侵权行为既"明知"也"应知"，而且故意鼓励、帮助其用户侵犯原告版权的行为。当被告提出"Sony 实质非侵权用途"的抗辩时，法院将 Napster 软件的"空间转换"（space-shifting）特点与 Sony 公司的家庭录制机的"时间转换"特点进行对比，法院发现了 Napster 软件与 Sony 录制设备的明显不同，在 Sony 案中，"时间转换"技术使得音乐制品 CD 的原始权利人（所有人）为自己制作复制件而使其在自己选定的时间接入、使用作品；而 Napster 的文件共享软件是向成千上万的公众提供作品。事实上，Napster 软件所具备的侵权使用版权作品的能力远远超过了"非侵权用途"，从而使后者从量上来看并不具备"实质性"，因此 Sony 案所树立的抗辩无法适用于 Napster 案。值得注意的是，Napster 案的结果与 Sony 案不同，但这也只是因为 Napster 软件不存在"实质非侵权使用"，事实上，Napster 案恰好是遵循了 Sony 案的定案逻辑的，即"实质非侵权使用"的证据足以使被告逃避责任。[2]

即便是在涉及第二代 P2P 软件的案件中，法院的这一立场也没有改变。与 Napster 案相同，美国第七巡回法院在 Aimster 案中依据 Sony 案否定了原告就其软件具有侵权和非侵权双重用途提出的主张，在此基础上认定了 P2P 服务商的帮助侵权责任。[3] 在将"非侵权使用"的证据与存在大量的"侵权使用"证据对比之后，法院认为，即便存在"实质非侵权用途"，被告也必须证明"采取阻止或者至少实质减少侵权使用的措施必须付出不合理的高昂代价"才能免责，但是被告 Aimster 公司未能加以证明。[4] 这表明，无论争议软件是中心化的还是非中心化的，如果缺乏证据证明 P2P 文件共享系统可能存在而且确实具备了"非侵权用途"，法院就很有可能认定帮助侵权责任。

---

① *A&M Records*, *Inc. v Napster*, *Inc.*, at 1015.

② Peter S. Menell and David Nimmer, "Legal Realism in Action: Indirect Copyright Liability's Continuing Tort Framework and Sony's De Facto Demise", *UCLA L Rev*, Vol.55, No.1（2007），p.143.

③ *In re Aimster Copyright Litig.*, 334 F 3d（7th Cir 2003）.

④ *In re Aimster Copyright Litig.*, at 653.

2. Grokster 案的引诱侵权责任

然而，很快美国联邦最高法院在 Grokster 案中调整了判断思路。在 Grokster 案中，第九巡回法院认定，被告的 Grokster 软件技术缺乏中心化特点而无需承担间接版权责任。[①] 美国联邦最高法院却推翻了这一判定，转而关注另一事实，即技术提供者 Grokster 不仅知道其用户的侵权行为，而且引诱、鼓励，甚至从其用户的非法文件共享行为中获利。在此，美国联邦最高法院将帮助侵权责任的认定推向了另一个方向：行为人主观上"知道"潜在的侵权或者实际发生了侵权并不足以满足帮助侵权责任成立所要求的主观状态要件；反而，该法院认为，如果设备提供商以明示或其他助长侵权行为的积极措施有目的地推销其设备的侵权用途，那么他要为第三方利用该设备所进行的侵权行为承担责任。[②]

这就是 Grokster 案的"引诱侵权规则"。按照这一规则，无论"知道"实际侵权行为（更不用说潜在的侵权用途）的主观状态，还是客观上存在的普通商业行为，例如提供产品升级服务，都不足以构成行为人的间接责任。决定帮助侵权责任的是行为人"故意"而不是"知道"的主观状态；客观上"有目的的、可责难的推销其设备或服务的表达和行为"就足以施加责任了。

遵循 Grokster 案的引诱侵权规则，美国法院成功地追究了某些 P2P 服务商的帮助侵权责任。在 *Columbia Pictures Industries*，*Inc. v Fung* 案（Fung 案）中，被告 Gary Fung 经营了一家 Bit-Torrent P2P 文件共享网站，用户可以通过其网站复制原告的版权作品，从而被版权人起诉。[③] 根据一系列记录，加利福尼亚区法院认定被告的商业模式以吸引侵权内容为特点，以推销其网站的侵权用途为目的。[④] 法院认为被告通过含义明显、可责难的语言表达推销其网站的侵权用途之目的，因此构成引诱侵权。[⑤] 同样，2010 年 5 月，纽约南区区法

---

① *Metro-Goldwyn-Mayer Studios*，*Inc. v Grokster*，*Ltd.*，380 F 3d 1154（9th Cir.2004）.

② *Metro-Goldwyn-Mayer Studios*，*Inc. v Grokster*，*Ltd.*，at 2780.

③ *Columbia Pictures Indus.*，*Inc. v Fung*，No. CV 06-5578，2009 US Dist LEXIS 122661（C. D. Cal. Dec 21，2009）.

④ *Columbia Pictures Indus.*，*Inc. v Fung*，at 54–55.

⑤ *Columbia Pictures Indus.*，*Inc. v Fung*，at 35–36.

院针对类似 Grokster 的第二代 P2P 网络的 LimeWire 软件发布禁令，法院认定在 LimeWire 网络中的百分之九十三的文件属于版权作品而且并未获得传输许可。[①] 法院认为，虽然 LimeWire 软件的确存在"实质非侵权用途"，但是开发 LimeWire 软件的行为是以鼓励侵权为目，而证明被告从事了"鼓励"行为的证据包括：被告意识到其用户的侵权行为、对侵权用户的吸引、帮助侵权用户实现侵权行为、商业模式对软件侵权用途的依赖，以及被告未采取阻抑侵权行为的措施等事实。[②]

自 Grokster 案始美国法院开始注意考察网络服务商的主观故意状态，看其新技术的开发是否具有从用户对他人版权作品的非法使用行为中获利的目的。不可否认，侵权内容的存在的确会给网络服务商带来更多访问量，从而带来更多的广告收入和其他形式的收益。[③] 这一点似乎也证明了追究那些引诱用户侵权的无良商业模式的法律责任存在合理性，因为它们不同于那些为社会带来福利的商业模式。

3. Napster 案与 Grokster 案的替代责任

在美国版权法中，如果被告能够控制其他人的侵权行为并且从侵权行为中直接获益，那么前者可能被追究替代侵权责任，但是这种责任通常只限于被告与侵权第三人之间具备接近于代理人与被代理人之间紧密关系的情形。[④] 审理 Napster 案的第九巡回法院也承认替代责任被适用的可能性。[⑤] 该法院肯定了区法院认定的两个事实：对用户来说侵权内容的可接入性，以及将来的收益直接依赖其用户基数的增长。基于这些事实，法院判定 Napster 公司可以从用户侵权行为中获得直接的经济利益，但也仅此而已，因为如果充分发挥自己控制

---

① *Arista Records*, *LLC v Lime Group LLC*，715 F Supp 2d 481（S.D.N.Y.2010），at 507.

② *Arista Records*, *LLC v Lime Group LLC*, at 508.

③ Christian E. Mammen，"File Sharing is Dead—Long Live File Sharing—Recent Developments in the Law of Secondary Liability for Copyright Infringement"，*Hastings Comm & Ent L J*，Vol.33，No.3（2011），p.443.

④ *Shapiro*, *Bernstein & Co. v H.L.Green Co.*，316 F 2d 304（2d Cir.1963），at 307; Mark A. Lemley and R. Anthony Reese，"Reducing Digital Copyright Infringement without Restricting Innovation"，*Stan L Rev*，Vol.56，No.6（2003），p.1345.

⑤ *A&M Records*, *Inc. v Napster*, *Inc.*, at 1023.

第三方行为的能力，Napster 公司可以通过监督第三方的侵权行为来免除自己的替代责任。

在 Grokster 案中，第九巡回法院肯定了区法院关于被告不承担替代责任的判定，因为被告不但不具备监控侵权行为的权利，也不拥有监控的能力，从而没有监控其网络运行的义务或者采取其他措施减少侵权行为的义务。[①] 但是美国联邦最高法院拒绝考察被告人的替代责任，也没有对第九巡回法院的认定做出任何评论。其实美国联邦最高法院回避了一个更加棘手的问题：网络服务商是否本来有能力通过区别侵权使用与非侵权使用来制止前者，但却拒绝如此做？[②]

（三）搜索引擎的间接版权责任

上述法院判决的关键要素是 P2P 技术侵权用途的压倒性比重。如果将这一标准适用于搜索引擎争议则不一定能得出相同结果，因为搜索引擎绝大部分用途均为合法。在搜索引擎的系统缓存中，"向公众提供行为"带来的重要法律问题是，缓存复制件是否可能侵犯美国法中版权人的权利。按照美国版权法，机械自动复制并不足以构成直接侵权。在 *Field v Google Inc.* 案（Field 案）中，虽然原始文件已经无法访问，但 Google 的缓存使用户可以接入该文件，内华达州区法院判定：

> "按照用户请求，Google 自动、非主动地行为并不构成直接侵犯 1976 年《版权法》。"[③]

法院并没有分析是否存在发行的问题，而是讨论了 Google 提出的合理使用抗辩，详细分析了 Google 搜索行为的"转换使用"（transformative use）特点，

---

① *Metro-Goldwyn-Mayer Studios*, *Inc. v Grokster*, *Ltd.*, 259 F Supp 1029（C.D. Cal 2003）.

② Joel C. Boehm, "Copyright Reform for the Digital Era: Protecting the Future of Recorded Music through Compulsory Licensing and Proper Judicial Analysis", *Tex Rev Ent & Sports L*, Vol.10, No.2（2009），p.169.

③ *Field v Google*, *Inc.*

并认定合理使用成立。[①] 虽然 Field 案为搜索引擎提供了一个宽泛的保护，但是该案法院并没有回答搜索引擎通过"爬虫"技术对第三方网站侵权内容的搜索所产生的法律责任问题。[②]

Field 案判决一个月后，涉及 Google 图像搜索功能的 Perfect 10 案再次讨论了这些问题。在用户的要求下，Google 的图片搜索功能可以复制内容、建立索引、生成链至原始网站的搜索结果。如果遵循 Field 案思路，无论搜索引擎侵犯了美国版权法中的哪项独占权，都可以适用合理使用抗辩来免除直接侵权责任。因此，原告在指控被告直接侵权之外，还指控 Google 要为第三方网站未经许可复制、展示和发行原告的版权图片复制件而承担帮助侵权和替代侵权责任；同时，Google 用户从被指控的第三方侵权网站下载这些图片而侵犯了原告的复制权。[③] 法院认为，因为 Google 公司并没有推销或者鼓励用户使用其搜索服务去侵犯版权，因此无法适用 Grokster 案的引诱侵权规则。根据 Perfect 10 案的判决，搜索引擎的帮助侵权责任只可能在以下情形产生：

> "Google 明知公众通过其服务可以获得特定的侵权文件，Google 可以采取简单措施阻止进一步对版权保护作品的损害，但是 Google 仍然继续提供其接入服务。"[④]

关于 Google 的替代责任，法院认为，即便这些侵权文件从 Google 的搜索结果中删除，它们也仍然存在于网络，因此 Google 不具备对侵权网站经营者的控制能力，因此 Google 并不承担替代责任。

即便如此，美国普通法中的间接版权责任并非无懈可击。从理论上看，证

[①] 关于 Google 的合理使用的讨论参见本书第四章。

[②] Ben Kociubinski, "Copyright and the Evolving Law of Internet Search—Field v Google, Inc. and Perfect 10 v Google, Inc.", *BU J Sci & Tech L*, Vol.12, No.2（2006），p.372.

[③] 第九巡回法院在 *Perfect 10, Inc. v Amazon.com, Inc.* 案中判定，不大可能基于 Google 用户的行为而是第三方网站上对 Perfect 10 的照片加以复制和存储这一点而向 Google 施以帮助侵权责任。

[④] *Perfect 10, Inc. v Amazon.com, Inc.*, at 1172.

明间接责任比证明直接责任要困难。直接侵权与间接侵权责任有着不同的"知道"或者"主观意识"的举证责任。而证明直接侵权的成立是追究间接侵权的前提条件。为了证明帮助侵权，原告必须首先证明直接侵权发生，然后还要证明被告对直接侵权提供了物质帮助或者引诱了直接侵权人，以及被告人知道或者应该知道侵权行为。[①] 对于美国法院来说，绕开直接侵权而转向间接侵权责任问题可以避免麻烦的"哪项权利可以覆盖直接侵权行为"的问题。但是在何种程度上法院可以依赖间接版权责任作为追究直接版权责任的替代？在施加间接责任时，衡量的关键是什么？是控制关系？抑或授权关系？还是引诱行为？这些问题值得探讨。本书第六章关于案例法的分析表明，美国间接版权责任理论已经在不同背景中呈现出支离破碎和争议不断的状态。毕竟，即便在数字时代极具吸引力，间接责任仍是侵权法责任体系中的一种责任形式而不仅仅只适用于 P2P 网络或者搜索引擎纠纷。

三、英国的司法路径

因为英国版权法引入新的向公众提供权，网络传输中的某些行为就可以被认为构成直接侵权，但是这些行为却被美国法院看作间接侵权或者根本并不构成侵权行为。本书第一章中已经提到，英国在 2003 年修订版权法时引入新的向公众提供权，而侵权行为人可以是网络用户，也可能是网络经营者。然而，当涉及升级版的第三代 P2P 文件共享网络时，情况变得复杂起来。在近年的司法案例中，英国法院不得不面对这样的问题：文件共享服务的网络用户是否构成侵犯向公众提供权？侵权网站的经营者是否要为用户传播侵权文件的行为承担授权责任或者为其自己向公众提供侵权作品的行为承担直接侵权责任？

英国法中的初次侵权和二次侵权的关系与美国的直接侵权与间接侵权的关系有所区别。在英国，初次侵权是指侵犯不同的版权权利，包括许可他人行使

---

① *Casella v Morris*，820 F 2d 362（11th Cir.1987）；*Ellison v Robertson*，357 F 3d 1072（9th Cir.2004）.

版权的权利，因此"授权"他人进行侵权行为本身构成一项单独的初次侵权。[①]
在英国，二次侵权者（secondary infringer）是指销售商、进口商、场地所有人、
侵权工具制造商等侵权责任在初次行为之后才产生的行为人。[②] 在英国法的授
权责任中，授权人总是被第三方错误地以为是版权人，从而授权责任并不适用
于间接行为人，例如销售商、进口商等，因为后者不大可能被错误地认为是实
际的版权人。[③] 虽然授权责任属于初次侵权责任（相对于英国法上的二次侵权
责任），但与美国的间接侵权责任具有相似的法律功能：凡是参与或者助长了
违法行为的人都应该承担责任，虽然他们并没有直接造成损害。[④] 不但如此，
英国法院在已判决案子中关于授权责任的认定也采用与美国间接侵权责任相似
的认定要素。[⑤] 事实上，在美英两国，间接侵权规则原则本身都相当抽象，以
至于决定案件结果的往往是法院的逻辑推

（一）第一代 P2P 文件共享网络中的直接侵权与授权责任：Newzbin 案与 Newzbin2 案

1. 直接侵犯向公众提供权

2010 年的 *Twentieth Century Fox Film Corp. v Newzbin* 案（Newzbin 案）
是英国第一例关于向公众提供行为的权威先例。[⑥] Newzbin 网站被指控侵

[①]　Kevin M. Garnett and others, *Copinger and Skone James on Copyright*, Vol.1, 16th edn, London: Sweet and Maxwell, 2011, p.518（7–146）; Tay Pek San, "Developing a Secondary Copyright Liability Regime in Malaysia: Insights from Anglo-American Jurisprudence", *Intellectual Property Quarterly*, Vol.2011, No.1（2011）, p.50.

[②]　Ysolde Gendreau, "Authorisation Revisited", *J Copyright Soc'y USA*, Vol.48, No.3（2001）, p.341.

[③]　Ysolde Gendreau, "Authorisation Revisited"; Kevin M. Garnett and others, *Copinger and Skone James on Copyright*, *Copinger and Skone James on Copyright*, p.518（7–146）. 对这一问题仍然存在争议。

[④]　Tay Pek San, "Developing a Secondary Copyright Liability Regime in Malaysia: Insights from Anglo-American Jurisprudence".

[⑤]　Tay Pek San, "Developing a Secondary Copyright Liability Regime in Malaysia: Insights from Anglo-American Jurisprudence".

[⑥]　*Twentieth Century Fox Film, Corp. v Newzbin, Ltd.*, [2010] EWHC 608（Ch）;[2010] ECC（Ch.D）.

犯了向公众传播权，而被告认为自己只是类似于 Google 的一个搜索引擎而已，因为 Newzbin 网站对其传输内容一无所知——这个网站设计用来创建 Usenet 的内容索引。为此，该网站会对 Usenet 上的内容进行无歧视地搜索并建立索引。对于 Newzbin 网站并不缓存任何其分类、索引的内容而只是将后者保留在 Usenet 服务器上这一点，双方均无争议。从网站的技术构架来看，Newzbin 更接近 Napster，而不同于第二代 P2P 技术。原告指控 Newzbin 的运营商构成对向公众提供权的直接侵犯，并承担其用户侵权责任的授权责任。

法院首先肯定了被告侵犯原告依据《版权、工业设计和专利法》第 20 条第 2（b）款所享有的向公众传播权，理由是被告通过一套复杂的编辑系统向"新公众"提供版权作品，公众只要轻点鼠标就可以下载其选定的整部电影，而不需要耗时费力地各处寻找分散的电影片段文件。法院认为，一个网站进行向公众提供版权作品的行为并不需要实际传输作品，对于版权内容来说，Newzbin 网站的用户就形成了一个新的可以接入版权作品的公众群体。[1] 如果没有 Newzbin 帮助，对于用户来说独立下载版权内容具有实际困难。这意味着，Newzbin 软件有效地向公众提供了作品。因此 Newzbin 的行为构成直接侵犯英国版权法中向公众传播权。

因此，与本书第一章讨论的欧盟法院 SGAE 案相比，Newzbin 案的判决将"向公众提供行为"的概念向前推进了一步。欧盟法院在 SGAE 案中认定了一项根本的事实，即如果没有被告的干涉行为，用户无法接收信号，而这构成重要的定案证据。[2] 而 Newzbin 案法院则发现，即便没有 Newzbin 网站的帮助，用户仍旧可以接入版权内容，Newzbin 软件只是使得定位并接入版权内容变得相当容易。但是，Newzbin 案法院指出，如果用户认为版权作品是由某网络服务商提供的，后者在相关内容的提供方面扮演的角色已经不再仅仅是一个被动的传输者的话，该网络服务商仍然可能要为向公众提供版权内容的行为承

---

① *Twentieth Century Fox Film*, *Corp. v Newzbin*, *Ltd.*, at 125.

② Alexander Ross and Claire Livingstone，"Communication to the Public: Part 2"，*Ent L R*，Vol.23，No.7（2012），p.209.

担责任。① 该判决传达的信号颇具争议：要认定网络服务商的"向公众提供行为"无需证明实际存在"持有或者发行了版权内容"的行为。② 如此一来，像 Newzbin 软件这样链接到第三方已经在网络自由访问的电影或者其他版权内容，使得接入该内容变得更为容易的行为可能被认定为侵权，虽然最初向公众提供版权作品的并不是该网络服务商。

2. 授权责任

除了直接侵犯向公众提供权外，英国法院在 Newzbin 案中判定被告还需承担英国法上的授权责任，因为 Newzbin 网站为侵权行为提供了辅助手段，更为重要的是，该网站由被告创建并完全处于被告的控制之下。③ 依据英国《版权、工业设计和专利法》第 16 条第 2 款的规定，如果行为人在缺乏版权人许可的情形下授权他人从事法律限制的行为，该行为人可能侵犯作品中的版权。授权责任在英国版权法上的适用也有先例可循。在 *CBS v Ames Records & Tapes Ltd.* 案中，法院拒绝认定一家出租唱片和空白磁带的商店的经营者为侵权行为承担责任，虽然该经营者明知其顾客很可能利用这些出租商品进行侵权活动。④ Whitford 法官解释说，一项授权只能来自于拥有或者声称拥有授予某项权利的权利，仅有能力促使他人去从事某项行为或者为他人的行为提供帮助，甚至鼓励他人从事某项行为，但并不拥有认定该行为为正当的权威，则不构成"授权"。⑤ 法院解释说，该案所显示的也正是所有英国案例法一贯适用的原则，即当被告无法控制那些宣称得到授权的第三方的行动时，不存在授权责任。⑥

英国版权法中的授权责任理论的另一先例是 *CBS Songs, Ltd. v Amstrad*

①　Simon Baggs and Rachel Barber, "Twentieth Century Fox Film Corp v Newzbin Ltd— a Changing Tide in the Fight against Online Piracy: How Significant is the Newzbin Judgment?", *Entertainment Law Review*, Vol.21, No.6（2010）, p.234.

②　James Tumbridge, "A cunning Fox Defeats the Pirates:20th Century Fox v Newzbin", *E I P R*, Vol.33, No.6（2011）, p.401.

③　*Twentieth Century Fox Film, Corp. v Newzbin, Ltd.*, at 126.

④　*CBS v Ames Records and Tapes*, [1982] Ch 91（Ch. D）.

⑤　*CBS v Ames Records and Tapes*, at 105（Whitford J）.

⑥　*CBS v Ames Records and Tapes*, at 222.

Consumer Electronics Plc. 案（Amstrad 案）。① 在该案中，法院认定为 hi-fi 高速复制磁带设备的制造、销售为消费者提供了一种高速复制版权作品的能力，但制造商对设备的使用不具有控制能力，而且这些设备还有合法用途，因此该设备的制造商本身并不构成对侵权行为的"授权"。法院对"赋予复制的能力"与"授予复制的权利"做出区别，认为所谓"授权"是授予或声称授予第三人从事被指控的行为的权利。② 因此，法院认为被告只是为复制提供了辅助手段，而并没有声称"授权"于他，因此，辅助工具的提供者并不承担授权责任，虽然他们的服务和产品使侵权成为可能或让侵权变得容易。大法官 Templeman 这样解释：

> "一个人并不能仅仅因为故意为他人实施的侵权行为提供工具或手段就一定构成授权行为，如果这些工具或手段也可以用于完全合法的目的，虽然它们实际上显然不可避免地被用于侵权行为。"③

如果设备或服务的提供者无法控制它所提供的设备或服务如何使用的时候，情况就更是如此，因为授权或声称授权的基本含义是，授权人拥有一定程度的实际或者当然的权利去控制被授权人的相关行为。因此，"控制力"是一个非常重要的要素，而控制要素取决于所有的其他周边条件，特别包括授权人和被授权人（被指控的直接侵权人）之间的关系。④ 在 Newzbin 案中，法院得出结论认为，被告声称它拥有授予复制任何选定的文件的权利，而且被告的确授权、允许和支持了复制原告作品的行为。

Newzbin 网站停止运营不久以后，一个称为 Newzbin2 的新网站出现了，它以与 Newzbin 相同的方式运作，甚至还保留了相同的域名 www.newzbin.

---

① *CBS Songs*, *Ltd. v Amstrad Consumer Electronics*, *Plc.*, [1988] AC 1013（House of Lords）.

② *CBS Songs*, *Ltd. v Amstrad Consumer Electronics*, *Plc.*,（Atkins L J.）

③ *CBS Songs*, *Ltd. v Amstrad Consumer Electronics*, *Plc.*, Templeman L J, at 11.

④ Kevin M. Garnett and others, *Copinger and Skone James on Copyright*, *Copinger and Skone James on Copyright*, p.519（7–148）.

com，不过新网站的运营商已经移出了英国。原告向法院申请针对英国电信公司（英国最大的网络服务商）的禁止令，原因是英国电信公司的零售顾客可以利用英国电信的宽带服务接入互联网，进入某些特别网站访问版权作品的复制件，从而英国电信公司侵犯原告的向公众传播权。① 但是英国电信公司声称，它只是通过宽带服务帮助其消费者与第三方网站进行互动，其本身并没有发起这种互动交流。法官面对的问题就是，新网站的运营商是否侵犯了《欧盟信息社会版权指令》以及《版权、工业设计和专利法》中规定的向公众传播权。大法官 Arnorld 分析了《欧盟信息社会版权指令》第 3 条第 1 款，判定那些作为 Newzbin2 网站用户的英国电信公司的签约用户，通过英国电信的网络下载侵权内容，的确构成"使用"英国电信的服务。② 同时，当一个英国电信签约用户访问 Newzbin2 网站，然后下载一部电影或一档电视节目的侵权复制件时，Newzbin2 的运营商的确构成"使用英国电信的服务进行侵犯版权的行为"。依循 Newzbin 案的判决，法院很快认定 Newzbin2 的运营商通过电子传输向公众提供版权作品，而其用户可以通过包括英国电信在内的网络系统接入 Newzbin2，这足以构成"使用英国电信公司的服务实施侵权行为"。虽然两起 Newzbin 案在授权责任问题上的结果与二十一年前的 Amstrad 案不同，但都是将授权责任的适用建立在"控制力"要素的基础上，除了所需考察的要素稍有变化之外，基本原则并没有太大改动。③

　　正如上文所说，Newzbin 网站可以归为 Napster 式第一代中心化 P2P 软件，这一代 P2P 技术表现出了侵权行为与授权者之间的因果关系，以及授权者对于直接侵权人的控制关系。但是授权责任理论很难适用于非中心化的第二代及第三代 P2P 软件。④ 英国法院在试图这么做的过程中必须首先回答这样一个

① *Twentieth Century Fox Film，Corp. v British Telecommunications，plc.*，[2011] EWHC 1981 (Ch)（Ch.D），at H 4.

② *Twentieth Century Fox Film，Corp. v British Telecommunications，plc.*，at 108.

③ Ryan Hocking，"Secondary Liability in Copyright Infringement: Still No Newz?"，*Entertainment Law Review*，Vol.23，No.4（2012），p.83.

④ Rebecca Giblin，*Code Wars:10 Years of P2P Software Litigation*，Cheltenham: Edward Elgar，2011，p.110; Min Yan，"The Law Surrounding the Facilitation of Online Copyright Infringement"，*E I P R*，Vol.34，No.2（2012），p.122.

问题：当同一个网络服务商虽然从侵权行为中获益但是却几乎对后者没有控制时，该如何对其施以责任。

（二）第三代 P2P 文件共享网络的直接侵权责任和授权责任：The Pirate Bay 案

1. 瑞典的 The Pirate Bay 案[①]

The Pirate Bay 自称是世界上最大的 Bit-Torrent 网络追踪器。作为开放的追踪器，它其实更像一个搜索引擎，向用户提供系统性的可浏览目录，用户从中选择需要的内容。2009 年，The Pirate Bay 在其服务器所在地瑞典被起诉侵犯版权。按照瑞典《版权法》，故意或者疏忽（gross negligence）侵犯版权构成犯罪。[②] 瑞典《版权法》第 2 条几乎逐字逐句地引入了《欧盟信息社会版权指令》第 3 条的内容，向公众提供作品的行为被认为构成向公众传播。在该案中，瑞典法院认为通过 Bit-Torrent 网络向公众提供版权作品原则上与将该作品置于互联网上某一开放网站的效果是一样的。瑞典法院还将向公众传播权进一步扩大解释，认为如果版权作品原则上不可能从某一个用户那里获得，而必须同时将大量用户传输的文件"碎片"分别下载结合起来构成一个完整文档，那么当事人的行为构成向公众传播行为。[③] 瑞典法院虽然并没有解释大量用户同时传输一部作品的各个片段的行为是构成单一犯罪还是共同犯罪，但法院认为，"建立一个具有高级搜索功能、容易上传和超大存储容量的网页，通过与该网页捆绑的跟踪器在不同用户之间传输文件，The Pirate Bay 的行为使用户的非法行为变得容易"。[④]

[①] *The Pirate Bay case*, *Public Prosecutor v Neij*, Unreported，（TR（Swe）），April 17, 2009. 瑞典法院 The Pirate Bay 案判决的翻译版本（IFPI）参见网页 http://www.ifpi.org/content/library/Pirate-Bay-verdict-English-translation.pdf，最后访问日期：2017 年 8 月 2 日。

[②] Swedish Copyright Act（1960:729）on Copyright in Literary and Artistic Works；Jerker Edstrom and Henrik Nillson，"The Pirate Bay Verdict-Predictable, and Yet..."，*E I P R*，Vol.31, No.9（2009），p.483.

[③] 瑞典法院 The Pirate Bay 案判决，B13301–06。

[④] 瑞典法院 The Pirate Bay 案判决，at 63。

2. 英国的 The Pirate Bay 案

瑞典的案子判决不久，针对同一网站的诉讼在英国提起。在 2012 年的 *Dramatico Entertainment Ltd. v British Sky Broadcasting Ltd.* 案（The Pirate Bay（UK）案）中，英国唱片工业协会（British Recorded Music Industry，BPI）代表独立的大唱片公司向法院申请针对六家网络服务商的禁止令，要求后者采取措施关闭或者至少阻止其用户接入 The Pirate Bay 网站。[①] 在禁止令申请中，申请人指控 The Pirate Bay 的用户向公众提供版权文件，但是并没有同时针对 The Pirate Bay 的运营商提出相同指控。英国法院认定，The Pirate Bay 的英国用户侵犯了英国《版权、工业设计和专利法》第 20 条第（2）款（b）项的向公众传播权。为了证明这一点，法院提出了两个问题：第一，用户是否通过电子传输向公众传播了版权作品；第二，用户是否向"新公众"——那些版权人在许可发行这些唱片时并未考虑在内的公众——传播了版权作品？对这两个问题，法院都给出肯定的回答。

关于 The Pirate Bay 运营商的授权责任，法官依据 Newzbin 案中法官 Kitchin 所考虑的要素依次做出考察：当事方之间关系所具有的特点、侵权的手段、侵权的不可避免性、控制的程度以及阻止侵权所采取的措施。[②] 很多反对意见认为，类似 Grokster 的软件对用户的使用缺乏足够控制，向这种技术提供者施以授权责任很难使人信服，但是法院却认为，The Pirate Bay 的运营商绝非只是帮助或者简单地同意其用户侵犯版权，而是授权其用户从事复制和向公众传播行为，而且有能力阻止侵权，但它并没有对此采取任何措施。

与 Newzbin 案不同，在 The Pirate Bay 案中，原告没有指控 The Pirate Bay 运营商直接侵犯向公众传播权，虽然作为被告的各网络接入服务商要承担授权责任。这是与 Newzbin 案的关键不同。在该案中，Arnord 大法官承认，在这个案子中，申请人没有指控 The Pirate Bay 运营商侵犯向公众传播权是因为司法界在等待欧盟法院在另一起案件 *Football Dataco Ltd. v Sportradar GmbH* 案（Sportradar 案）就相同问题给出咨询意见。在 Sportradar 案中，英国法官 Floyd 认为，通过

[①] *Dramatico Entertainment*, *Ltd.& others v British Sky Broadcasting*, *Ltd.& others*，[2012] EWHC 268（Ch），[2012] 3 CMLR 14.

[②] *Dramatico Entertainment*, *Ltd.& others v British Sky Broadcasting*, *Ltd.& others*, at 75–81.

在线传输侵犯向公众提供权的行为只发生在传输发出地而不是接收地。[①] 如果是这样的话，英国法院对依据《版权、工业设计和专利法》第 20 条提出的指控并无管辖权，因为 The Pirate Bay 的服务器位于英国之外。[②] 关于 The Pirate Bay 用户的侵权行为，法官肯定了申请人关于"英国用户上传和下载了版权作品"的证据，The Pirate Bay 的用户被判定向那些无法从合法的授权渠道获得唱片的"新公众"提供唱片。根据《版权、工业设计和专利法》第 20 条的立法目的，无论向公众传播行为发生在传播发出地还是发生在传播接收地并无太大关系。回答案件本身，从英国法院的立场看，如果申请人指出 The Pirate Bay 运营商本身直接侵犯向公众传播权的话，对此问题做出肯定回答应该是合情合理的了。

（三）搜索引擎直接侵犯版权

根据《欧盟信息社会版权指令》第 5 条第 1 款的规定，搜索引擎缓存过程中的复制属于创建索引的技术过程，因此单纯地提供链接而没有更多的其他行为的事实并不足以使设链人的行为构成版权侵权。但是，对被链接内容的缓存就不是单纯的设链行为，用户可以经由这一"缓存"接入存储的内容，这足以构成向公众传播行为。英国法院的这一立场可以在 *Newspaper Licensing Agency Ltd. and others v Meltwater Holding BV and Others* 案（Meltwater 案）中得到证明。[③]

该案中，被告人 Meltwater 公司根据其注册用户提供的关键词进行搜索、定位网络上的新闻文章，这种服务被称为"在线新闻监测服务"。被告在其网页"Melterwater 新闻"中设置超文本链接，链接到属于各个新闻出版人的新闻网站上的相关文章。这些网站设有访问条件，只允许个人或非商业的使用。被告人网站的用户通过两种途径访问 Meltwater 网页：打开被告人发送的电子

---

① *Football Dataco，Ltd. v Sportradar GmbH*，［2011］EWCA Civ 330;［2011］1 WLR 3044.

② Penelope Thornton，"High Court Decision on Where the Act of 'Making Available' Takes Place for Internet Transmissions: Football Dataco Ltd v Sportradar GmbH"，*Computer and Telecommunications Law Review*，Vol.17，No.3（2011），p.74.

③ *Newspaper Licensing Agency，Ltd. and others v Meltwater Holding BV and others*，［2010］EWHC 3099（Ch）;［2012］Bus LR 53（Court of Appeal）.

邮件或者直接访问被告网站。被告人持有原告的访问许可，原告要求被告的用户在访问这些新闻文章时需要另外获得相关许可或者得到出版人的同意。当法院在决定用户是否侵犯了出版人的版权从而要求用户必须获得出版人特别授权时，法院认为用户接受"Meltwater 新闻"服务涉及在各自电脑上复制新闻文章的行为，虽然这些文章已经被 Melterwater 复制，"但是这些通过打开电子邮件、搜索被告网站或者通过超文本链接接入出版人网站的方式进行的复制，不同于被告人所进行的复制"。也就是说，被告人所持有的授权并不构成对用户的复制授权。因此，用户需要单独授权。

虽然 Meltwater 的法律责任不是本案的争议焦点，但是判决还是表明，为使用户接入而缓存版权作品的行为很可能构成"向公众提供行为"。英国法院还没有处理直接涉及搜索引擎的案子，但是通常认为，英国法院会和比利时法院一样在搜索引擎案中得出相同结论。在 *Copiepress SCRL v Google* 案中，Google 的新闻聚合服务将就同一新闻的不同文章的标题和开首几句列出提供给用户。① 原告主张 Google 未经授权复制并向公众提供了版权保护的作品。Google 辩解认为，它们只是提供安装服务，复制行为是由点击链接的用户完成的。比利时法院强调，尽管由于用户点击了链接从而导致在其电脑上复制版权作品，所以设链网站本身并不侵犯版权，但是 Google 缓存新闻报道的行为仍然构成复制和向公众提供作品的行为。

这一点与美国对搜索引擎法律责任的态度不同。正如上文所述，美国法院并不认为 Google 直接侵犯了版权人的发行权，同时也支持 Google 所提出的"复制版权作品的行为人是网络用户而非 Google"这一主张。

四、小　结

诉讼是分析直接侵犯独占权以及复杂的网络服务商版权间接侵权问题的极佳研究对象。从本章分析我们可以看到，依据内国法以及相关技术的特征，网络传输带来的责任风险分配在不同国家各有不同。美国缺乏明确的向公众提供

---

① 　*Google*，*Inc. v Copiepresse SCRL*，［2007］ECDR 5（RB（Brussels））.

权的立法，一系列涉及 P2P 文件共享网络和搜索引擎的案例表明，在进一步的权威解释出台前，美国版权法中的发行权无法适用于网络"向公众提供行为"。一方面，美国的立法者不愿修订现行版权法；另一方面，成立版权法上的发行行为要求具备"复制件的实际转移"这一要件，而这恰好在网络环境中很难证明。如果版权人在指控侵犯发行权时无需证明版权作品"复制件的实际转移"，显然对版权人就非常有利。

在就此达成共识之前，美国法院倾向于接受普通法上的间接侵权责任规则来寻找版权人保护自身利益的合法需求与公众自由获取信息的利益之间的平衡点。美国的间接责任规则重新被解释以适应数字传输的情况。然而，对 Grokster 案所确立的"引诱侵权责任"的适用使 P2P 文件共享网络比搜索引擎更易引发版权责任。

与美国同行相比，英国法官更多地依赖基于向公众提供权追究当事人的直接侵权责任。在英国，向公众提供权不仅直接针对非法上传版权作品的行为，而且也适用于在其网站放置用户上传的侵权内容的网站经营者。如果一项服务并非完全被动地提供目录或者链接，而是通过破解、规避原始网站的技术限制为用户提供接入服务，那么就存在要承担直接侵权责任的风险。因此，单纯地提供网络传输的辅助设备或手段包括搜索引擎服务都足以构成"向公众提供行为"。而对于美国法院来说，占有侵权复制件是认定侵犯发行权的关键点，而仅仅使用户有能力接入作品的侵权复制件的行为并不充分。但是对于英国法院来说，使用户有能力接入作品的侵权复制件即构成"向公众提供行为"。

与此同时，在英国，网络服务商如果提供辅助设备并满足"控制力"要求则可能还要承担授权责任。与美国相比，由于"控制力"要件，授权责任制度的灵活性较小，无法很好地适应新技术环境。网络服务商与其用户之间要求何种程度的紧密关系才足以向其施加义务并为其用户的侵权行为承担责任？这一问题在大西洋两岸都仍没有得到最终回答。

美国和英国代表了发达国家的版权市场，一个被视为"海盗湾"的发展中国家又如何呢？正如第一章所指出的，中国引入了一项窄范围的向公众提供权，但它是如何被适用于 P2P 文件共享网络和搜索引擎的呢？第三章将集中分析中国的司法实践。

第三章 "向公众提供行为"与中国的共同侵权责任

于中国文化和社会价值观来说，滥觞并发展于西方的现代版权概念完全是个外来物。[①] 在移植外国概念、回应外国压力以及实施国际条约义务等各种需求的合力下，中国最终在 21 世纪初期建立起了自己的版权制度。中国版权保护制度建立背后有着复杂的政治动机：通过引入经济发达的贸易伙伴的相关原则和规则，中国可以更好地面对来自于要求给予强版权保护的经济力量和条约的压力。中国的版权法可以称为"具有中国特色的版权法"。出于务实的考虑，解释中国版权问题必须立足于中国政治和文化基础的相互作用和相互平衡这一背景。社会政治、经济改革形成了中国人哲学信条的独特模式，这种哲学信条间接但决定性地影响了版权法在中国实施的效果。[②] 虽然中国经济发展已经达到一个相当水平，然而中国政治和文化情感并不会像西方社会那样自动接受版

[①] 关于中国版权法发展历史，中国学者著述颇丰，外文著述主要参见 William Alford, *To Steal a Book is an Elegant Offense: Intellectual Property Law in Chinese Civilization*, Standford, California: Stanford University Press, 1997; Yonghua Zhang, "China's Efforts for International Cooperation in Copyright Protection" in Intellectual Property Rights and Communications in Asia: Conflicting Traditions, Pradip N. Thomas and Jan Servaes (eds), New Delhi: SAGE Publication, 2006, p.149; Julia Cheng, "China's Copyright System: Rising to the Spirit of Trips Requires an Internal Focus and WTO Membership", *Fordham Int'l L J*, Vol.21, No.5 (1997), p.1941; Katie Lula, "Neither Here Nor There but Fair: An International Copyright Legal System between East and West, Past and Present", *Asian-Pacific Law and Policy Journal*, Vol.8, No.1 (2007), p.96; Brent T. Yonehara, "Enter the Dragon: China's WTO Accession, Film Piracy and Prospects for Enforcement of Copyright Laws", *DePaul-LCA J Art & Ent L*, Vol.12, No.1 (2002), p.63。

[②] Yang Xia, "Legal Transplantation, Legal Instrumentalism and Dissimilation-on the Background of Modern Legislation of Copyright Law", *Tribune of Political Science and Law*, Vol.31, No.4 (2013), p.171.

权。中国这样一个现代法律的移植大国，相应的政治和文化变革滞后成为影响法律移植成功的重要因素。[①] 由于缺乏对版权价值的理解以及中国社会在近二十年间所培育出来的独特的版权意识，版权法律需要更强有力的理性支持。

本书第二章详细论述了美国和英国在网络传输中直接或间接版权侵权责任的争议及其解决方法。正如第一章所述，中国在 2001 年修改《著作权法》时引入信息网络传播权，即向公众提供权，但却与国际条约中提供的"参考模板"不同。本章将进一步对中国如何完成国际法义务以及国际版权市场要求的司法实践进行分析。第一部分以简略介绍中国版权法立法背景开篇。第二部分介绍中国的侵权责任制度体系。第三部分和第四部分即转向在 P2P 文件共享网络和搜索引擎争议中的直接和间接版权责任问题。第五部分从比较法的角度得出结论，即便在数字环境中呈现出某些矛盾，中国的共同侵权责任规则仍然是处理版权网络侵权问题的主要法律手段。

一、非法网络传输——中国版权保护的新战场

随着几近完美的数字复制技术的出现，盗版行业非法制作和销售 CD、DVD 及应用软件的行为在中国愈演愈烈。自 20 世纪末开始，随着互联网使用在中国的发展，版权作品的非法传输问题也随之出现。中国也开始面对 P2P 文件共享软件和搜索引擎带来的音乐和电影的盗版及传输问题。即便在 1990 年的《著作权法》之前，中国法院已经开始面对涉及数字技术的版权保护问题；而 1990 年之后则面对着如何将《著作权法》适用于非法在线传输作品行为的问题。一方面，中国法院相信，正如发行、表演和广播行为，那些未经许可的在线传输版权作品属于一种对作品的利用行为，版权人享有控制权；但另一方面，法院却在当时的《著作权法》中找不到准确的法律依据以确认版权控制网络传输行为的法律条款。中国的版权人面临着这样的问题：P2P 文件共享软件和搜索引擎使公众可以轻松获得非法的音乐、电影和其他版权作品；而中国法

[①] Deming Liu, "The Transplant Effect of the Chinese Patent Law", *Chinese Journal of International Law*, Vol.5, No.3（2006），p.733.

院也面临着同样的问题：这种软件和平台的提供者是否应该为那些版权人无法定位也无法起诉的上传和下载这些非法文件的用户的行为承担责任？

中国的立法机构、政府和产业界自 21 世纪初就开始努力应对复杂的数字时代的需求。2001 年《著作权法》回应数字技术的挑战，做出了一系列的修订。其中最为重要的是在《著作权法》中新增"信息网络传播权"。这项权利实际上就是国际条约中的"向公众提供权"，它赋予版权人新权利，试图使版权人与公众之间由数字技术造成的利益失衡重新恢复平衡。

虽然中英两国立法都引入"向公众提供权"，但是在实现这一新权利的司法活动中，中国法院挑选了与英国不同的路径。值得注意的是，虽然中国法院并没有英国法院那样的在立法规则之外处理案件的"开放式"权威，在中国最高人民法院发布的法院公告及指导性案例被认为是具有准立法渊源性质的拘束力，著作权法的相关司法解释的影响也不容忽视。①

二、中国侵权法中的共同责任

中国侵权法传统来自于转道日本的德国侵权法。1986 年的《民法通则》和 2017 年的《民法总则》的结构和概念都明显属于民法法系传统；同时，中国民法也吸收了普通法的某些要素。

（一）中国侵权法和版权法中的共同责任

在中国，所有法律责任规则包括版权责任都以 1986 年的《民法通则》（以及 2017 年的《民法总则》）和 2009 年的《侵权责任法》为基础。中国侵权法中并没有像美国版权法中的"直接侵权"和"间接侵权"的概念，也没有英国法中的"授权责任"的概念。2001 年《著作权法》第 46—47 条规定了版权人享有的权利，凡是对这些权利的侵犯都属于直接侵权行为。《民法通则》将其概括为："公民、法人的著作权（版权）、专利权、商标专用权、发现权、发明权和其他科技成果权受到剽窃、篡改、假冒等侵害的，有权要求停止侵害，消

---

① 王利明：《我国案例指导制度若干问题研究》，《法学》2012 年第 1 期。

除影响，赔偿损失。"①

两人以上侵犯版权的解决依据主要是共同责任。1986 年《民法通则》第 130 条与《侵权责任法》第 8—9 条的"共同侵权责任"适用于两人以上的版权侵权责任，即"二人以上共同实施侵权行为，造成他人损害的，应当承担连带责任"。②

在 2009 年《侵权责任法》颁布之前，除了《民法通则》第 130 条之外，关于共同侵权责任的法律规定还包括 1988 年《最高人民法院关于贯彻执行〈中华人民共和国民法通则〉若干问题的意见》（《民法通则意见》）第 148 条。该条对《民法通则》第 130 条做了进一步解释："教唆、帮助他人实施侵权行为的人，为共同侵权人，应当承担连带民事责任。"《侵权行为法》第 9 条逐字逐句地重复了上述司法解释。

在中国侵权法上，教唆、帮助行为也被"视为的共同侵权行为"，因为教唆人、帮助人的教唆与帮助行为与损害之间的因果关系和原因力较为困难，因此教唆人、帮助人被视作共同加害行为人，要与直接加害人一起就受害人的全部损害承担赔偿责任。③ 这就是学理上所谓的"补充因果关系"（complementary causation）。《侵权责任法》并没有明确规定"补充因果关系"的共同侵权，但是被认为属于共同连带责任的学理分类之一种。根据"补充因果关系"的共同责任，引起责任的损害结果是由两个或者两个以上的侵权行为共同造成，每一个行为单独与责任无关，而几个行为共同作用（而不是一个行为）才能满足侵权责任归责的要求。这为版权的共同责任提供了主要理论依据。

虽然中国侵权法中有关于共同责任的笼统规定，但是 2001 年《著作权法》并没有关于为第三方侵权行为承担版权责任的明文规则。当然，在版权争议中，也并非完全没有裁判依据。在《侵权责任法》出台之前，2000 年《最高人民法院关于审理涉及计算机网络著作权纠纷案件适用法律若干问题的解释》

---

① 《民法通则》第 118 条。

② 《民法通则》第 130 条，《侵权责任法》第 8 条。

③ 程啸：《侵权责任法》（第二版），法律出版社 2015 年版，第 372 页。

(《计算机网络著作权纠纷司法解释》),[①] 第一次对网络服务商的共同侵权责任做出规定：

> "网络服务提供者通过网络参与他人侵犯著作权行为，或者通过网络教唆、帮助他人实施侵犯著作权行为的，人民法院应当根据《民法通则》第一百三十条的规定，追究其与其他行为人或者直接实施侵权行为人的共同侵权责任。[②]（第四条）提供内容服务的网络服务提供者，明知网络用户通过网络实施侵犯他人著作权的行为，或者经著作权人提出确有证据的警告，但仍不采取移除侵权内容等措施以消除侵权后果的，人民法院应当根据民法通则第一百三十条的规定，追究其与该网络用户的共同侵权责任。"（第五条）

通过使用"教唆"以及"帮助"等语汇，该条款显示网络服务商需要为第三方的版权直接侵权行为提供的帮助承担共同责任。但是由于司法解释的法律地位，该条款的适用范围和效力十分有限。[③] 在经过多年的司法实践，网络服务商的共同侵权责任上升为法律条款，出现在《侵权责任法》第36条："网络服务提供者知道网络用户利用其网络侵害他人民事权益，未采取必要措施的，与该网络用户承担连带责任。"[④] 值得注意的是，关于网络服务商的法律责任规定出现在中国的侵权法而不是中国版权法中，因为《侵权责任法》第36条涉及网络服务商的所有民事侵权责任，而不单单是版权侵权责任。也就是说，按照一般侵权原则，中国网络服务商也要为网络用户的其他如网络诽谤等民事侵权行为承担共同责任。

由于1988年《民法通则意见》与《侵权责仟法》关于共同责仟的条款中

---

① 该司法解释分别于2003年和2006年做了两次修订。

② 《最高人民法院关于审理涉及计算机网络著作权民事纠纷案件适用法律问题的解释》第4、5条。

③ Ellen M. Bublick，"China's New Tort Law: The Promise of Reasonable Care"，*Asian-Pacific Law and Policy Journal*，Vol.13，No.1（2011），p.36.

④ 《侵权行为法》第36条第2、3款。

使用了"帮助"一词，含有"辅助""鼓励"之意，而"教唆"则可以理解为"帮助或者鼓励他人做坏事"之意，因此与美国帮助侵权的规则非常接近。[1] 在美国普通法中，帮助和教唆（引诱）侵权责任与帮助侵权责任平行，二者都要求具备两项要件，即：行为人主观上"知道"他人的违法行为；为违法行为提供了物质帮助。中国侵权法的共同责任的关键在于认定"共同侵权行为"。[2] 显然，《侵权责任法》第8条要求被指控各方的行为在一定程度保持非独立性，要求共同的行为人共同实施了其侵权行为，如果一方在其合作行为中保持"独立"的话，就很可能逃避该法第8条的苛责。那么中国的版权共同责任对行为人的主观状态有哪些要求呢？

（二）共同侵权人的过错

按照《民法通则》第106条关于过错责任的规定，过错包括故意和过失。因此，被告要为第三方的侵权行为承担责任的话，其主观状态必须是明知其帮助或者教唆的行为可能造成损害，却期望侵权的发生（故意）或者对侵权行为的发生采取放任的态度（过失）。当处于过失的主观状态时，他们应该承担责任，即如果被告人应该预见其帮助或者引诱行为可能造成第三方违法或违反注意义务，或者尽管被告人已经预见到这样的结果，但是仍然相信其行为不会导致侵权。[3]

由于《侵权责任法》第36条仅一般性地规定了"知道"的标准，那么为第三方侵权行为承担责任是否要求行为人具备"明知"的主观状态，还是只要具备"应知"的主观状态即应承担共同侵权责任？无论是《民法通则意见》第148条还是《侵权责任法》第9、36条均未对共同侵权人的主观状态做出明确规定。这个问题在中国学界有很大争论。有人认为，网络服务上无论是明知还

---

[1]　Weixiao Wei, "ISP Copyright Liability in China: Collision of the Knowledge Standard and the New Tort Liability Act", *E I P R*, Vol.33, No.8（2011），p.507.

[2]　Yiman Zhang, "Establishing Secondary Liability with a Higher Degree of Culpability: Redefining Chinese Internet Copyright Law to Encourage Technology Development", *Pac Rim L & Pol'y J*, Vol.16, No.1（2007），p.257.

[3]　张新宝：《侵权责任法原理》，中国人民大学出版社2005年版，第69页。

是应知,都须承担连带责任。《侵权责任法草案》的第一次和第二次审议稿都是以"明知"作为主观要件,但最后颁布的法条措辞为"知道"。① 如果按照法条的含义,"知道"应该包括"明知"与"应知",也就是说,无论网络服务商主观上明知直接侵权存在还是"应知"直接侵权行为存在,都要与直接侵权行为人承担连带的共同责任。全国人大常委会法工委撰写的侵权法释义书也持有这种观点。② 但是也有学者认为,该条款的"知道"不包括"应知",因为向网络服务商施加对传输内容的"审查义务"违反了国际通行的技术中立原则。③

在司法实务中,要求被侵权人证明网络服务商明知侵权行为存在这一主观状态的确难度较大,如果法律条款中的"知道"不包含"应知"的话,被告在多数情况下很可能不需要承担责任。这种窄范围的解释可能并不符合立法者本意。但是,如果将网络服务商的版权责任放置在共同侵权责任体系中考察的话,似乎只有这样解释才能避免可能存在不协调的地方。这是因为,如果将网络服务商的共同责任归为《侵权责任法》第9条的"教唆、帮助行为"的话,教唆帮助侵权行为的标准要求具备对直接侵权行为的明知,"教唆人必然是故意的,过失不可能构成教唆"。④

2012年颁布的《最高人民法院关于审理侵害信息网络传播权民事纠纷案件适用法律若干问题的规定》(以下简称《信息网络传播权司法解释》)对这一条款做了进一步的解释。⑤《信息网络传播权司法解释》第7条规定:"网络服务提供者在提供网络服务时教唆或者帮助网络用户实施侵害信息网络传播权行为的,人民法院应当判令其承担侵权责任。"如果一方面,司法解释明确将网络服务商的共同责任归为《侵权责任法》第9条的"教唆、帮助行为",另一方面却认为"应知而不知"的过失也可以构成"教唆、帮助"显然违背了侵权

① 参见全国人大常委会法治工作委员会民法室:《侵权责任法立法背景与观点全集》,法律出版社2010年版,第606页。

② 王胜明:《中华人民共和国侵权责任法解读》,中国法制出版社2010年版,第185页。

③ 杨明:《〈侵权责任法〉第36条释义及其展开》,《华东政法大学学报》2010年第3期。

④ 程啸:《侵权责任法》(第二版),第374页。

⑤ 《最高人民法院关于审理侵害信息网络传播权民事纠纷案件适用法律若干问题的规定》第7条。

法法条含义统一的原则。

三、P2P 文件共享服务提供商: 直接侵权人还是共同侵权人?

一直以来，中国法院和执法机构将版权侵权司法和执法的重点放在提供主机缓存服务和搜索引擎服务上，相对来说，较少关注网络用户个人的版权侵权责任。[①] 虽然美国及英国也在 Napster 软件和其他文件共享技术出现之后面临着大量的网络侵权复制问题，但在一定程度上，中国的版权问题与美国及英国有很大不同。在过去的十多年间，中国唱片和电影工业针对 P2P 文件共享网络侵犯版权行为提起大量诉讼案件，[②] 尽管覆盖范围较窄的信息网络传播权赋予版权人控制未经许可将版权作品上传到网络的行为，但是考虑到网络用户人数众多，而且大部分是没有财力的行为人，个体网民被诉诸侵权诉讼的较少。[③] 版权人多选择追究网络服务商而非个人侵权者的直接责任或者共同责任。在泛亚公司诉张伟及百度案中，[④] 第一被告张伟就是一名普通的网络用户，被指控在第二被告百度网站未经许可下载了五首版权歌曲。这是中国个人网络用户因下载非法内容被指控侵权的第一案。有趣的是，原告仅仅要求张伟支付名义上的损害赔偿一元人民币，追究其责任的唯一原因似乎是保证地方法院对第二被告百度公司拥有合法的管辖权。在上诉中，浙江省高级人民法院撤销了案件，因为上诉人已经在北京起诉了第二被告，二者之间的纠纷另案审理了。[⑤] 显然，浙江省高级人民法院并不认为原告泛亚公司与张伟之间的纠纷构成实质的民事纠纷。在北京的诉讼中，泛亚公司仅起诉了百度公司而没有起诉张伟或

---

① Ke Steven Wan, "Managing Peer-to-Peer Traffic with Digital Fingerprinting and Digital Watermarking", *Sw U L Rev*, Vol.41, No.3 (2012), p.331; Trudy S. Martin, "Vicarious and Contributory Liability for Internet Host Providers: Combating Copyright Infringement in the United States, Russia, and China", *Wis Int'l L J*, Vol.27, No.2 (2009), p.1.

② 王迁:《再论视频分享网站的版权侵权责任》,《法商研究》2010 年第 1 期。

③ Hector L. MacQueen, "Appropriate for the Digital Age? Copyright and the Internet:1. Scope of Copyright", p.183.

④ 浙江泛亚电子商务公司诉张伟和百度案 (杭州市中级人民法院决定第 199-1 号, 2006)。

⑤ 浙江泛亚电子商务公司诉张伟和百度案 (浙江省高级人民法院决定第 151 号, 2006)。

者其他普通网络用户。在中国，版权人如果针对成千上万的普通网络用户采取司法行动被认为是极其冒险的一个举动。① 除了从务实的司法角度考虑之外，人民法院也似乎从来不愿看到个人网络用户成为被告，因为如此一来，人民法院必须面对那些为了"欣赏"而下载音乐和其他版权作品的成千上万的用户。

在哥伦比亚公司诉搜狐案（搜狐案）中，原告发现被告搜狐网站未经许可为注册用户提供接入并下载美国电影的视频文档的服务，于是指控后者侵权。② 北京市第一中级人民法院判定，在未获许可的情形下，被告搜狐网站在互联网上向一般公众提供原告享有版权的作品，因此侵犯了原告的信息网络传播权。虽然中国法院没有遵循先例的义务，但是搜狐案法院还是援引了同一法院之前判决的书升案，虽然后者与 P2P 文件共享无关。③ 2004 年 6 月，郑成思教授与其他六位作者针对一个名叫"书升"的数字图书馆网站提出诉讼，指控后者未经许可上载大量的原告作品，而任何终端用户只要使用"书升"提供的特定浏览器都可以在线阅读和下载这些图书的全部文本。书升案成为中国数字版权司法的里程碑：未经许可上载版权作品到互联网的行为被中国法院裁判为典型的侵犯信息网络传播权的行为。根据这一"先例"，搜狐网站也被认定为直接侵犯版权人的信息网络传播权，因为被告将作品的非法复制件上载并存储在其服务器上。

在 2010 年的华录百纳诉风行网案中，被告风行网是一个在中国提供 P2P 文件共享服务的网站，被认定直接侵犯原告的信息网络传播权。④ 在该案中，被告为公众提供经过其编辑的电影信息包括导演、演职员以及公映日期等。通过点击网页上的链接，用户就会被带到一个电影播放网站，而不需要使用任何其他搜索引擎。北京市第一中级人民法院判定，没有证据证明"被告网站仅仅提供链接服务而申影是由其他人上载到网络"的主张。

---

① 国际唱片业协会数字音乐报告（8），2008 年。

② 哥伦比亚电影公司诉搜狐公司案，北京市第一中级人民法院民事判决书（一中民初字第 11932 号，2005）。

③ 郑成思诉书升数字技术公司案，北京海淀区人民法院民事判决书（海民初字第 12509 号，2004），北京市第一中级人民法院民事判决书（一中民终字第 3463 号，2005）。

④ 北京风行网络在线技术有限公司诉华录百纳有限公司案，北京市第一中级人民法院民事判决书（一中民终字第 15896 号，2010）。

　　然而，这一定案逻辑并没有得到其他法院的支持。在其他案情类似的案件中，只要被告本身没有上传争议的音乐或电影，P2P 文件共享服务商就被认定要承担共同侵权责任。例如，2003 年，正东唱片公司作为版权人在北京第一中级人民法院提起诉讼，指控网站 chinamp3.com 侵犯其二十七首歌曲的版权。[①] 被告 Chinamp3.com 网站是一个商业性的音乐网站，收集音乐人及其作品的信息并为用户制作索引。作为其索引服务的一部分，该网站也允许用户搜索并下载存储在该网站服务器上的 MP3 格式的音乐。在每个下载页面，该网站都会声称其只是一个连接服务者，所有被链接的音乐并不是来自于该网站。北京市第一中级人民法院审理后认为，被告应该承担直接侵权责任，因为被告对版权音乐的信息进行了编辑，网络用户无需离开该页面就可以直接下载音乐作品，因此这种链接服务侵犯了版权人的信息网络传播权。在二审中，北京市高级人民法院最终却依据不同的理由得出了不同的结论。[②] 北京高院否定了一审关于直接侵权的认定，而是强调被告的服务器从来没有"上传、复制或者发行"版权作品。另外，该法院还认定，音乐作品的来源网站可以通过改变 URL 来屏蔽访问者或者增强接入控制，被告网站其实无法控制来源网站，被告网站的链接服务只是一个"单纯的管道服务而非一个传播服务"，因此并不构成《著作权法》中的传播行为。尽管如此，二审法院还是认为，被告间接地从 MP3 音乐的下载中获益却没有履行其应有的注意义务，其实际上"参与并协助"了第三方的侵权行为，应该承担共同侵权责任。审理法院指出，其商业性决定了被告网站有更重的责任去监控来源网站并过滤一切侵权行为。在判决中，法官们对网络服务商的技术设计模式进行了排他性研究，并且得出结论认为，被告完全有能力监控来源网站并且阻断侵权行为，但是被告却没有这么做。从侵权法角度来看，二审法院实际上适用了较为严格的追责标准向技术创新者施加了较重的法律责任。[③]

---

① 正东唱片娱乐有限公司诉 Chinamp3.com 网案，北京市第一中级人民法院民事判决书（一中民初字第 400 号，2004）。

② Chinamp3.com 网诉正东唱片娱乐有限公司案，北京市高级人民法院民事判决书（高民终字第 713 号，2004）。

③ 参见本书第六章的分析。

虽然 Chinamp3 案二审判决结果得到其他案件的支持，但是在大部分认定了 P2P 服务商为用户未经许可交换音乐、电影的行为承担共同侵权责任的案件中，法院依据的却是"引诱（教唆）侵权"这一理由。例如，在上海步昇唱片公司诉风行网案中，被告在其网站向用户提供音乐作品分类和排名的索引，允许用户分享 MP3 音乐文件，虽然这些音乐文件存储于用户电脑。[①] 北京市第二中级人民法院认定 P2P 服务商为其用户的版权侵权行为承担共同责任，法院的理由是被告的音乐文件索引使用户可以更便捷地获得音乐，并且引诱用户分享未经许可的音乐，因此应该承担版权侵权的共同责任。

在北京慈文影视制作公司诉北京正乐佳科技公司案中，法院也判定作为 P2P 网站运营商的被告需要承担共同侵犯电影版权的责任。[②] 原告指控被告引诱网络用户在电影《七剑》公映之前通过后者提供的 P2P 软件分享该电影。正乐佳在其网页 pp365.com 建立一个名为"流行电影下载——排名前三十"的专栏，而电影《七剑》位居其首。北京市海淀区法院判决，被告的引诱行为可以从其"流行电影下载——排名前三十"的专栏得到证明，因为这个专栏使网络用户无需搜索引擎而直接接入所争议电影。在广州中凯文化公司诉数联软件案中，被告为用户提供 P2P 软件服务，其中一位网络用户未经许可将一部即将上映的电影上传至被告网站。[③] 上海市高级人民法院判定，被告引诱并为上传和下载 P2P 软件提供帮助，因此应该承担版权侵权的共同责任。

上述案例显示，上传行为被认为是通过数字技术向公众传播作品的关键步骤，无论上传到互联网的文件是否同时被传输。从这个角度看，依据中国版权法，上传非法文件的行为直接侵犯了信息网络传播权。但是，在较为复杂的 P2P 文件共享网络尤其是第三代 Bit-Torrent 软件中并不需要服务商存储其将要

---

① 上海步昇音乐娱乐有限公司诉北京风行在线技术公司案，北京市第二中级人民法院民事判决书（二中民初字第 13739 号，2006）。事实上，该案并非中国首例 P2P 文件共享网络的版权纠纷案，但是审理该案的法院第一次认定 P2P 网络运营商为版权侵权承担共同责任。

② 北京慈文影视制作公司诉北京正乐佳科技公司案，北京海淀区人民法院民事判决书（海民初字第 21822 号，2005）。

③ 广州中凯文化发展有限公司诉广州数联软件技术有限公司案，上海市高级人民法院民事判决书（沪高民三（知）终字第 7 号，2008）。

传输的相关文件，但仍然会被人民法院要求为用户的侵权行为承担共同责任。正如第二章所述，第三代 P2P 软件通过互联网在多个地址搜索文件"碎片"，然后将这些"碎片"集中起来形成一个完整的文件以供用户下载。Bit-Torrent 的"追踪器"监控存储可供下载的全部文件或部分文件的电脑，然后将相关内容提供给需要的 Bit-Torrent 用户。这种"监控"似乎满足在 Chinamp3 案判决中所要求的监控责任以构成共同侵权，正如上文所述，在该案中被告需要承担共同侵权责任就是因为法院认为网络服务商有监控版权侵权行为的责任而被告又没有这样做。

虽然人民法院得出相同结论的依据不尽相同，但大部分人民法院基于其提供的技术具有辅助性特点从而构成对版权侵权的引诱这一点向 P2P 网络服务商施加共同侵权责任。人民法院的做法更接近于美国联邦最高法院 2005 年在 Grokster 案中所适用的"引诱侵权责任"规则。在北京中国在线诉北京智竹公司案中，北京市朝阳区人民法院判定被告承担过错责任，因为被告在其电子出版物中声明所有提供信息者都会获得奖励，而支付回报给信息提供者的行为实际上"引诱和鼓励"了网络用户侵犯信息网络传播权。[①] 法院还进一步认定被告在促销活动中的引诱行为，而不仅仅是技术具有帮助性特点。

四、搜索引擎：直接侵权者还是共同侵权人？

在美国，搜索引擎并未直接与音乐文件的分享活动有关，与此不同的是，中国的搜索引擎在引发导致网络版权侵权中扮演着比 P2P 服务商更为重要的角色。考虑到搜索引擎的法律地位，中国版权法面临着与西方国家同样的问题：通过搜索与链接技术向公众提供作品的行为具备何种法律性质？首先，由搜索引擎制作的缓存复制件是否侵犯了中国《著作权法》第 10 条第 12 款的信息网络传播权？搜索引擎是否要为第三方存储、传输版权作品的行为承担责任？中国法院大多判定搜索引擎承担共同侵权责任而不是直接侵权责任。

[①] 北京中国在线有限公司诉北京智竹科技有限公司案，北京朝阳区人民法院民事判决书（朝民初字第 34785 号，2013）。

（一）不构成直接侵犯信息网络传播权："百度案"及其他

2005 年国际唱片业协会代表 EMI、索尼、华纳音乐、环球音乐等八家唱片公司分别提起针对百度公司的版权侵权诉讼。2005 年 3 月北京市海淀区法院审理了第一起百度案，而其他七案由北京市第一中级人民法院于 2005 年 7 月开庭审理，合并审理的七案也被称为第二起百度案。[①] 八起案件的事实基本相同：国际唱片业协会指控百度未经许可在线播放 MP3 音乐，并为非法下载这些音乐提供帮助，从而侵犯了原告唱片公司音乐作品的信息网络传播权。在提供 MP3 音乐搜索链接之外，百度公司还为网络用户提供了一个从第三方网站下载音乐的文件目录。如果要从百度网页搜索并下载 MP3 音乐，用户可以直接键入关键词进行搜索，也可以在相关目录中点击创作者或者歌曲名称。百度的搜索引擎可以将搜索关键词与所有包含该关键词的来源网站进行匹配，然后为用户提供下载链接。然而，当用户点击搜索结果中音乐或者词曲作者的名字时，弹出的对话框则会显示一个"从百度下载"的声明。这显然是一个乌龙，尽管这些 MP3 文件并未存储于百度的服务器，但是在用户看来这些音乐文件是由百度提供的。虽然下载是免费的，但是在下载页面总有弹出广告。

虽然案情近似，但是案件判决结果却不尽相同。在第一起百度案中，北京市海淀区法院认为，在特定情形下，基础性的搜索服务并不侵犯版权，但被告的搜索服务已经超过了合法性服务的范围，"从百度下载"的声明清楚地证明被告在侵犯信息网络传播权方面负有责任。法院认定了百度通过弹出广告间接地从 MP3 音乐下载服务中获利的事实，并认为这一事实对得出判决结果具有重要意义。一审法院的观点反映出法院当时在解释信息网络传播权的含义方面遇到的困难。

对于国际唱片业协会和其成员来说，在 2006 年的第二起百度案中，就没有如此幸运。北京市第一中级人民法院推翻了海淀区法院在第一起百度案中的判定，认为"从百度下载"的声明只是一个下载界面显示，并不意味着侵权文

---

① 第一起百度案当事方在上诉程序中和解结案，其他七起百度案分别见北京市第一中级人民法院民事判决书（一中民初字第 7965 号、7978 号、8474 号、8478 号、8488 号、8995 号、10170 号）。

件的复制件存储于百度服务器。因此，弹出对话框中的声明并不能证明百度自己从事了任何音乐侵权复制件的复制、发行传播活动。① 在该案的上诉中，北京市高级人民法院维持了一审判决，法院解释认为，"上传作品至公开的网络服务器构成信息网络传播行为，这一行为使作品存储在向公众开放的网页，公众可以在自己选定的时间和地点接入作品。因此，判定侵犯信息网络传播权的关键是看相关行为是否未经许可向公众提供了作品，比如上传行为"。② 这一解释表明，上传文件至服务器而不是设置链接构成《著作权法》中的信息网络传播权。③ 这一认定标准也被称为"服务器标准"。存储于服务器的作品文件只要未被删除就会被用户搜索发现。建立一个链入服务器的深度链接只是扩展了传播的范围而没有造成再次传播，因此并不构成搜索引擎的信息网络传播行为。 值得注意的是，对链接法律性质的这一理解不同于英国法院在 Newzbin 案中的解释。在 Newzbin 案中，英国法院认为，链入第三方网站的电影或者其他版权作品的链接使网络公众可以更为便捷地获得版权作品，这一行为构成"向公众提供行为"。④

虽然"服务器标准"在中国版权司法实践中逐渐成为主导性判断标准，但是其合理性也不断遭到质疑。最高人民法院的王艳芳法官曾指出，随着技术的不断进步，不经过服务器的存储或中转也可以将作品置于信息网络中，以单纯的"服务器标准"界定信息网络传播行为不够准确，也难以应对网络技术的飞速发展，应将信息网络传播行为作广义的理解。⑤ 近年来，在理论界和司法实践中出现了认定网络"向公众提供行为"的其他标准，如"用户感知标准""链接不替代标准""实质性替代标准"等。

所谓"用户感知标准"是指通过设链行为的外在表现形式对该行为的法律性质进行判断的标准。外在形式包括是否显示被链接网站的具体网络地址、是

---

① 王迁：《三论"信息定位服务提供者"间接侵权的认定》，《知识产权》2009 年第 3 期。
② 国际唱片业协会诉百度公司案，北京市高级人民法院民事判决书（高民终字第 594 号，2007）。
③ 王迁：《论"信息定位服务提供者"间接侵权的认定》，《知识产权》2006 年第 1 期。
④ *Twentieth Century Fox Film, Corp. v Newzbin, Ltd.*，[2010] EWHC 608（Ch）.
⑤ 王艳芳：《〈关于审理侵害信息网络传播权民事纠纷案件适用法律若干问题的规定〉的理解与适用》，《人民司法（应用）》2013 年第 9 期。

否有页面的跳转过程、是否注明被链接内容的来源、是否是全网搜索等方面。当这些外在表现形式足以让普通用户认为链接内容由设链网站提供，可以认定该设链行为属于信息网络传播行为。但是，在司法实践中，法院则主要通过举证责任的"倒置"或加重被告举证责任来推定被告的行为构成信息网络传播行为。例如，在搜狐诉芭乐公司案中，北京市石景山区人民法院认为，在被告的抗辩主张缺乏证据予以证明的情形下，推定被告芭乐公司系涉案电视剧的内容服务提供者并实施了通过信息网络向公众传播涉案电视剧的行为。①

湖南快乐阳光互动娱乐传媒有限公司诉同方股份有限公司案（兔子视频案）一审二审的不同结论充分体现了"用户感知标准"与"服务器标准"之争。② 在该案中，原告指控被告通过将"兔子视频"应用软件与被告制造并销售的机顶盒捆绑，向公众提供享有版权的视频内容。原告主张机顶盒的用户会认为侵权视频是由"兔子视频"应用软件向公众提供的，因为从用户的视觉感受来说，在整个接受服务过程中，用户并没有被带入其他网页。原告的这一主张得到一审法院的支持。显然，按照"用户感知标准"，用户是否感觉到网页跳转就成为判断服务提供者的行为是否构成网络传播行为的关键。而按照这一标准，法院必须考虑终端用户面对显示页面时的感受，考察用户是否将显示页面误认为设链网页而非第三方网页。然而，北京知识产权法院却否定了一审法院适用的"用户感知标准"，再次明确信息网络传播行为的判断标准应适用"服务器标准"，设置链接的行为不属于作品提供行为。

所谓"链接不替代标准"也称为"实质呈现标准"，是指设链网站不应替代被链网站向用户直接提供作品内容，如果其外在表现形式实质上已经起到了替代被链网站的效果，从而获得不正当利益，则应当承担直接侵权责任。③ "链接不替代标准"与"用户感知标准"并无实质不同，因为对于用户主观感知的判断仍然要依据客观上设链网站是否以及如何呈现被链网站的信息。有些学者

---

① 北京搜狐互联网信息服务有限公司诉芭乐互动（北京）文化传播有限公司案，北京石景山区人民法院民事判决书（石民初字第 1528 号，2013）。

② 湖南快乐阳光互动娱乐传媒有限公司诉同方股份有限公司案，北京知识产权法院民事判决书（京知民终字第 559 号，2015）。

③ 谢兰芳、付强：《深度链接行为的侵权判断标准探讨》，《知识产权》2016 年第 11 期。

认为"实质呈现标准"并未突破"用户感知标准"的法学理论依据和逻辑，充其量只是司法审判技巧的优化。[①]

也有一些学者提出，不必拘泥于按照"服务器标准"将"向公众提供行为"限制为上传作品这一网络传输的初始行为，而应以设链方是否完整提供被链作品并实质替代被链网站，网络用户通过聚合平台接入作品后就无需通过其他来源搜索作品。[②] 有些学者强调要考虑当事人的行为是否影响或掏空内容提供商的收入来源。[③] 同时，某些法院在认定深度链接直接侵权方面做出尝试。例如上海幻电信息科技有限公司诉上海聚力传媒技术有限公司案中，法院认为被告行为并非《信息网络传播权保护条例》第 23 条规定的"避风港"条款所适用的为信息定位而将用户指引到某个网站位置的链接服务，而构成了为让用户不经第三方网站、能够在被告网站直接观看相关视频的"提供作品行为"，在传播作品意义上，被告已经实质替代了被连接网站向公众传播未获授权的作品，侵害了原告的信息网络传播权。[④]

虽然第一起百度案和第二起百度案影响广泛，但都没有涉及搜索引擎进行系统缓存服务是否导致缓存服务提供者为第三方网站上的侵权内容承担共同责任的问题。法院没有关注这一问题是因为原告并没有提出共同侵权指控。但是，在不久之后的雅虎案中，法院就有机会讨论中国的搜索引擎的共同责任问题。

（二）搜索引擎的共同责任：雅虎中国案和泛亚案

正如上文提到的，中国版权法并没有关于网络服务商共同责任的明确条款，法院必须依据《民法通则》第 130 条与《侵权责任法》第 8 条进行认定。根据上述法律条文，两个或两个以上的人共同侵犯他人权利或者造成他人损害的，应该承担共同责任。

---

① 谢兰芳、付强：《深度链接行为的侵权判断标准探讨》。

② 张钦坤、孟浩：《搜索类新闻聚合 APP 的侵权认定分析》，《知识产权》2014 年第 7 期。

③ 陈琦：《网络聚合平台的著作权侵权问题研究》，《电子知识产权》2016 年第 9 期。

④ 上海幻电信息科技有限公司诉上海聚力传媒技术有限公司案，上海浦东新区人民法院民事判决书（浦民三（知）初字第 138 号，2015）。

2007 年，基于与百度案相同的原因，国际唱片业协会的十一家唱片公司向阿里巴巴公司提起诉讼（雅虎中国案）。[①] 原告指控被告网站"雅虎中国"直接侵权以及间接侵犯版权。关于直接侵权，北京市高级人民法院驳回了原告的主张，因为被告的"搜索和链接服务"并不构成直接侵权。[②] 关于间接侵权，法院发现被告实际上提供两种不同的搜索链接方式：用户在空白搜索框输入关键词进行音乐搜索；为了方便搜索，网站向用户提供以歌曲排名和词曲作者排名的索引目录。被告对搜索结果按照不同类别进行编辑加工，设置如"女歌手""男歌手"或者"最热歌手"等。用户可以直接点击索引中的歌曲名称或者歌手名称，就可以链入目标网站。对用户来说，第二种搜索方式非常方便。而争议的歌曲就包含在"雅虎中国"网站的歌曲索引中。对这一差别在之前的百度案中，法院并未加以讨论。

北京市高级人民法院认为用户通过键入搜索关键词来搜索所需内容的空白搜索框服务具有技术中立性。通过这种方式搜索的结果可能是侵权内容也可能是非侵权内容。但是，如果点击索引中的歌曲名称或者歌手姓名，并链入到音乐作品的行为在当时大多都是由第三方在未经许可的情形下上传至网络的。被告应该知道其搜索结果的侵权性，仍然对涉案作品的传播提供帮助，因此被告应该为侵犯信息网络传播权的行为承担共同责任。

雅虎中国案在中国版权司法对网络音乐服务的责任规制方面具有重要的指导意义，它表明判定被告共同侵权责任的重要要素是对链接结果进行了加工和编辑。在同一法院判决的泛亚案中，法院继续了这一立场。[③] 北京市第一中级人民法院在泛亚案中驳回了被告百度公司直接侵权的主张，理由是百度的服务只是为用户提供链接链至存储于第三方网站的侵权音乐，并不构成信息网络传播行为。与雅虎中国案不同，泛亚案中争议的音乐作品并没有出现在百度的索

---

① 十一大唱片公司诉阿里巴巴有限公司（雅虎中国）案，北京市第二中级人民法院民事判决书（二中民初字第 2621–2631 号，2007）。

② 华纳音乐（香港）公司诉阿里巴巴（雅虎中国）案，北京市高级人民法院民事判决书（高民终字第 1184 号，2007）。

③ 浙江泛亚电子商务有限公司诉百度公司案，北京市第一中级人民法院民事判决书（一中民初字第 6274 号，2006）。

引目录中，唯一可以搜索到争议音乐作品的方式就是在空白搜索框中键入关键词。法院据此认为，从技术上被告很难提前知道用户键入的关键词，因此这种搜索方式就可能将用户带到合法音乐所在的网站。被告也因此无法知晓被链接的第三方网站是否侵权，即便其施以完全合理的注意。在上诉中，原告主张空白搜索框与百度的索引都属于深度链接，导致了相同的搜索结果——争议的音乐作品，因此百度无论如何对搜索结果都进行了编辑、整理。但北京市高级人民法院否定了这一主张，认为提供空白搜索框的服务可能链接到合法或者非法内容，这一点不足以使该服务构成对他人侵犯信息网络传播权的帮助。总之，单纯的链接服务本身并不构成直接版权侵权，也不构成共同版权侵权；但是如果对搜索结果进行编辑、加工则有可能构成共同侵犯版权。①

这一结论也得到另外两起涉及百度公司的案件的支持。2008 年 2 月，三家国际唱片业协会成员再次向百度公司发起诉讼，指控百度公司支持、帮助版权侵权。② 北京市第一中级人民法院判定，原告无法指明被诉的非法 MP3 音乐所存储的网站，而百度本身也没有在其主机上缓存这些音乐。按照这一解释，法院最终于 2010 年判决，提供对 MP3 音乐深度链接服务的搜索引擎服务并不构成侵犯版权法。

在另一起由中国音协（MCSC）指控百度公司的案子中，北京市第一中级人民法院肯定了海淀区法院的一审判决。该案争议歌曲的歌词由百度上传并存储于百度服务器而不是第三方网站。③ 另外，当用户点击位于百度网页上的"歌词"按钮，歌词就直接显示在百度页面，无需跳转页面。北京市第一中级人民法院判定，该类服务已经超出搜索引擎的基本功能，构成直接侵犯复制权和信息网络传播权。尽管如此，该法院还是承认，提供接入存储于第三方网站的 MP3 音乐文件的链接服务可能受到该诉讼的影响。虽然该案的结果与 2008 年

① 浙江泛亚电子商务有限公司诉百度公司案，北京市高级人民法院民事判决书（高民终字第 1201 号，2007）。

② 环球音乐有限公司诉百度公司案，北京市第一中级人民法院民事判决书（一中民初字第 02435 号，2010）。

③ 百度公司诉中国音乐协会案，北京市第一中级人民法院民事判决书（一中民终字第 10275 号，2010）。

百度案结果不相同,但是两起案件所遵循的原则是一样的:虽然非法内容提供主机缓存服务可能构成直接侵权,但仅提供接入第三方网站的链接服务并不构成直接侵犯信息网络传播权。

即便在用户电脑屏幕显示的搜索结果相同,但提供索引服务与空白搜索框两种网络服务的法律性质可能不同。在此,认为对歌曲进行编辑,并生成歌曲或者歌手目录索引的行为可能构成帮助行为。人民法院开始依据服务商所提供的服务仅用于侵权目的还是也可以用于非侵权目的来区别服务提供商的责任。泛亚案法院特别强调,搜索服务商主观上"知道"侵权行为存在以及接下来对所"知道"的情形的反应足以证明可责难的主观状态。人民法院的这一思路接近美国的帮助侵权原则,类似于 1984 年 Sony 案的"实质非侵权用途原则",在认定网络服务商的共同侵权时考虑"编辑"和"知道"这两项关键要素,已经非常接近美国搜索引擎案件所适用的原则。值得注意的是,正如上文提到的,虽然在中国版权系统中并不存在帮助侵权和替代侵权的概念,但是,人民法院已经开始在认定网络服务商版权责任的司法判决中出现类似的表述。例如,在北京盛世骄阳文化传播有限公司诉北京动艺时光网络科技有限公司案中,北京知识产权法院指出:"链接行为虽然在客观上扩大了作品的传播范围,但链接行为本身不受信息网络传播权控制,只有在原作品提供人的行为构成侵权的前提下,设置链接的行为人才有可能因为帮助行为构成侵权。"①

按照雅虎中国案和泛亚案的判案逻辑,第三代 Bit-Torrent 网络很可能因为技术所具有的"编辑、加工"特点而需要承担版权共同侵权责任。当使用 Bit-Torrent 软件的用户一旦开始下载,该软件中的"追踪器"就会监控所有存储文档"碎片"的电脑,并将这些"碎片"提供给下载用户。这种"监控"行为似乎满足中国法院解释的"编辑、加工"标准。然而,在搜索引擎技术中,证明搜索结果被搜索服务商进行编辑、加工并不容易,也无法准确回答日常的搜索行为例如排序和排名的行为是否满足"编辑、加工"标准的问题。共同侵权责任在网络版权法中的适用呈现出碎片化和不连贯的迹象。

---

① 北京盛世骄阳文化传播有限公司诉北京动艺时光网络科技有限公司案,北京知识产权法院民事判决书(京知民终字第 796 号,2015)。

在积累司法实践经验的基础上，上述结论体现在一些地方司法解释或行政法规中。例如，2010 年 5 月北京市高级人民法院颁布的《关于审理涉及网络环境下著作权纠纷案件若干问题的指导意见（一）（试行）》第 17 条强调："提供信息网络存储空间、搜索、链接、P2P（点对点）等服务的网络服务提供者对他人利用其服务传播作品、表演、录音录像制品是否侵权一般不负有事先主动审查、监控的义务。"2017 年《天津市高级人民法院关于侵害信息网络传播权纠纷案件审理指南》也有类似的规定。① 2012 年最高人民法院《信息网络传播权司法解释（试行）》也将这一规则加以法条化。按照相关对网络服务商主观状态的规定，被告承担责任的关键是其推广其服务的侵权用途的行为。

五、比 较

中国拥有世界上最大规模的网络用户，② 版权人自然十分关心网络侵犯版权行为所造成的潜在损失。完全可以说，自引入信息网络传播权始，中国版权法进入一个全新的发展阶段：开始探寻中国版权法自身的突围之路。与欧盟及英国的向公众传播权相比，中国的信息网络传播权所覆盖的行为范围较为狭窄，为用户接入网络内容的帮助性、支持性服务，或者使用户更为便捷地接入网络内容的链接等服务都被排除在信息网络传播权的覆盖范围之外。由于在 P2P 案件中放弃了针对个人直接侵权的指控，信息网络传播权就只能针对第一代 P2P 文件共享软件的服务商，因为其主机上存储了侵权内容。在涉及第二代和第三代 P2P 文件共享软件的案子中，并不存在服务商的上传行为，人民法院不得不转而依据共同侵权原则来处理升级换代后的 P2P 文件共享案件。

从比较法的角度看，欧盟法院和中国法院在处理链接问题时遵循了不同的

---

① 《天津市高级人民法院关于侵害信息网络传播权纠纷案件审理指南（试行）》第 5 条。
② Guy Dixon, "China Becomes World's Biggest Internet Population", available at http://www.v3.co.uk/v3-uk/news/1962658/china-worlds-biggest-internet-population，最后访问日期：2018 年 4 月 2 日。

推断思路，虽然大部分中国学者及法院与欧盟法院都适用了相同的基本原则：链接行为本身不构成向公众传播行为。

（一）"新公众标准"与"实质呈现标准"

欧盟法院在考察设链行为是否构成《欧盟信息社会版权指令》中的"向公众传播行为"这一问题时，采取了与中国法院不同的逻辑推理方式。欧盟法院在 Svensson 案判决之前，欧洲版权协会就向欧盟法院建议，链接行为不应该被归为向公众传播行为。[①] 正如本书第二章提及的，欧洲有些评论者坚决认为法院应该考虑超文本链接对于互联网正常运作所起到的关键性作用，而将链接行为排除在《欧盟信息社会版权指令》第 3 条的向公众传播行为之外。[②] 在 Svensson 案中，欧盟法院判决，提供链接使公众可以链入其原本就可以自由访问的网页作品的行为不构成向公众传播行为，因而也不构成版权侵权。欧盟法院进一步指出，设置链接需要版权人授权的唯一情况是该链接的用户对版权作品来说属于"新公众"。欧盟法院认为在该案中不存在"新公众"，因为原始网站并没有设置任何网页访问限制来控制潜在的网站访问者，所以原始网站的目标公众覆盖了所有潜在的访问者。[③] 这一观点在涉及装框链接的 *BestWater International GmbH v Mebes* 案（BestWater 案）中得到欧盟法院的进一步肯定。[④] 另外，欧盟法院还在后来的 *C More Entertainment AB v Sandberg* 案中指出，《欧盟信息社会版权指令》中的向公众传播权并不能被解释为排除了成员国立法扩大解释本指令第 3 条第（2）款（b）项所规定的广播组织的独占权的范围，将对体育赛事的网络直播行为由向公众传播权所覆盖，只要这种扩大解释不影响

[①] European Copyright Society, Opinion on the Reference to the CJEU in Case C-466/12 Svensson（15 February 2013）（2013）, available at http://papers.ssrn.com/sol3/papers.cfm?abstract_id=2220326, 最后访问日期：2018 年 5 月 24 日。

[②] Jessica Litman, *Digital Copyright: Protecting Intellectual Property on the Internet*, p.183; Tanya Aplin, *Copyright Law in the Digital Society: The Challenges of Multimedia*, p.151; Ben Allgrove and Paul Ganley, "Search Engines, Data Aggregators and UK Copyright Law: A Proposal".

[③] 详见本书第二章。

[④] （*C-348/13*）*BestWater International GmbH v Mebes*, .

版权保护。①

从司法技巧上看，Svensson 案与 BestWater 案都首先假设链接构成传播行为，然后再探究这项传播是否指向一个"新公众"群体。欧盟法院在 Svensson 案中提出了一项确认"新公众"的新要求：设链人所扮演的不可或缺的重要角色以及它对于传输故意干涉这一特点。换句话说，从理论上讲，如果没有链接的涉入，其用户无法接入、欣赏到版权作品。这种推论逻辑与中国的"实质呈现标准"类似，根据"实质呈现标准"，由于链接的介入，设链网站实际上是一个新的传播源，因此设链行为构成信息网络传播行为。② 在未经许可的情形下，设链行为可能直接侵犯了信息网络传播权。"实质呈现标准"与 Svensson 案的定案逻辑可能导致同样的结果，同时也反映出在一个基本问题上中国法院与欧盟法院出现的疑惑：到底什么是"向公众提供行为"。在中国，一部分学者针对"服务器标准"可能过窄解读国际条约的问题，提出"用户感知标准"与"实质呈现标准"，认为不同的链接技术导致用户对于被链接内容的呈现的感受不同，如果用户在使用链接的过程中，并未感受到链接的跳转，误以为被链接内容来源于设链网站，那么设链网站实际上截获了被链接网站的经济利益，造成后者的损失，因此应该构成"信息网络传播行为"。这与欧盟法院在 Svensson 案中的认识一致：在缺乏链接这一技术干涉的情况下，理论上用户无法获得版权保护作品。由于链接所扮演的不可或缺的角色，使得设链网站成为一个传播的新来源，因此设链行为也就构成"向公众传播行为"。"实质呈现标准"与"新公众"标准都反映了对国际条约中的向公众提供权的同一理解，以及链接在何种程度上干涉了网络传播行为，从而可以构成"向公众提供行为"。事实上，关于向公众提供权，WIPO 在一份关于 1996 年互联网条约的指导性文件中明确表示，与向公众提供权相关的是作品被第一次提供给公众。③

① （C-279/13）*C More Entertainment AB v Sandberg*，paras.22，29–31，36–37. 在该案中，瑞典最高法院向欧盟法院提出咨询案，请求欧盟法院就成员国是否可以扩大《欧盟数字社会版权指令》第 3 条第（2）款规定的"向公众传播行为"的覆盖范围，从而为作者提供更宽的保护的问题给出建议。

② 杨勇：《从控制角度看信息网络传播权定义的是与非》，《知识产权》2017 年第 2 期。

③ IFPI，"The WIPO Treaties:'Making Available' Right"（March 2003），p.49.

值得注意的是，如果只能通过涉案链接才能接入被链网站内容的用户与被链网站本身的目标公众不同，中国法院从未向在判决中提及类似欧盟法院的"新公众"标准来以示区分。如果权利人为了保护版权作品或者拒绝对原始网站上的作品的自由访问而设置技术保护措施，而设链人通过破坏或者绕开这些技术保护措施设置链接链入作品的，设链人可能要根据《著作权法》反规避技术保护措施条款而承担相应的责任。[①] 从技术上看，设链方要实现直接播放的目的，需要获得被链网站的 API 接口地址，而在通常情况下，被链方网络的 API 地址属于非公开的，对外不可以访问。所以视频聚合 APP 要想直接播放视频就需要通过技术手段破解并获取视频网站的 API 地址。此外，搜索链接设链者通常遵循机器人（Robots）协议或"爬虫"协议来确定搜索引擎哪些可以"抓取"、哪些不能"抓取"。但机器人协议不属于强制协议，不排除网络"爬虫"在协议之外仍会"抓取"的可能；而且"爬虫"是设链方可以自行定义名称的，这也导致被链方网站无法事先发现并进行阻止。[②]

另外，设链人还可能基于其他原因承担责任，如当被链网站属于由广告收入的商业性网站时，设链行为可能构成不正当竞争行为。如果被链网站非法向公众提供作品，设链人可能需要承担版权共同侵权责任。

（二）主观上"知道"要素：是直接侵权还是间接侵权的证据？

中国法院与欧盟法院面对着相同的问题：如果被链网站侵犯了权利人的向公众提供权，那么设链人是否应该承担责任？正如上文所述，依据中国《著作权法》，无论链接的目标用户是否构成一个"新公众"群体，只要被链接的第三方网站是合法地向公众提供作品，链接本身就不构成信息网络传播行为。如果被链网站侵犯信息网络传播权，那么链接可能需要承担共同侵权责任。如果第三方被链网站并未侵犯信息网络传播权，则法院无需探查设链者的共同侵犯版权责任。

但是，在欧洲这就是一个问题。正如英国大法官 Arnold 在 *Paramount*

---

① 《著作权法》第 4、48 条。

② 马晓明：《视频聚合平台的直接侵权认定探究》，《电子知识产权》2016 年第 4 期。

Home Entertainment International Ltd. v British Sky Broadcasting Ltd. 案中承认的，被链接接入的版权作品是否得到合法的授权这一点会导致不同的判决还有争论。[①] 有些学者也提出过类似问题：如果链接指向的网站侵犯了权利人的权利，那么这种侵权行为会影响到设链者的传输责任吗？[②] Svensson 案与 BestWater 案都没有回答这一问题，直到 2016 年的 *GS Media BV v Sanoma Media Netherlands BV* 案（GS Media 案），欧盟法院终于给出了一个答案。[③]

2011 年 10 月，《花花公子》荷兰出版商 Sanoma 公司委托他人为荷兰电视台主持人 Britt Dekker 拍摄了一组裸照并准备发表在该杂志上。在发表之前，荷兰网站 GS Media（Geenstijl.nl）发表了一篇文章，在编辑文章时将 Dekker 这组照片中的一张其中的一部分与一个链接并列，并在照片后注明"这是你等待的照片和链接"。用户只要点击该链接就会被带到一个澳大利亚数据存储网站（Filefactory.com），该网站存储了本案争议照片未经许可的复制件，并向用户提供下载这些照片的链接，用户可以下载压缩模式的文件。Sanoma 公司几次试图要求 GS Media 移除链接，但是遭到后者的拒绝，被告网站甚至接着进一步发表了两篇文章，详细描述了链至 Dekker 照片的新的超文本链接。Sanoma 公司的指控在阿姆斯特丹区法院和阿姆斯特丹上诉法院成功获得支持，于是被告 GS Media 上诉至荷兰最高法院。荷兰最高法院发现欧盟法院在 Svensson 案与 BestWater 案中都没有详细解释本案的情形，于是中止了程序，转而向欧盟法院提出咨询，请求欧盟法院对争议问题提供指导意见，即关于一个设置链接链入非法提供给公众的版权作品的行为是否构成《欧盟信息社会版权指令》中的"向公众传播行为"。

在分析中，欧盟法院首先强调，Svensson 案的判决结果不能被解释为《欧盟信息社会版权指令》的"向公众传播行为"将链接到未经许可的版权作品的行为排除在外。欧盟法院认为，如果作品未经版权人许可在被链网站向公众提供，而非以营利为目的设置链接链至该作品的设链者不应该为传播行为承担责

---

① *Paramount Home Entertainment International*，*Ltd. v British Sky Broadcasting*，*Ltd.*，at [32]．

② Silke Von Lewinski and Michel M. Walter，"Information Society Directive"，p.985（11.3.36）．

③ （*C-160/15*）*GS Media BV v Sanoma Media Netherlands BV*，EU:C:2016:644（CJEU（2nd Chamber））．

任，除非设链者明知或者应该知道不存在相应的许可。显然，欧盟法院在 GS
Media 案中再次引入定义"向公众传播行为"的新标准——一个可以抗辩的法
律推定，即如果设链者为了获利而设置链接，那么他应该知道被链接的内容是
否存在未经授权的情形。可以看出，在欧盟法院的逻辑推断中，版权直接侵权
的认定（至少在链接的情况下）逐渐脱离了严格责任的范围，而这一点是《欧
盟信息社会版权指令》制定时欧盟立法者完全没有预料到的。欧盟法院将行
为人主观状态要素引入版权直接侵权的判定，这也与欧盟法院首席法律顾问
Wathelet 的观点相左，Wathelet 认为，设链者主观上"知道"违法行为的状态
并不是认定直接侵权的考虑因素。①

"当设链行为以营利为目的时，我们可以假设，设链者应该进行必要的审
查以确保相关作品并非未经许可在该链接指向的网页上发表，我们也可以据此
推定，设链行为是在完全知道该作品受保护的特性以及可能是在未经版权人许
可的情况下在网络上发表的情形下进行的。在这种情况下，如果这项可以抗辩
的推定并没有被任何抗辩推翻，那么设置链接链入非法上传到互联网的作品构
成《欧盟信息社会版权指令》第 3 条第 2 款的'向公众传播行为'。"②

欧盟法院将主观要素与营利性相结合，加上额外的可抗辩的法律推定，GS
Media 案这一新路径不但出人意料而且也并非顺理成章。

有一点很清楚，根据欧盟法院的判断，链入未经版权人许可而向公众提供
的版权作品的设链行为有可能被看作向"新公众"的传播行为，这完全取决于
设链人主观上是否知道被链网站未经许可上传版权作品这一事实，对被链网站
存在侵权行为的"知道"这一事实成为引发责任的关键，但是为了证明设链者
的这一主观状态，欧盟法院在 GS Media 案中引入"营利"这一考察要素来证
明传播行为的存在。GS Media 案通过施加不同的证明责任对两种行为人加以
区分：以营利为目的的设链者和非以营利为目的的设链者。如果属于后者，那
么原告还需要证明被告主观上"知道"被链网站存在侵权行为；如果属于前者，
那么就推定被告"知道"被链网站存在侵权行为，但这一推定属于事实推定，

---

① Opinion of A.G. Wathelet in *GS Media*, at [63] .
② （*C-160/15*）*GS Media BV v Sanoma Media Netherlands BV*, at [51] .

可以以相反事实进行抗辩。显然，根据欧盟法院的立场，认定侵犯向公众传播权的核心在于被诉链接行为的营利特性，这一特性成为被告知道被链接网站的侵权行为的决定性要素。欧盟法院认为，通过区别行为人是否营利，可以很好地平衡被告与版权人之间的平衡，一方面为版权人提供《欧盟信息社会版权指令》第3条第（1）款所要求的更强有力的保护，同时也能保证社会所需要的言论自由的空间。①

在中国，主观要素与营利性同样也是认定缓存链接行为侵权责任的两个重要要件。然而，根据2012年《信息网络传播权司法解释》，人民法院通常是在判定设链者是否应该为被链网站的侵权行为承担共同责任时才会考察当事人的主观状态以及当事人行为是否具有营利性。相反，欧盟法院在 GS Media 案中是在认定设链者的直接侵权行为时考察当事人的主观状态和行为的营利性：如果设链者知道第三方网站上的内容侵犯版权仍然设置链接链入该侵权内容，那么设链行为构成向公众传播行为。"这是一个全新的标准"，学者 Clarks 与 Dickenson 评论道，他们也认识到，无论是在内国法还是在国际法层面，都未曾要求在侵犯向公众传播权的直接侵权责任认定中考察这两项要素。② 显然，欧盟法院忽视了《欧盟信息社会版权指令》中大部分直接版权责任属于严格责任这一基本原则。③ 对于某些成员国来说，要求在直接侵权中考察行为人主观状态与内国法的要求相矛盾。例如，英国《版权、工业设计和专利法》中的所有版权直接侵权责任都属于严格责任，只有在间接侵权责任中才需要考察行为人的主观状态。

欧盟法院再一次与其首席法律顾问 Wathelet 关于此案的观点相左。首席法律顾问 Wathelet 认为，链接至已经在互联网上可以自由访问但未经授权的版权

---

① Alexander Ross, "Hot Links— Pirate Porn Leads CJEU to Rule on Linking to Unauthorised Content", *Entertainment Law Review*, Vol.28, No.1（2016）, p.18.

② Birgit Clark and Julia Dickenson, "Theseus and the Labyrinth? An Overview of 'Communication to the Public' Under EU Copyright Law: After Reha Training and GS Media Where are We now and Where Do We Go from Here?".

③ Birgit Clark and Julia Dickenson, "Theseus and the Labyrinth? An Overview of 'Communication to the Public' Under EU Copyright Law: After Reha Training and GS Media Where are We now and Where Do We Go from Here?".

作品不属于"向公众传播行为"，甚至根本就不是传播行为。① 依照他的观点，这里的传播必须是首次将作品上传至网络的行为。这与支持"服务器标准"的中国学者的观点不谋而合。

我们还可以从两起案情类似的案例中看到这种区别。在 *Stichting Brein v Jack Frederik Wullems* 案中，被告 Wullems 销售一款称作 Filmspeler 的多媒体播放器，他在该播放器内另外安装了一款包含超文本链接的应用软件，在未得到权利人授权的情况下，通过这个链接，向用户提供无限的接入版权作品的服务。② 反盗版协会 Stichting Brein 依据 GS Media 案指控，被告特别选择了专门适用于 Filmspeler 的特定应用软件，从事向公众传播行为；而且，被告明知该款应用软件可以解锁那些未经授权的版权保护内容，但仍然为了营利的目的而行为。被告为自己辩解，主张既不存在"向公众传播行为"，他也没有扮演一个"不可或缺的干涉"的角色，他只是使公众得以接入那些已经在网络上可以自由下载的内容而已。

2016 年 12 月 8 日，欧盟法院首席法律顾问发表了对案件的意见，他认为，如果适用 GS Media 案的判定逻辑，营销 Filmsepler 硬件产品行为本身构成《欧盟信息社会版权指令》中的向公众传播权，虽然被告 Wullems 只是在销售一款安装了含有链接的应用软件的多媒体播放器，而不是像 GS Media 案中的被告那样自己设置了这些链接。③ 这一完全遵循 GS Media 案和 Svensson 案的观点却没有能最终说服欧盟法院。

不同的是，在中国类似的兔子视频案中，中国法院根据"服务器标准"判决认定，被告将那些设置在应用程序中的链接安装在电视机机顶盒上的行为并不构成中国的信息网络传播行为，因为被告并没有直接将这些侵权视频上传到互联网。

这种分歧导致了对另一类似问题的不同解决办法：当某一作品在互联网可

① Opinion of A.G. Wathelet in *GS Media*, at [63].

② (*C-527/15*) *Stichting Brein v Wullems* (*t/a Filmspeler*), EU:C:2017:300（CJEU（2nd Chamber））.

③ *Opinion of A.G. Campos Sánchez-Bordona in* (*C-5237/15*) *Stichting Brein v Wullems*, 8 December 2016.

以自由接入，而链接链入的网站实际上未取得相应许可时，设置该链接的行为是否构成"向公众传播行为"？如果按照 Svensson 案的判定逻辑，这一设链行为不构成向公众传播行为，因为作品已经在互联网可以自由访问而不存在"新公众"。GS Media 案并没有提供这一问题的明确答案，但是如果按照 GS Media 案的逻辑判断，似乎仍存在矛盾。欧盟法院在 GS Media 案中一方面肯定了 Svensson 案的观点，另一方面又强调，版权人不仅可以指控首次将作品放置在网络上的行为，而且可以指控任何以营利为目的接入非法在线提供作品的网站的设链行为。[①] 最终，所有问题都归结为链接的营利性。然而，在中国，法院会依据"服务器标准"排除设链者的直接侵犯信息网络传播权的可能性，转而认定链接对网络用户接入第三方侵权内容提供帮助和便利而承担共同侵权责任，如果设链人一旦知道或应当知道该侵权行为而没有迅速采取措施删除、阻断或者移除该链接的话。

"新公众"标准所面对的真正挑战是在欧盟的法律框架下还没有关于间接侵权的统一概念：权利人将现有的直接侵权法扩展解释以适用于链接责任问题，导致欧盟法院被迫要求适用更严格的推理。

六、小 结

正如学者 B. Liebman 所注意到的，在中国的司法实践中，试验是基本的构成部分，将不断调整外来新规则以符合本土的需求，这就是本土化的过程。[②] 试验提供了有价值的经验，这些经验可能有利于形成本土规则。面对复杂的间接版权侵权责任问题，中国立法者以保持法律体系的稳定和可预见性为目的，尽力避免版权法和侵权法的变动而可能造成的不确定性；而中国法院则倾向于在面对互联网环境的问题时扮演更为积极的角色。正如上文提到的，民法法系传统并没有赋予中国法院一个开放的权威在立法之外"造法"。然而，考虑到中国经济的迅速发展和现代化，中国版权法需要一个更为灵活的框架来

---

① 　(C-160/15) GS Media BV v Sanoma Media Netherlands BV, at [52] [53].
② 　Benjamin L. Liebman, "Assessing China's Legal Reforms", Colum J Asian L, Vol.23, No.1 (2010), p.17.

确保中国法院判例的合法性。虽然有些地方法院处理的案件并没有出现在正式的最高法院公报中或者得到权威认可，但是也可以为其他法院借鉴。这些法院的判决虽然不能称为中国法律制度中的可以遵循的"先例"，但是已经不断地被其他地方法院参考，尤其是在面对新问题时。自由裁量权本身的合理性并不是一个问题，所有法律体系中的法院都拥有一定程度的自由裁量权，尤其在处理网络信息传输的问题时，自由裁量可能更具理性。

与美国、英国一样，中国法院可能基于服务提供者为用户侵犯信息网络传播权的行为提供帮助而向其施加责任。中国法院借鉴美国版权法中的帮助侵权和替代侵权责任，以弥补固化的法律条文与网络传输技术带来的新问题之间的缺口。正如本书第二章的分析，在美国，P2P 文件共享软件服务商需要承担帮助侵权责任是基于其主观上"知道"在其服务环境中存在侵权行为，以及客观上所提供的技术具有帮助性和诱导性。然而，针对搜索引擎，美国法院认为，只有在即便采取了基本措施来阻止进一步对版权作品的损害但是仍然提供接入链接服务时，搜索引擎才承担帮助侵权责任。而在中国，考虑到"引诱行为"这一要素，P2P 文件共享软件服务商可能要承担共同侵犯版权责任，即便其本身并没有上传版权音乐或者电影。而"引诱行为"可以通过所提供的技术的特点和经营模式得到证明。在司法借鉴的过程中，中国司法者在认定服务商的版权共同侵权责任时，将行为人主观"知道"要素和美国法中认定替代责任及英国法中认定授权责任所需要的"控制力"要素加以混合。[①]

《侵权责任法》第 36 条中简单的"知道"概念以及司法中常用到的"意识到侵权行为"的表述都无法准确地解释"知道"这一法律概念的含义，在学界对其的理解也颇多争议。而 2012 年《信息网络传播权司法解释》第 7 条确立的判断网络服务商责任标准则十分接近美国法院在 Grokster 案中所秉持的原则：网络服务商的营销方式为是一个关键要素，从客观行为去判断行为人是否构成"引诱"。

与欧盟的向公众传播权相比，中国的信息网络传播权覆盖范围较窄，为用

---

① Wan Ke Steven, "Internet Service Providers' Vicarious Liability versus Regulation of Copyright Infringement in China", *U Ill JL Tech & Pol'y*, Vol.38, No.2（2011），p.375.

户接入版权作品提供服务或者帮助用户能够更容易接入版权作品的服务都被排除在该权利覆盖的行为之外。在同样面对棘手的链接和搜索引擎问题时，中国法院也必须回答设置链接链入第三方网站的版权作品是否构成版权立法中的信息网络传播行为（"向公众提供行为"）。在中国，虽然在适用哪种标准来判断当事人行为的争论仍然存在，但是大部分中国法院还是采用了"服务器标准"，即设置链接本身并不构成信息网络传播行为，但是如果设链人知道或应当知道第三方网站的侵权行为而没有迅速采取措施删除、阻断或者移除所设链接的话，该设链人可能基于为第三方网站的侵权行为提供了物质帮助而需要承担共同侵权责任。

比较研究显示，中国司法在处理链接法律问题时采取了不同于欧盟案例法尤其是 Svensson 案的定案思路：链入已经在互联网自由接入的版权作品的设链行为并不构成"向公众传播行为"，因为不存在"新公众"。中国法院的思路也不同于欧盟法院的 GS Media 案的判断逻辑：后者认为如果设链人"不知道"被链接的版权作品是非法上传到该网站的，那么设链行为并不构成"向公众传播行为"。中国和欧盟法院都认为设链人主观上对侵权行为的"知道"状态和设链行为的营利性是判断设链人是否应该承担版权责任的基础，无论该责任属于直接责任还是间接责任。虽然主观要素与营利性要素的判断使得规则认定更为公平也更细致，但是这些恰恰也是最为模糊和难以判定的归责要素，仍需将来立法和司法进一步明晰。

在未来的司法中，中国和欧盟都需要解决的问题是，设链人如何证明自己"不知道或者不可能知道"侵权行为存在？在设链之前，设链人应该做哪些预防行为以排除责任？在中国，设链人如果从设链行为有直接经济收益的话，似乎应该调查被链网站的内容是否合法；而在欧盟法院看来，设链人需要调查被链网站是否设置了技术上的限制措施从而可能导致链接用户构成版权作品的"新公众"。

欧盟法院在直接侵权责任的认定中，将间接责任认定的主观要素与营利性结合。相比而言，中国严格区分直接版权责任与间接版权责任的做法更符合逻辑也更具说服力。尽管如此，权利人却可能更欢迎欧盟的"新公众"标准，因为如果适用"服务器标准"与共同侵权责任追究设链人的间接责任，可能被认为对版权人的利益保护不足。而造成中国与欧盟之间思路差异的原因在于，信息网络传播权与欧盟的向公众传播权的覆盖范围的差异。如果欧盟法院将"服务器标准"适用于同样属于向公众传播行为的电视或者广播的转播行为时，可能就要面临新的困境。

第四章　直接和间接侵犯向公众提供权的抗辩

对版权法的目标最为经典的描述当为美国 1787 年《宪法》中的知识产权条款:"以在一定期限保障作者或者发明人对于相关作品与发明的独占权来推动和鼓励科学和实用艺术的发展"。[1] 这一条款有两层含义,一层含义是赋予那些从事文学和艺术创作的人以独占使用权;另一层含义是在最大范围内满足公众获得版权作品的利益需求。[2] 因此,保证公众利益就成为赋予独占权的理由,同时也成为限制独占权的理由。在此基础上,版权制度为创作行为提供刺激。创作的动机越大,创作出来的新作品就越多;反之亦然,为公众提供的作品越多,越能鼓励作品的商品化。[3] 因此,版权制度保持作者权与公众获得版权作品之间的平衡有利于社会整体文明。正如学者 P. Samuelson 所说,"如果一个处于公有领域的故事被改编成戏剧,如果戏剧素材的公有性决定了创作出来的戏剧的公有性的话,就没有任何作家愿意去做这件事"。[4] 保持各方利益平衡的版权制度从未给予版权人绝对控制权。版权法一方面赋予作者独占权保护其创作该作品的回报和收益,足以刺激其创作并传播作品;另一方面,对独占权加以限制以保障公众对

---

[1] The Constitution of United States of American, Article I.8, cl.8; Gillian Davies, *Copyright and the Public Interests*, 2nd edn, London: Sweet & Maxwell, 2002, p.15 (2–007).

[2] Gillian Davies, *Copyright and the Public Interests*, *Copyright and the Public Interests*.

[3] Hugh Laddie, "Copyright: Over-strength, Over-regulated, Over-related?", *E I P R*, Vol.18, No.5 (1996), p.253; Antoon Quaedvlieg, "Copyright's Orbit Round Private, Commercial and Economic Law—The Copyright System and the Place of the User", *I I C*, Vol.29 No.4 (1998), p.420.

[4] Pamela Samuelson, "Mapping the Digital Public Domain: Threats and Opportunities", *Law and Contemporary Problems*, Vol.66, No.1/2 (2003), p.147.

作品的获得。[①] 为了保持这一平衡，版权法中的每一项独占权都会受到各种限制，例如思想／表达二分法，版权期限制度、美国的首次销售（权利耗尽）原则等。[②] 另外，如果重要的公共利益需要维护，比如图书馆或者其他档案收藏的需要，受保护的作品也可以被无偿用于某些特定情形。当然，从版权发展历史来看，通常这种平衡会不断被技术的进步打破，然后经过立法与司法的调整，各方利益又重新恢复平衡，从而推动版权制度向前发展。数字时代，版权法维持的平衡又一次随着复制技术和数字传输技术的到来被打破。[③] 数字复制件更容易在全球化的数字网络中传输，[④] 所有网络用户都成为潜在的发行人、传播者，所谓消费市场"看门人"的传统出版商感受到日益逼近的威胁，他们担心自己丧失收回投资的机会。[⑤] 某些早期非商业性传输工具的兴盛，如 P2P 文件共享软件，形成了与作品正常利用的冲突，从而对已经建立起来的传统版权人与公众之间的关系提出挑战：[⑥] 在是否提供作品、作品的价格和权利范围等方面版权人与公众产生利益冲突；而提供技术手段的服务商与因担心而排斥这种技术的版权人之间也产生了利益冲突。

在这种冲突利益的角逐和妥协中，版权不断扩展。例如，版权作品保护期不断延长。而在这一扩展过程中，最引人注目的是新独占权——向公众提供权被引入版权法。与此同时，版权的例外与限制制度在迅速变化的技术背景下再次引起人们高度关注。无论在国际立法层面还是在内国法层面，独占权的加强

① R. Anthony Reese，"The Public Display Right: The Copyright Act's Neglected Solution to the Controversy over RAM Copies"．

② Haochen Sun，"Copyright Law Under Siege: An Inquiry into the Legitimacy of Copyright Protection in the Context of the Global Digital Divide"，*I I C*，Vol.36 No.2（2005），p.192.

③ Martin R. F. Senftleben，*Copyright，Limitations，and the Three-step Test: an Analysis of the Three-step Test in International and EC Copyright Law*，Hague: Kluwer Law International，2004，p.35（2.3）．

④ Christophe Geiger，"The Future of Copyright in Europe: Striking a Fair Balance Between Protection and Access to Information"，*Intellectual property Quaterly*，Vol.1，No.1（2010），p.1.

⑤ Catherine Seville，*The Internationalisation of Copyright Law-Books，Buccaneers and the Black Flag in the Nineteenth Century*，Cambridge: CUP，2008，p.315.

⑥ A. G. González，"The Copyright Web: Networks，Law and the Internet" in New Directions in Copyright Law，Vol.4，Fiona Macmillan（ed），Cheltenham: Edward Elgar Publishing，2007，p.144.

并没有伴随着相应的例外和限制规则的推进。① 在国际条约中，各国和不同文化对"公众利益"的理解和对创作的态度并不一致，从而保持版权体制所谓平衡（版权人利益与公众利益的平衡）成为一项几乎不可能完成的任务。② 更为重要的是，对于创作成果社会各个角色的利益也是千差万别。因此，《伯尔尼公约》只在第 9 条第（2）款中规定了一项制定"版权例外"的一般指导原则，即所谓的"三步测试法"。所谓"三步测试法"是指版权法应允许"在特定情况下对该类作品的复制，只要这种复制不会与该作品的正常利用相冲突，也不会对他人的合法权益造成不合理的损害"。③

在国际版权立法中，"三步测试法"似乎越来越具有说服力而得到广泛承认，其范围也通过一系列国际条约得以拓展。通过 TRIPS 与 WIPO"互联网条约"，"三步测试法"从只适用于复制权扩展适用于所有作者权和相关权。④《欧盟信息社会版权指令》也承认了《伯尔尼公约》的"三步测试法"，特别规定了依据"三步测试法"划定针对复制权和作品以及其他相关权客体的向公众传播权的限制和例外的规定。⑤《欧盟信息社会版权指令》第 5 条第（5）款要求欧盟成员国在制定本国的版权例外和限制规则时遵循"三步测试法"，必须通

---

① Christophe Geiger，"The Future of Copyright in Europe: Striking a Fair Balance Between Protection and Access to Information".

② Martin R. F. Senftleben, *Copyright, Limitations, and the Three-step Test: an Analysis of the Three-step Test in International and EC Copyright Law*, p.43（3.1）；Tang Guanhong，"A Comparative Study of Copyright and the Public Interest in the United Kingdom and China"，*SCRIPT-ed*, Vol.1, No.2（2004），p.272.

③ 《伯尔尼公约》第 9 条第（2）款，以及 2*bis*、10、10*bis*、13 款。在 1967 年为修订《伯尔尼公约》的斯德哥尔摩会议上，为正式通过《伯尔尼公约》第 9 条第（1）款中的一般性复制权铺平道路，与会者提议制定了第 9 条第（2）款。但是也有人担心，伯尔尼成员国试图保留的对所有"例外和限制"进行列举会侵蚀新设计的宽泛的独占权。在这种情况下，"三步测试法"成为一个妥协方案。参见 Martin R. F. Senftleben，"Towards a Horizontal Standard for Limiting Intellectual Property Rights?— WTO Panel Reports Shed Light on the Three Step Test in Copyright Llaw and Related Tests in Patent and Trade Mark Law"，*I I C*, Vol.37, No.4（2006），p.407.

④ TRIPS（1994）第 13 条，《世界版权条约》第 10 条，《世界表演与录音制品条约》第 16 条第（2）款。后两项条款重复了《伯尔尼公约》第 9 条第（2）款的表述，除了 WIPO 的条约用"限定"（confine）一词替代了《伯尔尼公约》中的"允许"（permit）一词。

⑤ Art 5 of the Directive 2001/29/EC.

过法律程序审查任何关于是否正确履行该项义务的异议，以防止成员国立法试图对该项例外的修改或者删除。① 在国际立法的推动下，世界各国也纷纷在内国版权立法中明文规定了"三步测试法"。② "三步测试法"提供了一个开放的法律框架，允许各国根据自己国家立法的需要确定自己的版权限制规则。不过，从规范功能角度看，"三步测试法"实际上是一个关于制定版权独占权限制和例外规则的限制性条款。而且由于它的条文本身过于抽象，并没对试图建立的机制做出具体规定，因此虽然国际版权法框架试图建立一个版权的平衡机制，但是"三步测试法"对国内版权法中的例外和限制规则的影响仍然十分有限。

国际版权条约缺乏明确清晰的版权例外和限制规则成为各国司法实践差异的主要原因。从本书第二章和第三章分析可以看出，在 P2P 文件共享网络和搜索引擎纠纷中，美、英、中三国针对用户与网络服务商分别施加责任的司法实践并不一致。在两种网络传输技术中，美国的上传用户可能侵犯发行权，而在英国和中国，上传用户可能侵犯向公众提供权。在这三个国家中，P2P 文件共享服务提供商与搜索引擎服务提供商则可能被追究侵犯向公众提供权的直接侵权责任或者追究其间接版权责任。那么接下来的问题就是，上传用户是否可以免除直接版权责任？如果对这一问题的回答是肯定的，那么这就为追究网络服务商的责任奠定了逻辑基础：如果直接侵权人可以通过任何抗辩得到免责，那么就无需追究间接责任。如果第三方没有可责难的行为，那么从逻辑上说被告也就无需为第三方的行为承担任何责任。如果对这个问题的答案是否定的，那么我们就要追问，网络服务商是否可以通过传统的抗辩理由如合理使用或为网络服务商提供的法定"避风港"（safe harbour）而免除责任？本章将对美、英、中三国在 P2P 文件共享网络和搜索引擎的诉讼争议中对直接侵权和间接侵权的例外和限制规则的司法适用进行分析。美国的合理使用制度和"避风港"保护表明，美国法院在处理合理使用、"避风港"保护和间接版权责任之间的关

---

① Christophe Geiger，"From Berne to National Law，via the Copyright Directive: the Dangerous Mutations of the Three-Step Test"，*E I P R*，Vol.29，No.12（2007），p.486.

② Christophe Geiger，Jonathan Griffiths and Reto M. Hilty，"Towards a Balanced Interpretation of the 'Three-step Test' in Copyright Law"，*E I P R*，Vol.30，No.12（2008），p.489.

系时，通过考虑版权作品利用的社会价值形成了一个粗疏的利益评价标准。英国和中国一方面在近期不大可能采用美国灵活的合理使用制度；另一方面，在引入类似的"避风港"保护规则的同时，司法上对该规则的适用也不尽相同。不过，中国与英国也必须回答，如何追究网络服务商的法律责任的问题，以区分对版权作品的良性使用与恶性使用。

一、美国版权法中的侵权抗辩

美国版权法中的侵权抗辩规则极具灵活性。传统上的首次销售规则、合理使用原则以及深刻影响其他国家数字时代版权例外规则的"避风港"保护规则成为保护被指控网络侵权的主要抗辩理由。

（一）适用于网络发行人的首次销售规则

虽然关于美国版权法中的发行权是否可以直接适用于网络"向公众提供行为"还没有定论，但是如果对这一问题的回答是肯定的话，那么美国法中的首次销售规则（first sale doctrine）就会得到适用。具体来说，美国1976年《版权法》第109条（a）项有如下规定：

> "按照本法第106条第（3）款规定，特定复制件或者唱片的合法所有人或者任何得到该所有权人授权的人可以在未经版权人许可的情况下销售或者以其他方式处置对该复制件或唱片的占有。"[1]

但是，首次销售规则并不是适用于所有权利人，按照美国《版权法》第109条（b）款的明文规定，该项抗辩只针对"特定复制件的所有权人"，"除非版权人许可，本款所指的免责情况并不延及以出租、出借、借贷或者其他方式对该复制件或者唱片从版权人处仅取得占有权但不包含所有权的任何人。"[2]

---

[1] Sec 109 (a) of 17 U.S.C.

[2] Sec 109 (b) of 17 U.S.C.

该原则表明，版权人控制作品特定复制件的销售之权利在该权利人将该复制件交付之后即告终结。这一制度保障了作品复制件的购买者可以最大限度地自由享有作品，也有利于公共图书馆及博物馆的正常运作。

然而，首次销售规则是否可以延伸适用于网络传输环境？如果可以，那么如何决定该规则的最大适用范围？本书的重点并不在于详细分析上述疑问，但无法回避的问题是，如果像 P2P 文件共享者上传文件这样的"向公众提供行为"被看作发行行为的话，那么行为人是否可以依据首次销售后发行权即告耗尽这一抗辩得到免责呢？

有人会认为，购买者自然享有处置合法购买来的数字作品的自由，而"处置"行为理应包括将其上传到网络的行为。但是反对观点似乎也不无道理，即版权人的复制权不可忽视。美国纽约南区区法院在 *Capitol Records v ReDigi*, *Inc.* 案中就讨论了这一问题。[①] ReDigi 是一家向用户提供在线云存储服务的公司，用户可以将在二手市场合法购买的数字音乐在云端存储。ReDigi 公司主张，基于首次销售发行权穷竭抗辩，其服务绝大部分都是合法的。而原告却认为首次销售规则无法适用，因为发行权穷竭只终止版权人的发行权，而不包括复制权，将数字音乐上传至云端存储侵犯了版权人的复制权。于是，被告被指控鼓励、帮助其用户侵犯版权人的复制权。法院认为，可以存储在被告云盘中的文件只能是从 iTunes 或者 ReDigi 网站合法购买的原始作品，因此首次销售规则不适用于被告从二手市场购买来的数字音乐文件。通过 ReDigi 软件，一旦用户上传合法文件到 ReDigi 的云端存储柜，所有处于用户电脑以及其他同步存储设备的文件和复制件将全部被删除。[②] 根据 ReDigi 的商业运作模式，在向另一用户传输文件时，原始音乐文件会被再次复制并删除。iTunes 的用户并未被禁止向其他 ReDigi 用户出售他们的原件，但是在网络销售中，购买者购买的并不是 iTunes 用户购买的音乐原件。也就是说，在网络上销售（发行）给购买者的音乐复制件并不是销售者拥有的"特定复制件"，而后者才是 1976

---

① 　*Capitol Records*, *LLC. v ReDigi*, *Inc.*, No.12-CV-0095（SDNY，Jan 272012），2013 WL1286134（S. D. N. Y.2013）.

② 　*Capitol Records*, *LLC. v ReDigi*, *Inc.*, Defendant's Memorandum of Law in Opposition to Plaintiff's Motion for a Preliminary Injunction，at 19.

年《版权法》第 109 条（a）款所要求的"特定复制件"。因此，网络传输的复制件并不在首次销售规则所包含的范围之内，这一行为涉及的是复制权而不是发行权。正如学者 D. Nimmer 所主张的，由于目前技术的限制，在数字传输中涉及的是复制行为，并不存在数字首次销售的问题。[①]

（二）直接侵权人的合理使用抗辩

1. 美国版权法中的合理使用制度

合理使用是版权法中最重要的侵权抗辩。尽管美国 1976 年《版权法》有一条包含了几项特定情形下例外的规定，该法也同时提供了一条关于合理使用制度的一般性条款，帮助法院来判定在具体案件中对作品的特定使用行为是否合理。[②] 这些要素包括：

> "（1）使用的目的和特征，包括该项使用是否具有商业属性，抑或非营利性的教育目的；（2）版权作品的特性；（3）与作为一个整体的版权作品比较，所使用的数量和是否为被使用版权作品的实质部分；以及（4）使用是否影响版权作品的市场价值。"[③]

合理使用是在英美普通法由法官创制的原则，美国《版权法》第 107 条只不过是将普通法的合理使用原则进行了"重述"，而并未做任何形式的"改变、缩减或者扩展"。[④] 美国普通法的合理使用原则是在一系列著名案例中逐渐形成的，这些案例包括 *Sony Corp. of America v Universal City Studios*, *Inc.*（Sony案）、*Harper & Row*, *Publishers*, *Inc. v Nation Enterprises*（Harper & Row 案）、*Campbell v Acuff-Rose Music*, *Inc.*（Campbell 案），*A&M Records v Napster*, *Inc.*

---

① David Nimmer, *Copyright: Sacred Text*, *Technology*, *and the DMCA*, p.102.

② Sec 107 of 17 U.S.C.

③ Sec 108-122 of 17 U.S.C.

④ H.R. REP. No.94-1476, at 66（1976）; Paul Goldstein, "Fair Use in Context", *Colum J L & Arts*, Vol.31, No.4（2007）, p.433; William F. Patry and Richard A. Posner, "Fair Use and Statutory Reform in the Wake of Eldred", *Cal L Rev*, Vol.92, No.6（2004）, p.1639.

(Napster 案)，*Metro-Goldwyn-Mayer Studios, Inc. v Grokster Ltd.* 案（Grokster 案）等。上述案件对合理使用的适用和解释并非完全一致，但都对合理使用原则的形成产生了重要影响。在著名的 Sony 案中，引起争议的是 Sony 公司生产的家用录制机（Betamax）是否由于可以用作家庭录制电视播放的电影而侵犯了电影版权的问题。美国联邦最高法院提出了所谓的"Sony 推定"，即在合理使用判定的第一项要素中，"商业使用可以推定为不合理而非商业使用则推定为合理"。[1] 在该案的最终判决中，大法官们以 5:4 的投票结果判定，个人的、非商业的家庭录制行为属于合理使用。"Sony 推定"被大部分下级法院严格遵循。[2] 一年以后，美国联邦最高法院又在 Harper & Row 案中再次讨论了合理使用问题。该案中，一本杂志的出版商被原告指控出版了美国前总统福特的未曾公之于众的回忆录。法院认定"作品是否发表尽管不是决定性因素但也是一个关键因素，对于未发表作品，合理使用的范围比已经发表的作品要窄"。[3] 在 1994 年涉及流行音乐改编原曲是否构成版权侵权问题的 Campbell 案中，美国联邦最高法院否定了在合理使用判断的诸要素中任何一个占据主要地位的观点，法院认为必须对四项要素逐一考察、综合权衡，并结合版权法目的做出结论。[4] 更为重要的是，Campbell 案法院还创立了著名的"转换使用"标准，认为：

　　"与原作相比，新作品对原作的改变（transformative）越多，其他判断要素如通常用来否定合理使用的商业性这一要素的影响力就越少。"[5]

---

① Jessica Litman，"The Sony Paradox"，*Case Western Reserve Law Review*，Vol.55，No.4（2005），p.917；H. Brian Holland，"Social Semiotics in the Fair Use Analysis"，*Harv J L & Tech*，Vol.24，No.2（2010），p.335.

② H. Brian Holland，"Social Semiotics in the Fair Use Analysis"；Sheldon W. Halpern，Craig A. Nard and Kenneth L. Port，*Fundamentals of United States Intellectual Property Law: Copyright，Patent，Trademark*，3 edn，The Netherlands: Wolters Kluwer Law & Business，2011，p.122.

③ *Harper & Row Publishers，Inc. v Nation Enterprises*，471 US 539（1985）.

④ *Campbell v Acuff-Rose Music，Inc.*，510 US 569（1994），at 578.

⑤ *Campbell v Acuff-Rose Music，Inc.*，at 591.

创新作品在二次创作中添加的新东西——即具有更进一步的目的或不同特点的新表达、新含义或者新信息——越多，在作品市场中替代原作品的可能性就越小。① 从案例法可以看出，在"转换使用"与那些未经许可的在后作品所带给原作市场的伤害之间总是呈反相关关系。申言之，一部作品创新性越明显，给原作带来的市场危害的可能性就越小，因为如果在后作品与在先作品之间的差异越大，二者处于同一竞争市场的可能性就越小。② 由于"转换使用"衡量的结果可能有利于合理使用判定这一天平两端的任何一端，因此这一标准越来越成为合理使用认定的主导标准，尤其是将合理使用原则适用于数字环境时，"转换使用"标准更是扮演了核心角色。因为这一标准突破了版权侵权认定忽视原创作品的读者（使用者）感受的传统，特别强调"使用者"与原创作者可能具有的同等价值，这在用户创造文化产品的数字时代显得尤为重要。③ 在涉及 P2P 文件共享和搜索引擎的案件中，美国法院将"转换使用"的抗辩能力推向极致。④

2. P2P 文件分享者的合理使用抗辩

在大部分 P2P 案件中，被告人都会主张用户的上传和下载行为构成对作品的合理使用。如果法院支持了被告人合理使用的主张，那么向 P2P 软件提供商施加帮助侵权责任的逻辑前提——直接侵权行为——就不存在了。可见，P2P 文件共享网络服务提供商的帮助侵权责任是建立在对合理使用抗辩否定的基础上的。

审理 Napster 案的各级法院在考察帮助侵权和替代侵权之前都对直接侵权的抗辩进行了审查。加利福尼亚北区区法院否决了合理使用主张，认为虽然用户并没有自己销售其下载的音乐，但还是免费获得在正常情况下应该付费使用的版权作品，因此第一项要素的考察结果否定了合理使用。⑤ 关于"作品的特

---

① Mary W S Wong, "'Transformative' User-Generated Content in Copyright Law: Infringing Derivative Works or Fair Use?", *Vand J Ent & Tech L*, Vol.11, No.4（2009），p.1075.

② Steven Hetcher, "The Kids are Alright: Applying a Fault Liability Standard to Amateur Digital Remix", *Fla L Rev* Vol.62, No.7（2010），p.1275.

③ 龙井瑢：《新媒体时代的版权与技术》，陕西师范大学出版总社 2016 年版，第 11 页。

④ Charlotte Waelde, "Search Engines and Copyright: Shaping Information Markets", p.227.

⑤ *A&M Records, Inc. v Napster, Inc.*，114 F Supp 2d 896（N.D. Cal.2000），at 912.

点"（第二项要素）和"使用的范围"（第三项要素），该区法院判定，音乐作品属于原创性较高的创造作品，而且行为人复制了整部正版音乐作品，这两方面认定结果都否定了合理使用。[①] 最后，该区法院考察了第四项要素"对版权作品潜在的市场损害"，认为虽然可能存在用户先下载、后合法购买包含有所下载音乐的专辑的情况，从而推动了专辑的销售，但是对市场的这一积极影响并不能抵消潜在的市场损害或者成为侵权行为的抗辩理由。"行为附随地给版权人带来利益的事实并不能减损版权人收取许可费的权利"，法院的该项判定也否定了合理使用。[②] 在上诉审中，第九巡回法院支持了区法院就合理使用所作的分析，认为网络文件分享者对版权作品的使用具有商业性而非"个人使用"，而且也不构成"转换使用"，从而否定了所谓对作品的"空间转换使用"（space-shifting）成立合理使用。[③]

3. 搜索引擎的合理使用抗辩

与 P2P 文件共享网络不同，美国法院认为搜索引擎在网络传输中扮演了截然相反的角色，相应地在搜索引擎案件中关于合理使用的分析就得出了不同的结论。*Field v Google, Inc.*（Field 案）中的原告指控，当用户每点击一次缓存链接的时候，搜索引擎的缓存行为就侵犯了原告的复制权、发行权和展览权。[④]

在得出 Google 并未侵犯原告的版权这一结论的过程中，法院注意到 Google 应用户要求并非"有意识地行为"的被动特点，审查了合理使用四项要素。法院首先认定被告对 Field 作品的使用构成"转换使用"，接下来其他几项要素的考量结果都有利于被告。法院认为 Google 系统生成的缓存复制件并没有替代原作品。法院在第一项要素的考察中认为，Google 作为商业企业的特点并不重要，因为 Google 并没有对用户展示其广告或者向用户提供任何其他形式的商业交易。如果按照 Campbell 案的定案逻辑，缓存复制件可能具有非直接的商业利益，但该案法院认为被告行为的"转换性"特点更为明显，

---

① *A&M Records, Inc. v Napster, Inc.*, at 913.

② *A&M Records, Inc. v Napster, Inc.*, at 914.

③ *A&M Records, Inc. v Napster, Inc.*, at 1014–1019.

④ *Field v Google, Inc.*

可以抵消"可能存在的非直接商业利益"这一要素的判定结论。当原告将作品上传到互联网时并未明确表示禁止链接，也未设置禁止链接的技术措施，可以推定原告应该知道 Google 将会自动通过缓存链接使公众接入作品。这一推定有利于认定合理使用，但却被"原告作品的创造性特点"（第二项要素）所抵消。在第三项要素的分析中，法院认为，虽然 Google 的确复制了整部作品，但是这是搜索引擎实现其缓存功能必不可少的技术环节。关于第四项要素，法官 Jones 认为没有证据表明 Google 在其页面展示缓存的链接对原告作品潜在市场造成任何影响。这一点对 Google 非常有利。该法院还认定，在知道原告的指控时，Google 善意地采取了措施阻止缓存或者移除被缓存的网页。综合考虑各项要素，法院最终判定，即便通过其缓存链接以使公众接入作品构成复制或发行版权作品，Google 的行为也属于合理使用。因为搜索引擎"提升了互联网信息汇聚技术，从而对社会具有重要的公益价值"。[1]

在 *Kelly v Arriba Soft Corp.* 案中，第九巡回法院认为搜索引擎对原始艺术作品的数字复制件进行微缩相当于一种索引或者引用，所以构成"转换使用"。[2] 在分析"作品的特点"（第二项要素）的时候，法院认为涉案图片已经在其他网站发表的事实成立。关于被告"使用作品的量"（第三项要素），法院认为搜索引擎"复制整幅图片只是作为参考目录让用户识别图片以及获得图片的更多信息，而非出售"。[3] 关于"对潜在市场的影响"（第四项要素），法院注意到，如果将这些低分辨率的"拇指"（thumb）微缩图片复原成原始大小的图片，清晰度会大幅度降低，因此并不能成为原始作品的替代，甚至搜索引擎的行为可能实际上对原作市场是有益的。法院最终得出结论，将原始图片微缩成"拇指"图片的行为构成合理使用。

在本书第二章讨论的 Perfect 10 案中，第九巡回法院关于合理使用问题的分析走得更远。该法院强调，在这个案子中搜索引擎带来的社会共同利益已经超过微缩"拇指"图片可能存在的对原作的市场替代性。[4] 我们可以假设，原

---

[1] *Field v Google*, *Inc.*, at 43.

[2] *Leslie A Kelly v Arriba Soft*, *Corp.*, 336 F 3d (9th Cir.2003), at 818.

[3] *Leslie A Kelly v Arriba Soft*, *Corp.*, at 821.

[4] *Perfect 10*, *Inc. v Amazon.com*, *Inc.*, at 1168.

告主张 Google 向用户销售"拇指"图片以供用户将这些图片下载到手机这一
事实存在，那么第四项要素的判定可能有利于原告；但是，由于区法院没有认
定任何关于将图片下载到手机的事实，因此巡回法院对此种可能性未加考虑。
第九巡回法院甚至援引 Campbell 案，将搜索引擎与戏仿相比较，认为"搜索
引擎可能比戏仿更具有'转换性'特点，因为搜索引擎是对原始作品的一项全
新使用，而戏仿作品往往与原作具有相同的娱乐、欣赏之目的"。①

由于对"转换使用"标准的灵活适用，美国版权法中的合理使用抗辩得以
保护那些被认为推动了社会福利的技术。尽管现有的"转换使用"标准并不能
自动确保合理使用成立，但是美国法院在搜索引擎案件中试图扩大"转换使用"
抗辩以认定合理使用，这在很大程度上是基于搜索引擎特有的功能性有利于实
现版权"推动社会整体利益发展"的根本目标。② 美国法院认为，"转换使用"
的功能完全可以抵消搜索引擎的商业性。③ 美国法院最终放弃"商业使用不构
成合理使用"的"Sony 推定"，毫无疑问暗示了一点，作品的"转换使用"标
准会更频繁地被适用，从而在合理使用分析中扮演更重要的角色，超越其他要
素，甚至常常带有侵占性的商业使用这一要素。

扩张适用合理使用的趋势反映出美国法院顺应新技术发展，及时对合理使
用判定要素做出调整。然而，值得注意的是，从相关案例法的发展和规范性质
上看，"转换使用"标准是与作品的表达有关，而与再传播或者自动检索无关。④
通常，如果对作品的某种使用方式与作品的实质内容没有直接互动，那么"转
换使用"标准就毫无意义。⑤ 然而，搜索引擎应用户要求对已有作品在复制过

---

① *Perfect 10*, *Inc. v Amazon.com*, *Inc.*, at 1169.

② Barton Beebe，"An Empirical Study of U.S. Copyright Fair Use Opinions，1978–2005"，*U Pa L Rev*，Vol.156，No.3（2008），p.548; DanThu Thi Phan，"Will Fair Use Function on the Internet"，*Colum L Rev*，Vol.98，No.1（1998），p.169; Paul Goldstein，"Berne in the USA"，*I I C*，Vol.39，No.2（2008），p.216. 在 Beebe 的实证研究中，自 1994 年后，"转换使用"的概念在美国法院引起轰动，此标准也在此后的合理使用案件中占据了主导地位。

③ David Cook，"Searching for Answers oin a Digital World: How Field v. Google Could Affect Fair Use Analysis in the Internet Age"，*SMU Sci & Tech L Rev*，Vol.11，No.1（2007），p.77.

④ Pierre N. Leval，"Toward a Fair Use Standard"，*Harv L Rev*，Vol.103，No.5（1990），p.1105.

⑤ Shyamkrishna Balganesh，"Foreseeability and Copyright Incentives"，*Harv L Rev*，Vol.122 No.6（2009），p.1569.

程中自动"格式化"的行为却被解释为"转换使用",这反映出司法者在向一个具有实力和影响力的网络搜索工具施加法律责任时的迟疑态度。①

　　值得讨论的是,如果新的互联网接入模式或者以"转换使用"为目的的技术满足"转换使用"标准的要求,从而构成合理使用的话,那么为什么像提供"空间转换"功能的 P2P 文件共享技术却并不构成"转换使用"呢？ Napster 案和 Grokster 案除了否定 P2P 技术作为"空间转换"技术的合理使用抗辩之外并未进一步讨论这个问题。如果深入探究,法院势必要对 P2P 文件共享软件的社会价值和其重要性做出评价。这样一来,对工具的技术上的"转换"特点之考量自然承载了对该项工具的社会价值的判断。② 从而,合理使用原则不再只是一项抗辩理由,它已经从版权例外规则演变成一项考量新技术所具备的社会价值的法律工具。③

　　另外,在"转换使用"标准中加入社会福利因素的考量可能在逻辑上得出这样的结论,即某些对作品的使用方式具有"转换性"特点,但却可能对社会造成消极影响；或者,一项极具"转换性"特点的创新作品并不构成法律上的合理使用,因为它可能属于版权人有权控制的对作品的演绎使用。④ 如何处理"转换使用"与演绎创作之间的关系仍将是司法中的难题。例如,希区柯克电影《后窗》的观众没人怀疑电影是根据 Cornell Wool 的小说《一定是一场谋杀》(*It Had To Be Murder*) 改编而来,但在一定意义上说可以成立"转换使用"。还存在相反的情况,例如向社会提供作品可能具有很高的社会价值,但却并没有"转换性"的创新。⑤ 作为一项独立的判断标准,"转换使用"的作用必须谨慎

---

① Daniel Gervais，"The Tangled Web of UGC: Making Copyright Sense of User-Generated Content"，*Vand J Ent & Tech L*，Vol.11，No.4（2009），p.841；Paul Goldstein，"Fair Use in Context".

② Daniel Gervais，"The Tangled Web of UGC: Making Copyright Sense of User-Generated Content".

③ Steven Hetcher，"The Kids are Alright: Applying a Fault Liability Standard to Amateur Digital Remix".

④ Lloyd L. Weinreb，"Fair's Fair: A Comment on the Fair Use Doctrine"，*Harv L Rev*，Vol.103，No.5（1990），p.1137.

⑤ Lloyd L. Weinreb，"Fair's Fair: A Comment on the Fair Use Doctrine".

衡量。不过，对于司法者来说，更为紧迫的问题是，一旦美国《千禧数字版权法案》中的"避风港"规则和"通知—删除"程序被启动，由谁来承担证明合理使用的举证责任。

（三）美国 1998 年《千禧数字版权法案》为间接侵权人提供的"避风港"保护

如果美国的合理使用或其他的版权例外条款无法为直接侵权者免责，接下来才能考察间接责任的问题。针对间接责任，美国版权立法为网络服务商提供了"避风港"保护。[①] 1998 年的《千禧数字版权法案》第 512 条（a）和（b）款规定，提供以下四种网络服务的网络服务商可以免除经济赔偿责任：第一，互联网接入服务；第二，系统缓存或暂时存储服务；第三，对用户上传的文件进行被动存储或主机缓存服务；第四，定位工具，例如链入第三方网站的服务。[②] 与本书讨论的"向公众提供行为"关系最为密切的是第四项。《千禧数字版权法案》进一步规定了获得第四项"避风港"保护必须满足三项条件：第一，不知（无论是实际不知道还是推定不知道）第三方网站的直接侵权行为；[③]第二，即便该网络服务商有权或者有能力控制直接侵权行为，但并没有从侵权行为中直接获益。[④] 第三，该网络服务商必须按照"通知—删除"程序已经采取措施，一旦得知，网络服务商必须迅速采取措施移除或者阻断接入侵权文件。[⑤]

尽管"避风港"为网络服务商提供了一项抗辩，但是也引出一个颇有争议的问题：第四项"避风港"抗辩是否与普通法上的帮助责任相矛盾？例如，Napster 案的初审法院就这一问题判定，如果被告具备主观"知道"要件从而满足帮助侵权责任的归责条件的话，那么依据《千禧数字版权法案》"避风港"

---

① 美国司法实践显示，合理使用原则是针对直接侵权者而非那些提供帮助行为的被告的抗辩理由。参见 David Nimmer, *Copyright: Sacred Text*, *Technology*, *and the DMCA*, *Copyright: Sacred Text*, *Technology*, *and the DMCA*, p.256。

② Sec 512（a）—（d）of 17 U.S.C.

③ Sec 512（d）（1）（C）of 17 U.S.C.

④ Sec 512（d）（2）of 17 U.S.C.

⑤ Sec 512（d）（3）of 17 U.S.C.

规则第四项适用的条件第一项，它也应该因"知道"侵权行为而无法适用"避风港"规则。在 *Columbia Pictures Indus. v Fung* 案中，当法院发现引诱侵权与"避风港"规则可能存在相互矛盾时，法官 Wilso"从很多方面看，《千禧数字版权法案》都是版权间接侵权法律原则的'重述'——在很多案子中，如果被告需要承担间接侵权责任，那么该被告就无法得到《千禧数字版权法案》的免责保护；如果一个被告无需承担间接侵权责任，那么该被告就可以获得《千禧数字版权法案》的保护"。①

很多评论者也支持该观点。例如，版权学者 R. Reese 认为，在很多情况下，网络服务商的引诱行为伴随着的很可能是主观上明知其用户从事侵权行为，而这种"知道"完全可以否定该网络服务商获得"避风港"的保护。② 她与另一位版权学者 M. Lemley 一起，在其版权著作中指出，《千禧数字版权法案》第 512 条 (d) 款是帮助侵权和引诱侵权规则的"镜像"规则，因此"避风港"规则实际上几乎没有为创新者提供针对间接侵权指控的保护。③ J. Ginsburg 教授也认为如果一个互联网企业被追究间接版权责任，那么就不大可能按照制定法获得免责。④

这一观点虽然得到著名学者的支持，但是并没有说服所有人。在 Napster 案的上诉审中，美国第九巡回法院撤销了区法院的判断，前者认为《千禧数字版权法案》条文的措辞一定有其用意，其目的并不是对普通法的间接侵权规则的简单重复。但是，第九巡回法院并没有就 Napster 的"避风港"免责抗辩做过多分析，而将其留给了需要进行重审的下级法院。

---

① *Columbia Pictures Indus.*, *Inc. v Fung*, at 57.

② R. Anthony Reese, "The Relationship Between the ISP Safe Harbors and the Ordinary Rules of Copyright Liability", *Colum J L & Arts*, Vol.32, No.4（2009），p.427; Jacqueline C. Charlesworth, "The Moral of the Story: What Grokster Has to Teach About the DMCA", *Stan Tech L Rev*, Vol.2011, No.6（2011），p.1.

③ Mark A. Lemley and R. Anthony Reese, "Reducing Digital Copyright Infringement without Restricting Innovation".

④ Jane C. Ginsburg, "Separating the Sony Sheep from the Grokster Goats: Reckoning the Future Business Plans of Copyright—Dependent Technology Entrepreneurs", *Ariz L Rev*, Vol.50, No.3（2008），p.577.

　　如果从文本解读的话，美国《千禧数字版权法案》中的"避风港"规则并不是其普通法上间接侵权责任的重复，而是对失去免责保护的条件加以规定：更高的主观"知道"标准和经济上获利标准。[①] 对直接侵权的"明知"是一项网络服务商无法获得"避风港"保护的条件。如果该网络服务商确实"明知"直接侵权的存在，它将失去获得"避风港"规则保护的机会，而不得不面对版权人的侵权指控。但是美国国会明确指出，一个理性的网络服务商基于事实和环境"应知"直接侵权行为的存在，这一事实不足以使其得到"避风港"规则保护。[②] 当网络服务商"明知"发生在第三方网站的直接侵权行为，或者"意识到明显的侵权文件存在的事实或环境"时，必须移除或者阻断接入侵权文件。[③] 该规则中"意识到明显的侵权行为的存在的事实或环境"对行为人主观状态的要求就是所谓的"红旗规则"，即当侵权行为像高高飘扬的红旗一样令人瞩目，法律可以推定被告人知道其存在的事实，而且特别强调要求对一个理性的人来说直接侵权行为的存在必须是明显的。美国议会司法委员会（Senate Judiciary Committee）建议，当事人是否"意识到"侵权行为存在应该从主观和客观两个方面判定，探查是否在相同或类似情况下对一个普通的理性人来说侵权行为是明显的。[④]

　　比较来看，美国普通法上认定帮助侵权的关键要素之一是行为人主观上"应知"侵权行为存在，而制定法上的"意识到"标准比普通法上的"应知"标准要求更多。[⑤] 在普通法上，如果一个被告实际知道侵权行为或者一个普通的处于被告位置的理性人应该知道侵权行为的存在，就可以认定该被告具备"知道"的主观状态。[⑥] 因此，"避风港"规则与普通法上的帮助侵权责

---

① 　Sec 512（d）of 17 U. S. C.

② 　US，House of Representatives Report（H. R.Rep.）No.105-551（II）（1998），at 53. David Nimmer，*Copyright Illuminated: Refocusing the Diffuse US Statute*，The Netherlands: Kluwer Law International，2008，p.135.

③ 　Sec 512（d）（1）of 17 U. S. C.

④ 　US，Senate Report（S. Rep.）No.105-190（1998），at 44.

⑤ 　R. Anthony Reese，"The Relationship Between the ISP Safe Harbors and the Ordinary Rules of Copyright Liability".

⑥ 　参见第二章讨论。

任都承认"明知"满足归责和丧失保护的条件，但二者不同的是，在普通法上如果该被告"应知"侵权行为存在即满足施加责任的主观条件，但是"避风港"规则并不保护那些尽管主观上缺乏"明知"但仍"意识到"明显的侵权行为存在的事实和环境的行为人。① 国会立法报告（House Report）也对此加以解释：法院必须审查被告人是否在主观上"意识到这些（侵权行为存在）的事实和环境"，而"意识到侵权行为存在的事实和环境"标准已经十分接近普通法中"明知"标准。② 网络服务商的主观状态可能满足认定帮助侵权的指控，但是这种主观状态可能并不足以使其丧失"避风港"规则的保护。

对立法文本含义的分析可以看出，美国国会意图建立关于"知道"这一行为人主观状态的更高的证明责任来证明被告无法获得"避风港"规则的保护。换句话说，按照第512条（d）款（1）（A—B）项的规定，要证明网络服务商失去"避风港"规则的保护比向其施加帮助侵权责任更为严格。更高的"知道"主观状态的要求使网络服务商有机会在被证明要承担帮助侵权责任的时候，仍然可以获得"避风港"规则的保护。一般来说，首先依据普通法追究网络服务商的帮助侵权责任，然后按照制定法中的"避风港"规则，如果该网络服务商迅速移除或者阻断接入侵权内容，则可以获得"避风港"的保护而免除间接侵权责任。当然，如果该网络服务商行动缓慢或者不作为仍然无法获得"避风港"的保护。③ 因此，当网络服务商被认定承担普通法上的间接版权侵权责任时，《千禧数字版权法案》第512条（d）款的"避风港"条款并不因此自动失效。"避风港"规则的目的就是为网络服务商提供明确的保护，使其避免承担法律责任。但是"避风港"规则并不适用于那些不但明知其用户侵权，而且还没有及时采取措施对侵权行为加以阻抑的网络服务商。采取措施阻抑直接侵权行为的要求与对其用户具体侵权行为的"明知"的主观状态要求一致。从逻辑上看，

---

① Sec 512（d）（1）of 17 U.S.C.

② H. R. Rep. No.105-551（II），at 44.

③ Amy Blom，"Search Engines and 512（D）of the DMCA"，*Journal of Law Technology & the Internet*，Vol.1，No.1（2009），p.36; Edward Lee，"Decoding the DMCA Safe Harbors"，*Colum J L & Arts*，Vol.32，No.2（2009），p.233.

如果一个网络服务商只是"一般性地知道"（大概了解）在其提供的服务中存在版权侵权，而无法准确定位特定行为人的身份，那么也就无从采取有效的阻抑措施。

尽管如此，"避风港"规则与间接侵权责任的关系仍然受到来自于Grokster案中所确立的引诱侵权标准的挑战。在Grokster案中，美国联邦最高法院的判决基础并非被告对具体侵权行为的"明知"这一主观状态，而是被告的客观上的引诱行为。因为法院忽略了被告人的主观"知道"状态而适用了引诱责任，有评论者提出这样的疑问：是否存在这样的情况，网络服务商的行为可以获得"避风港"的免责保护，同时却被认为属于引诱行为？[1]

然而，不可否认的是，一个用"明白无误的言辞或者其他积极措施来鼓励侵权行为的"网络服务商通常至少也应该"意识到明显的侵权行为存在的事实和环境"，从而可能失去"避风港"规则的保护。在Fung案中，美国法院认定，确认被告引诱侵权的证据同样可以证明被告"有意忽略"（wilful ignorance）正在进行的侵权行为从而失去"避风港"保护。[2] 该法院的观点是建立在这样一个事实基础上的，即引诱行为人在明知侵权行为的情况下却并没有按照《千禧数字版权法案》第512条（d）款的规定采取措施阻抑侵权行为，反而忽视这种"明知"，并对侵权行为加以推动。

综上所述，美国首次销售规则很难作为网络传输行为的抗辩理由，因为这种传输行为带来更多关于复制权而非发行权的问题。关于直接侵权，美国版权法中的合理使用规则也无法保护P2P网络文件共享者，但是由于"转换使用"标准，合理使用的抗辩可以为大多数搜索引擎提供保护。关于间接侵权责任，美国《千禧数字版权法案》要求原告承担更高的举证责任来证明其主观上至少"意识到"侵权行为存在，从而使被告丧失"避风港"规则保护，这说明美国立法试图对那些真正不知侵权行为存在的网络服务商与那些故意对侵权行为视

---

[1] R. Anthony Reese, "The Relationship Between the ISP Safe Harbors and the Ordinary Rules of Copyright Liability"; Jerome H. Reichman, Graeme B. Dinwoodie and Pamela Samuelson, "A Reverse Notice and Takedown Regime to Enable Pubic Interest Uses of Technically Protected Copyrighted Works", *Berkeley Tech L J*, Vol.22, No.3（2007），p.981.

[2] *Columbia Pictures Indus., Inc. v Fung*, at 62–67.

而不见并允许其在网络蔓延的网络服务商加以区别。①

二、英国版权法上的侵权抗辩

正如本书第二章的论述，按照英国版权法，P2P 文件共享者与 P2P 文件共享网络服务提供者都可能要承担直接侵犯向公众提供权的责任，而且后者还可能要承担对其用户侵权行为的授权责任。另一方面，搜索引擎服务提供者可能要承担直接侵犯版权人向公众提供权的责任。与美国不同，英国版权法并没有为这两项数字技术的提供者和其用户的行为提供足够的抗辩理由。

（一）英国法中的私人复制例外条款和"公共利益"例外

尽管英美版权法中的例外规则都是建立在案例法基础上，但是英国的版权例外规则还是与美国有很大不同。英国《版权、工业设计和专利法》中所谓的"法律许可的行为"是指无需版权人许可就可以进行的作品利用行为。某些适用于特定情形的"法律许可的行为"被统一称为"合理使用"（fair dealing），其范围远远窄于美国的"合理使用"（fair use）范围。② 这些特定情形包括：非商业性研究，私人学习，批评，评论和新闻报道。③ 英国版权法不存在立法列举范围之外的一般版权例外原则，不允许任何以超过所列举项之外的目的对版权作品加以使用。④ 审理 Meltwater 案的法院强调，合理使用只能适用于对版权作品的批评、评论或者报道新闻事件的情形，而且必须在使用中标明作者和来源。同时，法院认为该案对版权作品的使用并不"合理"，因为"Meltwater 新闻"对他人作品的使用只是提供给用户以使后者决定是否

---

① Jacqueline C. Charlesworth，"The Moral of the Story: What Grokster Has to Teach About the DMCA".

② Sec 28–76 of the CDPA 1988, also including ss 31A–F，40A，44A and 50A–D.

③ Sec 29–30 of the CDPA.

④ Hecter L. MacQueen and others，*Contemporary Intellectual Property: Law and Policy*，2nd edn，Oxford: OUP，2011，p.172.

阅读文章的内容。① 如果没有这些服务，用户就必须直接进入报纸出版人的网站或者使用免费的搜索引擎。上述严格解释使得英国的合理使用例外规则很难适用于链接和搜索引擎。

由于搜索引擎的商业特点，为"私人学习"之目的的使用也很难适用于代理服务器缓存及上传行为。② 因此，搜索引擎的日常行为不大可能基于"私人学习"例外规则而免于版权侵权责任。③

网络经营者非以营利为目的将他人版权作品放置在自己网站的行为是否属于《版权、工业设计和专利法》中的"私人学习"从而得以免责？英国版权法并没有为"私人使用"提供一般免责规则，英国法院也只针对个人学习的情况适用"私人学习"的例外，这一例外不会扩展适用于向第三方提供版权内容的行为。④ 在 P2P 文件共享的情形中，"私人学习"例外无法适用于文件共享者将版权内容上载到网络的行为，因为网络文件共享行为是双向的，因此下载者也是上传人。考虑到可能对版权人收入造成的损失，英国法院不大可能判定 CD 的合法用户为了私人学习的目的将该 CD 上的 MP3 音乐文件上载到网络使他人可以接入的行为构成合理使用。⑤ 申言之，Napster 式软件提供索引，使

---

① *Newspaper Licensing Agency*，*Ltd. and others v Meltwater Holding BV and others*. 该案涉及被告通过关键词搜索软件聚合网络的各种新闻文章，在被告网站建立链接索引，并复制文章标题和首句前几个词作为链接的一部分内容。用户通过接收被告发送的电子邮件或者直接访问被告网站浏览这些文章。被告主张其复制行为属于《版权、工业设计和专利法》第 30 条规定的合理使用。案情详见本书第二章。

② Hecter L. MacQueen and others，*Contemporary Intellectual Property: Law and Policy*，*Contemporary Intellectual Property: Law and Policy*，p.185.

③ Simon Stokes，*Digital Copyright: Law and Practice*，p.14（8.2.3）.

④ *Sillitoe v McGraw-Hill Book Co*（UK）*Ltd.*，[1983] FSR 545. 在欧洲大陆国家，这项关于私人复制的例外在版权法中显得尤为重要。《欧盟信息社会版权指令》保留了这项私人复制例外，但是受到版权人的公平求偿权的限制，对于版权人的补偿必须考虑作品是否采取了技术保护措施。参见《欧盟信息社会版权指令》第 5 条第（2）款（b）项。很多欧洲大陆国家倾向于将非商业性的私人复制行为排除在版权人的控制之外，如果版权人最终可以从用户那里获得补偿的话；但是，英国既不愿引入一般性的私人使用的例外规则，也拒绝配套适用针对有形复制的补偿金制度。参见 Hecter L. MacQueen and others，*Contemporary Intellectual Property: Law and Policy*，*Contemporary Intellectual Property: Law and Policy*，p.173。

⑤ *UMG Recordings*，*Inc. v MP3.com*.

网络用户可以定位并复制存储在他人电脑上的版权音乐文件，这样的行为也不大可能在英国法院成立合理使用。①

除了"私人学习"例外，在英国的《版权、工业设计和专利法》中还有一项被称为"公共利益"的例外原则在数字环境中也经常被提起。《版权、工业设计和专利法》规定："该法中的任何条款都不影响关于滥用信任或违反保密义务的法律，也不影响基于公共利益而对行使版权权利进行阻止或者限制的规则。"② 但是，这项例外原则的适用范围并不确定。③ 一方面，英国法院似乎在"公共利益要求允许某项侵权行为"这一点上立场坚定。④ 另一方面，英国法院也不愿意将"公共利益"例外原则扩大适用于所有情形。在 Ashdown v Telegraph Group Ltd. 案中，上诉法院承认，"在已有的知识产权法律之外不存在其他抗辩理由的空间。"⑤ 无独有偶，在 Hyde Park Residence v Yelland 案中上诉法院也否定存在一个宽泛的"公众利益"例外规则。⑥

2006 年 11 月，英国财政部公布的《知识产权加沃斯评论》中建议在《版权、工业设计和专利法》中引入新的版权例外和限制规则，同时扩展已有的例外规则的适用范围。⑦《知识产权加沃斯评论》建议，为了贯通欧盟与美国法中的版权例外规则，在《伯尔尼公约》"三步测试法"的要求下新增关于"格式转换"（format shifting）例外，以及创新、转换使用和演绎等项的新例外规则。⑧ 尤其要增加在"空间转换"情形下的例外规则，允许用户制作复制件使

---

① Hecter L. MacQueen and others, *Contemporary Intellectual Property: Law and Policy*, *Contemporary Intellectual Property: Law and Policy*, p.185.

② Sec 171（3）of the CDPA 1988.

③ Alexandra Sims, "The Public Interest Defence in Copyright Law: Myth or Reality?", *E I P R*, Vol.28, No.6（2006）, p.335.

④ Simon Stokes, *Art and Copyright*, 2nd edn, Oxford: Hart Publishing, 2012, p.151（6.2.4）.

⑤ *Ashdown v Telegraph Group*, *Ltd.*, [2002] L R 149（Ch.）, para 20（Sir Andrew Morritt VC）.

⑥ *Hyde Park Residence v Yelland*, [2000] 3 WLR 215, [2001] L R 143（Ch.）.

⑦ Andrew Gowers, *Gowers Review of Intellectual Property*, London: Great Britain Treasury, 2006.

⑧ Andrew Gowers, *Gowers Review of Intellectual Property*, *Gowers Review of Intellectual Property*, para 4.60, recommendation 5–6.

他人可以在其方便的时间和地点接入版权作品。①《知识产权加沃斯评论》还建议，"为了研究之目的的私人复制的例外应该扩展适用于所有类型的版权作品"。② 这些建议得到了英国知识产权局（Intellectual Property Office，UK-IPO）的关注，不过最终在 2009 年的《推进知识产权加沃斯评论之报告 II》中还是删除了关于"空间转换"的例外。③ 2010 年 11 月发布的《数码机遇：知识产权及发展评论》（也即著名的《哈格维斯评论》）又一次提出了增加一项范围较窄的"私人复制"例外的立法建议。④ 另外，针对敦促政府着手修订"私人复制"的《版权咨询议案》（Copyright Consultation），2012 年 12 月 20 日英国政府最终做出回应，⑤ 并于 2013 年 6 月公布了一系列文件，开始着手起草关于"私人复制"、戏仿、引用和公共管理等项例外规则的立法，并征求书面意见。⑥ 为了满足《欧盟信息社会版权指令》的要求，英国知识产权局选择对其中关于在设备/媒体之间"私人复制"附加一系列内在的限制。例如，私人复制成立合理使用最现实的条件是"例外"只能适用于由合法拥有原始文件的人制作的复

---

① 《版权、工业设计和专利法》第 70 条规定了与私人或家庭广播使用有关的"时间转换"的例外免责：用户为了在播放时间表之后更方便的时间收看广播节目而制作复制件的行为为"时间转换"，这种行为不构成对广播节目版权或者其他在家庭范围内传输的作品的版权的侵犯。

② Andrew Gowers，*Gowers Review of Intellectual Property*，*Gowers Review of Intellectual Property*，para 4.77，recommendation 9.

③ UK-IPO，*Taking Forward the Gowers Review of Intellectual Property— Second Stage Consultation on Copyright*（*Taking Forward the Gowers Review II*）（2009）. 在此之前，英国知识产权局颁布了另外一个咨询文件《推进知识产权加沃斯评论之报告 I》（2007）（UK-IPO，*Taking Forward the Gowers Review of Intellectual Property— Proposed Changes to Copyright Exceptions*（*Taking Forward the Gowers Review I*）（2007））。参阅 http://www.ipo.gov.uk/consult-copyrightexceptions.pdf 和 http://www.ipo.gov.uk/consult-gowers2.pdf，最后访问日期：2017 年 8 月 5 日。

④ Ian Hargreaves，Digital Opportunity: A Review of Intellectual Property and Growth（2010），available at http://www.ipo.gov.uk/ipreview.htm，最后访问日期：2018 年 4 月 17 日。

⑤ UK-IPO，*Impact Assessment BIS1055*，*Copyright Exception for Private Copying*（*Final*）（2012），available at http://www.ipo.gov.uk/consult-ia-bis1055.pdf，最后访问日期 2018 年 4 月 17 日。

⑥ David Fyfield，"The Enterprise and Regulatory Reform Act 2013: the Impact on Copyright and Performers' Rights"，*E I P R*，Vol.35，No.10（2013），p.606.

制件。① 尽管 2013 年为回应《哈格维斯评论》而起草的《2013 年知识产权法案》并未提及版权例外问题，但是政府并未放弃引入版权新的例外规则的计划。英国关于版权例外规则的修法最终于 2014 年 10 月 1 日以《版权与表演中的相关权（引用与戏仿）条例》完成实质性的一步，英国版权法引入一项新的关于"讽刺、戏仿和模仿"的例外规则。② "私人复制"仍然不在其中。无论如何，P2P 网络文件共享上传人与共享下载人即便是在建议的例外规则中仍无法获得免责保护。

立法者的犹疑态度正是实务中困难的反映。随着个人复制设备和在多重用户之间分享能力的迅速发展，实务中很难界定哪些行为构成"私人使用"。正如 Baden-Powell 所说，"新的例外规则移动了球门柱，但是却没有清晰地画出新的边界。"③

（二）临时复制例外规则

正如本书第一章所述，数字传输中的暂时复制通常因为属于"技术过程中不可缺少的环节"而免除侵权责任。根据《版权、工业设计和专利法》规定第 28 条（A）款，"满足下列三项条件的暂时性或临时性复制行为不构成侵犯版权：(1) 复制是技术程序不可缺少的基础环节；(2) 复制的唯一目的是为了 a) 通过一个网络中介在第三方之间传输作品；或者 b) 合法使用作品；(3) 所制作的复制件没有独立的经济价值。"④

该条是以《欧盟信息社会版权指令》第 5 条第（1）款为基础制定的。依据后者，如果满足以下五项条件，复制行为被排除在复制权控制之外：(1) 暂时的；(2) 临时或附属的；(3) 复制是技术程序不可缺少的基础环节；(4) 复制唯一的目的是为了通过一个中介将作品在第三方之间进行网络传输；或者合

---

① Stavroula Karapapa，"A Copyright Exception for Private Copying in the United Kingdom"，*E I P R*，Vol.35，No.3（2013），p.129.

② Francis Yeoh，"Adaptations in Music Theatre: Confronting Copyright"，*Entertainmnet Law Review*，Vol.26，No.4（2015），p.119.

③ Ed Baden-Powell and Ed Weidman，"Whose Line Is It Anyway?—New Exceptions for Parody and Private Copying"，*Entertainment Law Review*，Vol.24，No.4（2013），p.130.

④ Sec 28（A）of the CDPA 1988.

法使用作品或其他版权法保护客体；以及（5）复制件没有独立的经济价值。

在最近的案例中，欧盟法院适用该例外规则时的解释可以帮助我们理解英国法院的立场。例如，在 Infopaq I 案中，欧盟法院解释，如果欧盟指令设定条件减损某项一般原则，那么这些条件必须严格加以解释。[①] 在这一总原则下，法院认为，所谓"不可缺少"（的技术程序的环节）是指保证程序正常有效运行的技术环节；而所谓"技术程序的基础环节"是指作品在传输中的存储和删除不依据人为干涉。"临时的"则要求复制件只存在于合理地完成相关技术程序所必须的时间内。在 Infopaq II 案中，欧盟法院认为，Infopaq 的数据捕获程序完全取决于该程序用户的意愿，因此不属于《欧盟信息社会版权指令》第 5 条第（1）款中的"临时"行为。[②] 另外，法院认为，"缺乏独立的经济价值"并不意味着暂时复制品没有价值，而是指除了来源于传输或收看内容之外的其他经济价值。

在本书之前章节讨论过的 FAPL 案中，被告通过一部国外的解码设备传输原告播送的电视信号，于是被指控侵犯版权人的复制权和向公众传播权。[③] 在考虑其复制行为是否满足《欧盟信息社会版权指令》第 5 条第（1）款的条件从而免责时，欧盟法院首先表示这些条件需要严格解释，并认为属于临时复制件，而且构成为接收电视信号而进行的卫星解码技术程序的一部分。关于第四项条件，欧盟法院解释认为，一项使用如果是由版权人授权或是未被法院所适用的内国法所限制，那么就属于"合法"使用。在相关程序中，作品的使用未经版权人授权，所以就需要确定被告的使用方式是否未被内国法所限制。对于这个问题，欧盟法院认为，毫无疑问这些临时性的复制行为使卫星解码和电视屏幕能够正常工作，因此复制行为的唯一目的是实现"合法"使用作品。关于第五项条件，欧盟法院解释，接入有经济价值的被保护作品总是具有经济意义

---

① （*C-5/08*）*Infopaq International A/S v Danske Dagblades Forening.*

② （*C-302/10*）*Infopaq International A/S v Danske Dagblades Forening*（CJEU，2012），not yet reported.

③ （*C-403/08 and C-429/08*）*Football Association Premier League，Ltd. and others v QC Leisure and others; Murphy v Media Protection Services，Ltd.*（*Joined Cases*），案情详见第一章、第二章。

的，但这里的"经济意义"必须是独立的，也就是说，复制件的经济价值不再只是接收含有受保护作品的广播节目的利益。

FAPL 案虽然与网络传输无关，但是英国最高法院还是认为在电视屏幕收看与在电脑屏幕浏览版权作品之间没有实质区别。在 *Public Relations Consultants Association Ltd. v Newspaper Licensing Agency Ltd.* 案（PRCA 案）中，英国最高法院审查了常规上网行为（如浏览网页、缓存等）中的技术特点是否满足《欧盟信息社会版权指令》第 5 条第（1）款的条件。[①] 参考 Infopaq I 案和 FAPL 案，英国最高法院认为实现浏览网页的临时复制发生在用户硬盘上的网络缓存器及其电脑屏幕上，对于法院来说，《欧盟信息社会版权指令》第 5 条第（1）款中的第三、四、五项条件是不证自明的。浏览网页所要求的技术程序如果没有相关的复制是不可能正常和有效进行的。[②] 而且，英国最高法院同意欧盟法院关于"合法使用"的解释，前者认为"合法"是指除了未经许可之外的所有合法行为。关于第五项，英国最高法院认为对于用户来说，复制件没有独立的经济价值，因为除非下载或者打印，用户接入信息的唯一价值就在于在电脑屏幕上阅读这些信息。在 Meltwater 案中，英国最高法院也重申《版权、工业设计和专利法》第 28 条（A）款的例外规则并不能使所有网页浏览行为得到免责，而可以获得这项免责的条件是，复制的目的是为了能使通过某个中介（特别是网络服务商）在第三方之间有效传输作品。另外，Meltwater 案法院认为该案中的复制具有独立的经济价值，因为复制件的产生正是用户支付 Meltwater 公司一定费用后的结果。[③]

就搜索引擎来说，缓存的目的是建立网页的索引，因此也可以说构成技术程序不可或缺的组成部分。但是，暂时复制例外条款是否适用于搜索引擎代理服务器的缓存问题，仍然存在争议。从英国《版权、工业设计和专利法》第 28 条（A）款（2）项的规定来看，搜索引擎代理服务器的缓存并没有使作品在第三方之间加以传输，那么它是否构成"合法"使用？必须注意的是，该案中的"作品"是指被缓存并被索引的作品，而不是指索引本身。考察该条第（3）

---

① *Public Relations Consultants Association, Ltd. v Newspaper Licensing Agency, Ltd.*, at H25.

② *Public Relations Consultants Association, Ltd. v Newspaper Licensing Agency, Ltd.*, at 29.

③ *Newspaper Licensing Agency, Ltd. and others v Meltwater Holding BV and others*, at 109.

款的"独立经济价值"就会发现，很难否认独立经济价值的存在，因为搜索引擎的运行所依赖的缓存技术处于搜索引擎商业模式的核心地位。[①] 总之，该项例外规则不大可能适用于搜索引擎的缓存程序。

与此同时，欧盟法院和英国法院关于临时复制例外的解释也不适用于 P2P 文件共享，因为在非中心化的 P2P 软件如 Grokster、Bit-Torrent 中，存储于文件分享人或者被分享人的电脑上的复制件属于永久性复制件。

（三）英国版权法中的"三步测试法"

正如上文提到的，《欧盟信息社会版权指令》第 5 条第（5）款要求成员国在制定各自内国版权例外和限制规则时必须适用"三步测试法"。然而，"三步测试法"规则的措辞本身过于模糊，其适用范围具有太多可能性而很难为内国法院提供可靠的依据。[②] 例如，有些评论者认为该条款是欧盟法院在审查内国法时的一个有限的指导性依据。学者 J. Griffiths 认为，"三步测试法"是为了限制各国立法者，防止后者制定的版权例外规则不符合此项要求，并非禁止法官适用某些未通过测试的版权例外规则。[③] 但是学者 H. Cohen-Jehoram 却主张，即便某成员国内国法未按《欧盟信息社会版权指令》制定相关制度，但是该国法院仍可以按照"三步测试法"的要求来解释内国法。[④] 英国《版权、工业设计和专利法》虽没有明文规定"三步测试法"，

---

① Charlotte Waelde，"Search Engines and Copyright: Shaping Information Markets"，p.227.

② Robert Burrell and Allison Coleman，*Copyright Exceptions The Digital Impact*，Cambridge: CUP，2005，p.298; Jane C. Ginsburg，"Toward Supranational Copyright Law? The WTO Panel Decision and the 'Three-Step Test' for Copyright Exceptions"，*Revue Internationale du Droit d'Auteur*（*RIDA*），Vol.1，No.1（2001），p.3; Andre Lucas，"For a Reasonable Interpretation of the Three-Step Test"，*E I P R*，Vol.32，No.6（2010），p.277; Herman Cohen-Jehoram，"Restrictions on Copyright and Their Abuse"，*E I P R*，Vol.27，No.10(2005)，p.359.

③ Jonathan Griffiths，"Unsticking the Centre-Piece–the Liberation of European Copyright Law?"，*Journal of Intellectual Property Information Technology and E-Commerce Law*，Vol.87，No.1（2010），p.87; Jonathan Griffiths，"Rhetoric & the 'Three-Step Test'：Copyright Reform in the United Kingdom"，*E I P R*，Vol.32 No.7（2010），p.309.

④ Herman Cohen-Jehoram，"Is There a Hidden Agenda Behind the General Non-Implementation of the EU Three-Step Test?"，*E I P R*，Vol.31，No.8（2009），p.408.

但是 2003 年《版权与相关权条例》对该法第 67 条和 72 条做出修订，以满足《欧盟信息社会版权指令》第 5 条第（5）款的要求。英国知识产权局也对"三步测试法"的含义和法律影响提出自己的观点："三步测试法"是一个正面的机制，它允许所有不与所设测试条件相冲突的对版权作品的使用行为，而不是一个消极的限制性措施。① 因此，"三步测试法"通过考察被告的使用行为是否与作品的正常利用相冲突，以及是否不合理地损害了版权人的合法利益等因素，以检测版权的例外和限制规则。然而，"三步测试法"在英国的版权争议中发挥的作用十分有限，因为在涉及 P2P 文件共享软件和搜索引擎的案件中，截至目前还没有法院根据"三步测试法"处理关于版权限制的问题。

（四）《欧盟电子商务指令》中的"避风港"规则

2000 年的《欧盟电子商务指令》为提供"单纯的管道""缓存"和"主体存储"服务的网络服务商提供了与美国《千禧数字版权法案》第 512 条极为类似的"避风港"规则。② 但是，相比之下，欧盟立法没有为超文本链接和定位工具服务提供免责条款，而是将这一问题留待将来进一步讨论。③

有人认为保护提供单纯管道服务的网络服务商的《欧盟电子商务指令》第 12 条可以适用于搜索引擎运行中制作缓存复制件的行为。④ 依据该条，在以下三种情形中，网络服务商不需要承担责任：（1）没有发起传输行为；（2）没有选择传输文件的接收者；以及（3）没有对传输的文件进行选择和修改。这一规定似乎很难适用于搜索引擎，因为临时复制行为并不是传输本身，而且传

---

① 《推动知识产权加沃斯建议之报告 I》（Taking Forward the Gowers Review I（2007））。

② Art 12-14 of 2000/31/EC Certain Aspects of Information Society Services，in Particular Electronic Commerce Directive（E-commerce Directive）.

③ Art 21 of the E-Commerce Directive. 也有一些欧盟成员国将免责保护延及提供链接和搜索引擎服务，例如奥地利、法国。参见 Jane C. Ginsburg，"Separating the Sony Sheep from the Grokster Goats: Reckoning the Future Business Plans of Copyright-Dependent Technology Entrepreneurs".

④ Ben Allgrove and Paul Ganley，"Search Engines，Data Aggregators and UK Copyright Law: A Proposal".

输内容一定是经过搜索引擎选择和修正过的。[①]

欧盟法院曾经考虑将《欧盟电子商务指令》第 14 条（为提供主机缓存服务的免责条款）适用于 Google 的 Google AdWords 项目。[②] 但是因为 AdWords 项目的技术运作与搜索引擎并不相同，因此欧盟法院的认定是否有利于搜索引擎服务的提供者值得怀疑。但是像 Google 这类搜索引擎，在操作过程中虽然应版权人的要求不会存储信息，但是对自己搜索的信息会加以控制、制作索引和复制件。因此，《欧盟电子商务指令》中的免责条款并不是特别针对搜索引擎服务商而制定的。因此，英国法院可能会对类似 Kelly 案以及 Perfect 10 案的争议做出非常不同于美国法院的认定，除非，如前所述，由于版权人向公众提供作品但并没有采取任何技术手段阻止搜索引擎的复制。

关于《欧盟电子商务指令》第 14 条是否可以保护 P2P 文件分享网站，英国法院除了简单的一句"于公开侵犯版权的行为不存在任何抗辩"之外，没有给出更为具体的回答。[③] 瑞典法院在 The Pirate Bay 案中关于该条是否可以适用于 The Pirate Bay 网站给出了一些线索。在评价 The Pirate Bay 网站的功能时，瑞典法院认为，虽然被告主张他们的服务只是一种中介性质的服务，但是只有《欧盟电子商务指令》第 14 条（及其内国法的相关适用条款）而不是第 12 条或者第 13 条可以适用于 The Pirate Bay 案，因为被告实际上在其主机上缓存了侵权文件，而不仅仅只是提供中介服务。[④] 从英国 The Pirate Bay 案判决来看，英国法院应该会追随瑞典法院的做法，将《欧盟电子商务指令》第 14 条适用于第三代 P2P 文件分享网络。英国法院认为 The Pirate Bay 绝不仅仅是一个被动的对 Torrent 文件的传输者，而是从事处理和制作可以搜索的索引的服务提

---

① Hector L. MacQueen，"Appropriate for the Digital Age? Copyright and the Internet:1. Scope of Copyright"，p.203; Simon Stokes, *Art and Copyright*, p.151（6.2.4）.

② *(C-236/08) Google France & Google SARL*, *Inc. v Louis Vuitton Malletier SA*, [2010]（CJEU, 2010）.

③ *Dramatico Entertainment*, *Ltd.& others v British Sky Broadcasting*, *Ltd.& others*, at [81] .

④ *The Pirate Bay case*, *Public Prosecutor v Neij*, ; Mikko Manner, Topi Siniketo and Ulrika Polland，"The Pirate Bay Ruling— When the Fun and Games End"，*Ent L R*, Vol.20, No.6 （2009），p.197.

供者，这样的服务提供者应该清楚地意识到在其提供的平台上有侵权行为的存在。① 但是，在类似的美国案例 Fung 案中，美国法院却拒绝适用《千禧数字版权法案》第 512 条（c）款（相当于《欧盟电子商务指令》第 14 条），因为被告承认侵权文件并没有经过或留存在被告的网络系统中。② 美国法院倾向于将《千禧数字版权法案》第 512 条（d）款（适用于链接与搜索引擎）适用于包括第三代 P2P 软件的案件中。

2005 年，英国贸易和工业部（the Department of Trade and Industry, DTI）发动了关于扩展"单纯管道"服务类型的免责条款的立法咨询，目的是使其可以覆盖超文本链接、定位工具以及数据聚合服务。但是英国贸易和工业部的最终结论是，没有足够证据证明扩展任何"避风港"免责条款的合理性。③

三、中国版权法中的侵权抗辩

（一）中国的合理使用抗辩和"三步测试法"

中国《著作权法》规定了一系列较为宽泛的版权作品合理使用情形，满足条件的人，可以在未经许可、不支付报酬的情况下对版权作品加以使用而不构成侵权，只要注明作者的姓名和作品的名称以及保障版权人依据该法享有的其他权利不受侵害。《著作权法》第 22 条列举的十二项行为包括为私人学习、研究和欣赏使用、为介绍和评论作品、新闻报道而使用等。为了适应数字技术的变化，《信息网络传播权保护条例》第 6 条将《著作权法》第 22 条列举的行为延伸到网络。但是，并非《著作权法》列举的所有合理使用情形都可以适用于信息网络传播权。更为重要的是，中国版权法并没有规定任

---

① *The Pirate Bay case*, *Public Prosecutor v Neij*, at 75.

② *Columbia Pictures Indus.*, *Inc. v Fung*.

③ UK DTI, *Consultation Document on the Electronic Commerce Directive: the Liability of Hyperlinkers*, *Location Tool Services and Content Aggregators*（2005），available at http://www.berr.gov.uk/files/file13986.pdf，最后访问日期：2017 年 8 月 4 日。

何例外规则的"一般性条款"来涵盖以其他目的对版权作品的使用。只有将作品用于立法列举的"目的"时，合理使用例外规则才得以适用，而在列举之外的行为无论可能多么"合理"都不被允许。面对数字环境，判断层出不穷的利用版权作品的行为依据不足，法官们只能行使自己的自由裁量权来决定一项处于立法列举之外的版权作品利用行为是否"合理"。中国法院能够借鉴的主要是美国版权法的合理使用原则以及《伯尔尼公约》的"三步测试法"。

在本书第三章曾经提到的书升案中，北京市第一中级人民法院就面临了版权作品数字化是否构成合理使用的问题。[①] 被告书升公司被指控其将他人版权作品未经作者许可上传到互联网的行为构成侵犯传播权时，他们主张在网络上使用版权作品应该属于《著作权法》规定的合理使用。同时，被告还认为基于其行为的有限方式和商业模式也可以成立合理使用。为了判定被告对版权作品的此种使用是否属于《著作权法》第22条规定范围内的"使用"，法官们考虑了若干因素，包括"对版权作品使用的量""对版权作品的市场影响"等，这些因素都能看到美国版权法合理使用认定四要素的影子。显然，法院没有太多考虑被告的商业模式，最终认定合理使用不成立。从该案我们可以看出，中国法院在现有立法过于模糊或者与技术带来的新问题形成缺口的情形下，已经开始采用"多要素分析"的方法去判定合理使用。[②] 同时，中国学者也开始关注版权制度中在具体例外规则之外的一般性条款的需求。[③] 尽管如此，中国版权法仍旧很难放弃现有的版权例外规则体系转而改用更为灵活的美国式合理使用。

虽然对"三步测试法"在防止过度适用版权限制和例外规则的有效性方面还存在争议，中国版权法还是在2002年《著作权法实施条例》中引入了一条

① 郑成思诉书升数码技术有限责任公司案，北京市第一中级人民法院民事判决书（一中民终字第3463号，2005）。在该案中，北京书升数码技术有限责任公司被郑成思及其他知名知识产权专家指控在其数字图书馆中侵犯了原告作品的数字化权。

② Seagull Haiyan Song, *New Challenges of Chinese Copyright Law in the Digital Age*, The Netherlands: Kluwer Law International, 2011, p.58.

③ 王迁：《网络版权直接侵权研究》，《东方法学》2009年第2期。

类似规则。该条例第 21 条规定:"依照著作权法有关规定,使用可以不经著作权人许可的已经发表的作品的,不得影响该作品的正常使用,也不得不合理地损害著作权人的合法利益。"该条与《伯尔尼公约》的"三步测试法"相比,前者并未特别强调"在特定情况下",因为《著作权法》第 22 条规定的十二项合理使用情形已经限定了版权例外规则的"特定情况",无需在此范围之外再做判定。如此一来,《著作权法实施条例》第 21 条就成为适用《著作权法》第 22 条的限定性规则。一项未经许可的版权作品的使用可以成立合理使用必须满足《著作权法实施条例》第 21 条的"测试",而且还要符合《著作权法》第 22 条规定的特殊情形。

中国法院对"三步测试法"的适用并不频繁,但是偶尔也会在《著作权法》第 22 条列举之外依据《著作权法实施条例》第 21 条来裁判案件。事实上,灵活的"三步测试法"越来越成为中国法官手里的重要司法工具。例如,在田少英诉北京荣宝斋拍卖行一案中,法院判定,在拍卖中用幻灯片的方式展示原告作品是为了向顾客提供一种方便的方法来观看拍卖物品,这一目的与版权画作的正常使用并不冲突,而且也没有不合理地损害版权人的合法权利。[①] 在杨洛书诉中国美术出版社一案中,原告指控在被告的自传中未经许可地使用了原告的十六幅画作构成版权侵权。[②] 法院认为,虽然为了介绍或者评论作品的目的适当引用构成合理使用,但是依据"三步测试法"推断,该案被告对版权作品的使用并不是对画作本身的介绍或者评论,而是为了描述与杨家有关的历史事件。考虑到市场因素,法院认为被告对画作的使用影响了原告利用作品的潜在市场。

在数字环境中,中国法院还没有机会讨论关于上传行为是否可以通过合理使用的"三步检测法"。中国法院或借鉴美国的合理使用,或依据"三步测试法",这在一定程度上增加了司法的灵活性却也导致了不确定性。中国是否希望扩大现有的合理使用的范围?如果不是,那么必须找到有效权衡公共政策和

[①] 田少英诉北京荣宝斋拍卖有限公司案,北京市第一中级人民法院民事判决书(一中民初字第 12064 号,2003)。

[②] 杨洛书诉中国美术出版社案,山东省高级人民法院民事判决书(鲁民终字第 121 号,2007)。

各方利益的其他方法。

（二）中国的"避风港"规则

1."通知—删除"程序和"知道"要件

中国《信息网络传播保护条例》第20—23条属于中国的"避风港"规则。根据该规定，网络服务商在提供自动接入服务、为提高网络传输效率的自动缓存服务、通过信息网络为公众提供信息存储服务以及搜索和链接服务时，可以免除版权侵权的赔偿责任。在最后一种情形中，立法规定了特殊的"通知—删除"程序作为适用该"避风港"保护条款的前提条件。

"网络服务提供者为服务对象提供搜索或者链接服务，在接到权利人的通知书后，根据本条例规定断开与侵权的作品、表演、录音录像制品的链接的，不承担赔偿责任；但是，明知或者应知所链接的作品、表演、录音录像制品侵权的，应当承担共同侵权责任。"[1]

这一条款被认为是直接移植了美国《千禧数字版权法案》中的"红旗规则"。但是，与《千禧数字版权法案》第512条（d）款比较，中国的"避风港"规则对"明知"的主观要件与"通知—删除"程序之间的关系规定不同。正如本章上文分析，依据美国的"避风港"规则，在任何情况下，网络服务商只要知道或者意识到存在侵权行为并移除了非法内容就可以获得"避风港"保护。也就是说，美国的"通知—删除"行为在获得"避风港"保护中的角色非常重要，当服务商被证明"明知"或者"意识到"侵权行为而进

---

① 《信息网络传播权保护条例》第23条。国家版权局于2015年10月颁布《关于规范网盘服务版权秩序的通知》，其中第4条明确规定：网盘服务商应当在其网盘首页显著位置详细标明权利人通知、投诉的方式，及时受理权利人通知、投诉，并在接到权利人通知、投诉后24小时内移除相关侵权作品，删除、断开相关侵权作品链接；同时应当遵守《信息网络传播权保护条例》关于"通知"的相关规定。这是对《信息网络传播权保护条例》中的"通知—移除"程序的具体体现。其中第2条是对网盘服务商的注意义务的规定："网盘服务商应当建立必要管理机制，运用有效技术措施，主动屏蔽、移除侵权作品，防止用户违法上传、存储并分享他人作品。"第8条规定："网盘服务商应当加强用户管理，要求用户对其账号异常登录、流量异常变化等可能涉嫌侵权的情况及时作出合理解释，对于拒绝解释或者不能给出合理解释的用户，可以暂停或者终止使用其账号。"

行了删除行为就可以免责。然而，在中国，如果搜索引擎服务商"明知或应知"被链接的文件是侵权文件，它将不会再得到"避风港"的保护，无论其是否采取了删除措施。为了证明被告无法获得"避风港"保护，原告只要能够证明被告"明知"或者"应知"侵权行为即可。对于原告来说，只要证明被告收到原告发出的书面通知就很容易证明被告的"明知"，似乎没有必要证明被告"忽视通知"的行为。因此，第 23 条后半部分的"明知"或"应知"是一个比"通知—删除"程序更关键的要素，而后者显然只是一个证明被告知道直接侵权行为存在的要素。从对第 23 条的字面意思解读可知，即便权利人没有发出警告性的通知，只要能够证明被告主观的"明知"或"应知"，被告仍然可能要承担责任。因此，问题就成了如何证明被告人的主观"知道"状态。

大部分中国法院则根据"通知—删除"程序来证明《信息网络传播权保护条例》第 23 条对于主观状态的要求。一般来说，除非设链者自己承认自己知道被链接的内容侵权，否则权利人向设链者发出的通知就成为证明设链者"明知"的唯一途径。《信息网络传播权保护条例》第 14 条规定："对提供信息存储空间或者提供搜索、链接服务的网络服务提供者，权利人认为其服务所涉及的作品、表演、录音录像制品，侵犯自己的信息网络传播权或者被删除、改变了自己的权利管理电子信息的，可以向该网络服务提供者提交书面通知，要求网络服务提供者删除该作品、表演、录音录像制品，或者断开与该作品、表演、录音录像制品的链接。"毫无疑问，如果版权人向网络服务商发出了合格的通知书，可以证明后者对侵权行为的"应知"。但是，如果通知书具有瑕疵呢？

在实务中，对这个问题仍有争议。有人认为，如果版权人发出了有瑕疵的通知书，即便作为被告的搜索引擎服务商收到该通知，也无法证明后者具备了"应知"条件。例如，在上文讨论的泛亚案中，被告百度公司认为原告发出的通知书中仅提供了 MP3 格式的歌曲的名称而没有歌手以及专辑的名称，只根据歌曲名称搜索引擎无法阻断被指控的链接，否则可能会错误地阻断其他享有权利的链接。① 最终该案法院认定，因原告没有发出合格的通知书而对百度侵权的指控不成立。

然而，有些法院却持不同观点，认为即便通知书不合格，但收到通知这一事实仍然能够证明被告在主观上已经意识到被指控的侵权行为。例如，在Yahoo！中国案中，北京市高级人民法院认为基于原告不间断地发出通知这一事实，被告应当知道其搜索结果中含有侵权内容，即便是这些通知并没有包含所有的被指控侵权歌曲的URL地址链接。② 但是这一观点值得商榷，因为如果一份不合格的通知书成为确定被告主观状态的标准，那将不利于敦促版权人发出合格有效的通知书。因此，一份不合格的通知书可以影响搜索引擎服务商是否要承担共同侵权责任的主观状态的判定，但是无法满足得到"避风港"保护的要求。

2. "知道"侵权行为的主观要件

在缺乏通知书的情况下，版权人如何证明网络服务商主观上的"明知"呢？在司法实务中，中国法院认定，网络服务商应该承担与其经营模式相当的注意义务。③ 如果将第三代P2P分享网络的服务归为对传输内容"精心处理和管理"行为，这类服务商应该适用《信息网络传播权保护条例》第22条而不是第23条。第22条为提供主机缓存服务的网络服务规定了"避风港"，其根据中第3项规定："提供信息存储空间，供服务对象通过信息网络向公众提供作品、表演、录音录像制品，并具备下列条件的，不承担赔偿责任：……（三）不知道也没有合理的理由应当知道服务对象提供的作品、表演、录童录像制品侵权。"

虽然与23条"明知或应知"措辞不同，但"有合理理由知道"与"应知"含义相同。在这里，无论是"有合理理由知道"还是"应知"，比"明知"的

---

① 浙江泛亚电子商务公司诉百度案，北京高级人民法院民事判决书（高民终字第1201号，2007）。

② 华纳唱片公司（香港）诉阿里巴巴（雅虎中国）案，北京市高级人民法院民事判决书（高民终字第1184号，2007）。

③ 广东中凯文化发展公司诉广州书联软件技术公司案，上海市高级人民法院民事判决书（沪高民三（知）终字第7号，2008）。

要求显然要低。① 据此，至少推定的"知道"状态（应知）足以将一个提供主机缓存和搜索服务的网络服务商拽出"避风港"。在泛亚案中，法院指出，即便给予了合理的注意，要求被告知道被链接的网页侵权也十分困难。在该判决中，"合理注意"的措辞意味着，被告没有义务对是否发生侵权行为进行实质调查，但是有义务通过合理推断对事实加以分析。如果通过对事实的合理推断，被指控的事实对于搜索引擎来说并不是显而易见的，则搜索引擎服务商可以对于被链接网页的侵权行为免责。这种解释得到了学者的支持。有学者解释解释，对"有合理理由知道"侵权行为应该根据服务商"是否作为一个理性的、谨慎的、专业的服务商而行为"来判断，而不是根据"非专业的普通人"的标准来判断。②

值得注意的是，证明被告"知道或有合理理由知道"的证据同时也证明了被告具备应该承担共同责任的主观状态。这一点不同于美国的"避风港"规则。如前述，对于美国的原告来说，证明被告失去"避风港"保护要比证明被告的帮助侵权责任难度大。但是，在中国，版权人只要证明被告失去"避风港"保护就可以证明被告的共同侵权责任。相比之下，中国法院对于搜索引擎获得"避风港"保护提出了更高的注意义务要求，对于搜索引擎服务商来说，需要承担更为严格的审查责任来保证自己免于承担版权法律责任。

四、小　结

尽管技术进步总是走在法律变革之前，但可以肯定的是，版权法面对着前所未有的数字技术带来的利益权衡问题。P2P 文件共享网络与搜索引擎均为互

---

① 在英文版的《信息网络传播权保护条例》中两个条款的"知道"要求的表述是完全一致的，但是，中文原文两个条款的表述并不一致，第22条使用的是"知道或者有合理理由知道"，而第23条中的是"明知或应知"。对此，立法者并未给予明确解释。值得注意的是，似乎二者的证明责任也有不同分配。第22条将证明可以获得"避风港"保护的证明责任分配给被告，而第23条将证明被告主观上的"知道"状态足以使其失去"避风港"保护的证明责任分配给了原告。

② Weixiao Wei, "ISP Copyright Liability in China: Collision of the Knowledge Standard and the New Tort Liability Act".

联网传输技术，公众越来越多地通过这两项数字技术获得作品。对 P2P 文件分享者来说，美国、英国和中国三国版权法都没为未经许可的上传行为提供任何抗辩理由。这也奠定了追究应用户要求提供传输手段的网络服务商间接责任的逻辑基础。但是，搜索引擎的命运有所不同。在美国，被指控直接侵犯发行权和展览权的搜索引擎可以适用合理使用得到免责。在这类案件中，"转换使用"标准成为核心依据。不可否认，这项标准在数字环境中的适用似乎偏离了原本的轨道。在英国，搜索引擎可能被追究侵犯向公众提供权的直接责任时，获得免责保护相当困难。

关于间接侵权，在美国和中国，P2P 文件共享网络的服务商与搜索引擎服务商都可能被追究帮助侵权责任、引诱侵权责任或者共同侵权责任；而在英国，P2P 服务商除了可能被追究直接侵权责任之外也可能被追究间接侵权责任。美国的《千禧数字版权法案》《欧盟电子商务指令》和中国 2006 年《信息网络传播权保护条例》都为因被动行为而无可责难的网络服务商提供了"避风港"保护。当网络服务商意识到第三方正在利用其技术或服务从事侵权行为而没有采取有效措施加以制止时，将失去"避风港"的保护。虽然其他国家视美国的《千禧数字版权法案》"避风港"规则为模板，但是英国和中国"避风港"规则的适用范围比美国的狭窄很多。因为缺乏中立性，P2P 文件共享服务商很难获得上述三个版本的"避风港"的庇护，因为搜索引擎在英国可能被追究直接侵权责任，因此"避风港"只在美国和中国司法中才会适用到搜索引擎的纠纷中。

在美国，按照普通法施加帮助侵权责任与依据制定法适用"避风港"规则，法院发展出了不同的判断标准。《千禧数字版权法案》中针对搜索引擎的"避风港"规则无法免除那些对用户的版权侵权有严重过错的网络服务商的间接版权责任。美国法院可能会严格解释《千禧数字版权法案》第 512 条（d）款所要求的"主观意识到"状态，使其接近普通法中的"明知"状态。在普通法中，"明知"是施加帮助侵权责任最高标准，因此对原告来说，证明被告失去"避风港"保护的难度比向被告施加帮助侵权责任的难度要高。但是，中国法院在施加共同责任与被告失去"避风港"保护两项举证责任时适用同一标准：应知侵权行为存在。比较而言，美国在失去"避风港"保护的法定要件上将"知道"做严格解释；中国 2006 年《信息网络传播权保护条例》对被告失去"避风港"

保护的主观条件则要求较低，因此网络服务商在中国更容易被施加间接版权责任，对版权人来说，一旦证明网络服务商的间接责任，那么就较为容易证明被告无法获得"避风港"保护。

相比之下，美国的版权例外规则模式显得较为宽泛和灵活，也更容易向版权人施加证明责任，因此数字环境中的未经许可版权作品的使用获得了一定的合法空间。这种有利于保护创意环境的灵活模式，可以减少利益失衡的危险。但是采取一种开放式的个案分析模式不可避免地带来一定程度上法律的不确定性。英国和中国也因此不会在近期放弃自己封闭式精准适用的例外规则模式而采用个案分析模式。但是，如何分配法律责任和区分有益的技术与无良技术的问题仍然存在，为什么搜索引擎要像 P2P 文件共享软件一样被追究直接侵权责任而且无法免责？毕竟，搜索引擎被认为是公众获得重要信息的基础手段，而 P2P 文件共享网络则很容易被认为鼓励了非法的文件共享。

值得注意的是，在平衡数字传输各方利益的过程中，英国采取了另一方式，通过制定以禁止令方式向网络服务商施加更多的阻止网络侵权的责任。由此改变了网络服务商的被动角色，网络服务商成为一个在网络上为实施版权承担更多责任的主动角色。本书下一章将讨论英国所谓的"封网禁止令"制度以及它对其他国家立法的影响。

第五章 英国的禁止令救济规则

如果需要针对侵权行为采取行动，通常版权法为权利人提供了两种途径：一是追究直接侵权人的责任，二是追究为直接侵权行为提供辅助手段的中间服务商的间接侵权责任。但欧盟与英国走得更远。除了上述两种途径之外，欧盟法院与英国法院要求网络服务商在阻止网络版权侵权方面扮演更为积极的角色，它们向网络服务商施加压力，要求后者在意识到被指控的侵权行为存在于其服务中时，必须事先采取各种措施加以阻止。这种实现网络版权的方式被称为"封网禁止令"（site-blocking）规则。根据《欧盟信息社会版权指令》第8条的规定，成员国应该确保版权人可以申请针对为第三方实施侵犯版权或者相关权的行为提供服务的网络服务商的禁止令。同时，该条也限定了网络服务商为保障实现版权所应该承担的义务范围。虽然这不是欧盟第一次制定关于禁止令救济的条款，但是《欧盟信息社会版权指令》第8条比之前的任何禁止令条款都更为详尽复杂。[①] 2004年《欧盟知识产权法实施指令》第11条进一步肯定了该禁止令制度。[②]《欧盟知识产权实施指令》第11条第二部分明确指出，《欧盟信息社会版权指令》第8条第（3）款规定的义务予以保留，而且申请禁止令救济的权利扩展至《欧盟知识产权法实施指令》所覆盖的所有知识产权权利。赋予版权人寻求针对网络服务商的禁止令救济的权利具有重要意义，尤其是当基于任何原因的具体追究责任行为失败时。如果要求网络服务商采取行为，那么定位具体侵权行为人就变得较为容易。更为重要的是，版权人得以摆脱对具体侵权行为人或者P2P软件服务商提起诉讼的法律风险。关于《欧盟信息社

[①] 例如《欧盟数据库法律保护指令》（Directive 96/9 of the European Parliament and of the Council of March 11，1996 on the Legal Protection of Databases，OJ L77/20）第12条。

[②] EC Enforcement of Intellectual Property Rights Directive 2004/48/ OJ L 157/45.

会版权指令》第 8 条第（3）款的立法目的，《〈欧盟信息社会版权指令〉评述》（Recital）第 59 节解释说：

> "特别是在数字环境中，中间商的服务可能越来越多地被第三方用于侵权行为。很多时候，中间商处于阻抑侵权行为最有利的位置。因此，在不妨碍任何其他禁止令或救济方式得以适用的条件下，权利人应该可以申请针对中间商的禁止令，因为该中间商的服务使第三方侵犯版权作品或其他权利客体的行为得以在网络进行。"

显然，欧盟各"指令"要求网络服务商为其用户的行为承担责任。虽然在欧盟法中还没有任何条款隐含了网络服务商对在网络上传输的内容加以监控的义务，但是网络服务商必须对侵权指控做出反应，否则可能被追究责任。针对网络服务商的"封网禁止令"是版权人针对 P2P 文件共享网络的一项可行的救济办法。与此同时，也有人对这种导致断网的版权救济方式提出质疑，例如，可能导致版权滥用的潜在风险，以及由于封网带来的程序不充分或适用过宽等问题。

一、禁止令救济的法律依据

《欧盟信息社会版权指令》第 8 条要求成员国确保版权人无论依据何种立法都有权申请一项针对网络服务商的禁止令。换句话说，版权人无论以何种理由都可以启动针对中间商的侵权诉讼程序以获得禁止令救济。另外，根据第 8 条第（3）款的规定，无论该网络服务商是否可以适用《欧盟电子商务指令》第 12—14 条的"避风港"条款，版权人都可以针对其申请禁止令。正如本书第四章所述，如果满足《欧盟电子商务指令》第 12—14 条的条件，网络服务商既可以免除直接侵权责任，也可以免除间接侵权责任。《〈欧盟电子商务指令〉评述》第 45 节也解释认为，"该《指令》规定的中间服务商的责任限制并不影响其他不同类型的禁止令的适用"。虽然《欧盟电子商务指令》并未就版权的直接或间接责任做出明确规定，但有一点是清楚的，那就是即便网络服务商可以适用该《欧盟电子商务指令》第 12—14 条的责任限制条款从而得到免责，也并不影响法院或者行政机构向其发出禁止令或者命令，要求后者终结或者阻止侵权行为。值得注意的是，即便根据内国法规定免除了网络服务商的直接侵权责任，但发布针对该服务商的禁止令使版权人获得救济的方式也并未就此排除。但是，就间接侵权责任而言，欧盟判例法表明，仍然需要欧盟成员国内国立法建立《欧盟信息社会版权指令》第 8 条第（3）款所要求的法律规则，按照《〈欧盟信息社会版权指令〉评述》第 59 节的解释对禁止令的适用加以明确。

欧盟法院在 2009 年 2 月 19 日的 LSG/Tele2 案的判决中强调，仅提供互联网接入服务，而不包含其他如电子邮件、FTP 文件链接、文件共享服务或者其他无论是在法律还是事实上对其服务可以行使控制权的网络服务商，都应该属于《欧盟信息社会版权指令》第 8 条第（3）款所指的"中间服务商"。[①] 欧盟法院的首席法律顾问建议，《欧盟信息社会版权指令》第 8 条第（3）款的立法目的不仅仅是为了阻止已经发生的侵权行为，而且还要阻止将来发生的进一步损害，并不因为该网络服务商可以获得《欧盟电子商务指令》第 12 条第（3）款为"单纯管道服务"所提供的"避风港"保护而排除禁止令的适用。[②]

部分欧盟成员国在内国法中直接引入欧盟立法中的禁止令条款，并制定了具体确保针对服务商的临时救济方式。还有些成员国则规定，权利人可以依据本国侵权法或关于"管道服务""缓存服务"以及"主机存储服务"等特别立法而获得禁止令或者最终救济。[③] 成员国还可以制定针对网络中间服务商的专门"通知—删除"程序。[④] 当然，对版权侵权行为的受害人阻抑版权作品在网络上的传输来说，与从法院获得诉前禁止令程序比较，"通知—删除"程序是

---

① (C-557/07) *Tele2 LSG-Gesellschaft zur Wahrnehmung von Leistungsschutzrechten GmbH v Tele2 Telecommunication GmbH* 2009.

② (C-557/07) *Tele2 LSG-Gesellschaft zur Wahrnehmung von Leistungsschutzrechten GmbH v Tele2 Telecommunication GmbH* 2009.

③ Guido Westkamp, The Implementation of Directive 2001/29/EC in the Member States（2007）.

④ Silke Von Lewinski and Michel M. Walter, "Information Society Directive", p.1086（11.8.7）.

一个更便捷、更迅速、也更节省成本的方式。①

2009 年，挪威一大批版权人向法院提出诉前禁止令申请，请求法院向挪威的一个网络接入服务商 Telenor 下令，要求 Telenor 阻止所有注册用户接入侵权网站"海盗湾"（The Pirate Bay）。② 挪威法院认为，只有在被告 Telenor 被认定需要承担间接版权责任并且无法得到免责的情形下，法院才能发出这种诉前禁止令。该法院认定 Telenor 所提供的接入互联网的中立性的技术服务远称不上非法行为。依据挪威法，这一判定是合理的，因为行为人某些侵权行为可能基于其他实质性的合法利益而得到免责。挪威法院还明确表示，《欧盟信息社会版权指令》第 8 条第（3）款并不能直接构成发布禁止令的依据，因为该条款本身清楚表明，其有效实施是以成员国内国的相应立法为前提的。

二、"封网禁止令"条款在英国的适用

为了实施《欧盟信息社会版权指令》第 8 条第（3）款，英国以在《版权、工业设计和专利法》中增设第 97 条 A 款的方式另加一项发布禁止令的条件：禁止令只针对那些"实际知道他人利用其服务侵犯版权的"网络服务商。③ 根据该条规定，在侵权行为发生时，被告不知道或者没有合理理由相信与侵权行为有关的作品中存在版权，原告无权获得损害赔偿，但并不影响获得其他方式的救济。于是，大法官 Arnold 在一系列涉及网络侵犯版权的案件中依据《版权、工业设计和专利法》第 97 条 A 款发布了针对主要网络服务商的封网禁止令，要求后者阻断用户接入未经版权人许可进行"主机存储"或者提供"流传播"的网站。在第一波网络侵犯版权案如 Newzbin 案和 The Pirate Bay 案中，

① Jennifer M. Urban and Laura Quilter, "Efficient Process or Chilling Effects— Takedown Notices under Section 512 of the Digital Millennium Copyright Act ", *Santa Clara Computer & High Tech L J*, Vol.22, No.4（2006），p.621.

② Norwegian cases，No.09-096202TVI-AHER/2, Asker and Bærum District Court（Asker og Bærum Tingrett），2009; No.10-006542ASK-BORG/04, Borgarting Court of Appeal（Borgarting Lagmannsrett ），2010.

③ Sec 97（A）of Copyright, Design and Patent Act（CDPA）1988.

法院的禁止令要求网络服务商必须采取特定措施，并特别指出何种措施符合禁止令的要求。

按照英国版权法的这一条款，在申请针对被告的禁止令时，原告必须证明被告知道或者有合理理由相信正在其网络系统处理或传输的是作品的侵权复制件。但是，英国法并没有明确解释行为人对侵权行为的"知道"达到何种程度满足该条所要求的法院发布禁止令的主观状态要件。英国案例法表明，法院需要适用客观判断标准，即一个理性人在经过合理的一段时间后所持有的确信。①

在本书前几章讨论的英国 Newzbin2 案中，法院认定网站 Newzbin2 的经营者从事了"向公众提供行为"，然后判定经营者的行为构成"利用英国广播公司的服务从事侵权行为"，而且英国广播公司从实质上对 Newzbin2 的经营者利用其服务侵犯版权进行了指导。② 英国广播公司为自己辩解认为，按照《版权、工业设计和专利法》第 97 条 A 款的规定，"对利用其服务的侵权行为进行的一般性指导"并不足以构成法律所要求的"主观上知道侵权行为存在"这一条件，而法律要求当事人"必须实际知道某个具体的人利用其服务侵犯了版权"才构成该条要求的"知道"主观状态。③ 但是法院驳回了这一主张，认为原告并不需要证明英国广播公司主观上明知某个具体的侵权行为人进行了特定的侵权行为，而只需要证明英国广播公司对用户以及 Newzbin2 的经营者在大范围内从事了侵犯版权的行为就满足《版权、工业设计和专利法》第 97 条 A 款（1）项的要求。④

从实务的角度看，网络服务商如果收到版权人发出的细节完备的"删除—通知"并有合理的机会对事情的状况作出调查，这一点就可以确证其对侵权行

---

① *Van Dusen v Kritz*，[1936] 2 KB 176. 在该案中，法官 Goddard 认为，按照 CDPA 第 97 条（A）款，如果被告不知道其所取得的作品侵犯版权，不能判定被告"知道"侵权行为，除非已经获得合理的机会调查原告的侵权指控。另见 *ZYX Music GmbH v King*，[1995] EMLR 319。

② *Twentieth Century Fox Film*，*Corp. v British Telecommunications*，*plc.*

③ *Twentieth Century Fox Film*，*Corp. v British Telecommunications*，*plc.*, at 146.

④ *Twentieth Century Fox Film*，*Corp. v British Telecommunications*，*plc.*, at 55，147，148. 该法院甚至发现在 Newzbin2 网站上很难找到不受版权保护的作品。

为"实际指导"。① 正如本书第四章提到的，《欧盟电子商务指令》缺乏像美国《千禧数字版权法案》第 512 条（c）款（3）项规定的"通知—删除"程序。② 按照《千禧数字版权法案》的规定，从版权人处收到这种通知就是最为重要的关于"知道"或"意识到"侵权存在的证据。但是由于缺乏这样一个"通知—删除"程序，《欧盟电子商务指令》中的"知道"的界定就成为一个十分关键的要素，决定着案件的最终结果。③《欧盟电子商务指令》关于免除"主机存储"服务商的责任的第 14 条中，对行为人主观"不知道"的要素的表述接近美国法中的相应条款：如果他们并不知道发生违法行为，并且也没有意识到存在这种行为或者显然存在该违法行为或信息的环境。④ 但是《欧盟电子商务指令》并没有解释何种主观状态构成"明知"或"意识到"。英国大法官 Arnold 解释说，不应该过于严格地解释"明知"的要求，该《欧盟电子商务指令》条款所要求的应该是对"侵权行为利用了其服务"的知晓状态，而不是最终实际进行的侵权行为或者具体行为人身份是否被确定甚至是否可以被确定。与被动地提供"主机存储"或者"管道服务"不同，要求网络服务商根据对侵犯版权行为的"明知"而采取行动，"封网禁止令"条款向中间服务商施加了必须积极主动地阻止侵犯版权行为的责任。

在这种情形下发布禁止令有可能鼓励版权人在《版权、工业设计和专利法》第 97 条 A 款的基础上进一步针对那些为侵权行为提供服务的文件分享网站主张权利，因为后者处于阻抑侵权的最佳位置。这对版权产业来说无疑具有重要

---

① *Twentieth Century Fox Film, Corp. v British Telecommunications, plc.*, at 149.

② 《欧盟电子商务指令》试图鼓励在产业内就该问题达成自愿协议。《〈欧盟电子商务指令〉评述》第 40 节证明了欧盟的这一立法目的，"该指令应该为构建一个快捷、可靠的移除、阻抑接入非法信息的程序提供适当基础；这一体系可以在各方之间的自愿协议的基础上建立起来，也应该得到各成员国的鼓励；引入和实施这一程序是所有参与信息社会服务条款各方的共同利益所在"。

③ Miquel Peguera, "The DMCA Safe Harbors and Their European Counterparts: A Comparative Analysis of Some Common Problems", *Colum J L & Arts*, Vol.32, No.4（2009），p.481.

④ 《欧盟电子商务指令》第 14 条（1）款（a）项。值得注意的是，该条款免除了网络服务商的民事和刑事责任，并且规定了两项不同的关于行为人主观"知道"状态的条件，承担刑事责任需要行为人"明知"，而主张民事损害赔偿则要只需证明"意识到相关行为和环境"即可。

意义，尤其是那些处于该法院管辖权之外的为侵权内容提供"主机存储"服务的网站。

与 Newzbin 案不同，在 The Pirate Bay 案中，原告并没有指控"海盗湾"（The Pirate Bay）网站直接侵犯向公众提供权，而仅仅要求该网站的经营者承担授权责任。原告之所以没有将 The Pirate Bay 经营者作为被告提出诉讼，这是因为版权人决定直接针对网络接入服务提供商行动以寻求更有效的救济方式。考虑到指控全球性文件共享网站的困难，对于版权人来说，一个更为务实的选择是，请求法院直接要求提供接入服务的网络服务商关闭那些可能存在违法文件的网站，而英国法院也支持了权利人的这一选择。

在 2013 年的 *Football Association Premier League Ltd. v British Sky Broadcasting Ltd.* 案（FirstRow 案）中，英国高等法院第一次将"封网禁止令"适用于流传播网站。[①] FirstRow 在其网站提供大量体育赛现场直播的流传播链接索引服务，其建立的关于体育赛事的链接按照比赛项目和比赛时间编排。只要用户点击索引中的链接，用户电脑屏幕就会显示一个新的页面，该页面通过装框链接的方式将目标网页的广告用设链网页（FirstRow 的网页）的广告加以覆盖，而"框"内则显示流传播的赛事画面。FirstRow 网站本身并没有提供关于任何内容的流传播，而是由第三方流传播者在自己的电脑上抓取电视节目中现场直播的赛事画面信号，并将这些信号实时地发送到一个叫作 UGC 的网站服务器。原告指控为 FirstRow 提供接入互联网服务的英国天空广播公司侵犯了原告的向公众传播权；同时，原告依据《版权、工业设计和专利法》第 97 条 A 款向法院申请发布针对被告的禁止令。该案的关键问题是，所涉链接是否构成"向公众传播行为"。虽然涉案网站的主机并没有"存储"侵权内容，但是大法官 Arnold 延续了自己在 Sportradar 案中的判决思路：在这种情形下，涉案网站行为是否"有节制"（moderation）是一个重要考量因素。[②] 他认为，FirstRow 网站从不同流传播网站汇聚大量版权保护的内容，为用户更便捷地获得特定流传播的内容而建立链接并编排索引，虽然从技术上看，点击链接的结果是将流传播的内

---

① *Football Association Premier League*，*Ltd. v British Sky Broadcasting*，*Ltd.*，［2013］EWHC 2058（Ch）；［2013］ECDR 14（Ch D）.

② *Football Dataco*，*Ltd. v Sportradar GmbH.*

容从 UGC 网站带到用户电脑，但是流传播内容仍然是由 FirstRow 网站以"装框"的方式提供给用户的。① Arnold 大法官也承认，单纯提供超级链接的行为是否构成"向公众传播行为"还不确定，但是这并不能阻止针对链接提供者适用禁止令救济。

这是英国法院首次将禁止令义务施加给链接提供者，引发了广泛争议。首先，FirstRow 案的判决是对一项重要原则的偏离，即连接服务仅仅是通道服务而已，无需承担过多的法律义务。虽然判决并没有认定 FirstRow 网站要为那些逃脱技术过滤的侵权内容承担责任，但是它却带来了一个重要问题，即网络中间服务商将来在网络传输中扮演何种角色。其次，该案判决似乎与《欧盟电子商务指令》第 15 条所规定的禁止网络服务商监控传输内容的义务相矛盾。② FirstRow 案充满争议的判决似乎只有这样解释才显得名正言顺：通过技术手段的封网和过滤并不构成《欧盟电子商务指令》条款中的所谓的"监控"。

在一系列依据《版权、工业设计和专利法》第 97 条 A 款发布的针对网络服务商的"封网禁止令"中，最近的一个案子是 TubePlus 案。③ 在该案中，大法官 Arnold 发布了一项有利于六大电影公司的禁止令，要求六家英国主要的网络服务商阻断用户接入两个网站 TubePlus 和 SolarMovie，因为这两家网站为用户提供电影和电视节目的侵权流传播。这一案件的事实与 FirstRow 案基本一致，争议网站并没有对侵权内容进行主机存储，而只是提供了一个可以搜索的数据库，据此用户可以通过点击链接而被带入存储这些内容的网站。在相关目标网站，用户还可以下载某些版权内容。这一判决可以说顺应了英国"封网禁止令"适用不断扩大的趋势，并成为版权人正对网络侵权行为各种手段中最为关键的一环。

很明显，英国国内法已经完全建立起了《欧盟信息社会版权指令》第 8 条第（3）款所要求的"封网"司法权，虽然在上诉审层面还没有对其适用范围作出完整地考察，但是案例法不断证明了一点，即英国的网络服务商无法避免

---

① *Football Association Premier League*, *Ltd. v British Sky Broadcasting*, *Ltd.*, at 46.

② 《欧盟电子商务指令》第 15 条规定："成员国不应该向那些提供该〈指令〉第 12—14 条规定的网络服务的网络服务商施加一般性义务，……"

③ *Parament Entertainment International*, *Ltd. v British Sky Broadcasting*, *Ltd.*

为其用户承担版权侵权责任，而且必须更为主动地采取措施阻止侵权行为。"封网禁止令"越来越成为音乐与电影工业打击网络侵权行为的重要武器。娱乐业的这一立场也得到 2010 年的《数字经济法案》的支持，后者的规定向网络服务商施加了更多的责任以协助版权人打击非法的网络 P2P 文件共享网站。[①]

三、比较分析

欧盟各成员国并没有在版权与相关权问题上因为《欧盟信息社会版权指令》第 8 条第（3）款而达成一致意见，但该条款至少要求成员国允许法院发出针对中间商的禁止令救济。相比之下，美国版权法并没有向网络服务商施加如此积极责任的规定，美国国会甚至完全没有讨论过类似的禁止令立法计划。[②] 在网络服务商强大的游说力量影响下，美国国会成功通过《千禧数字版权法案》，其中的"避风港"规则使一部分网络服务商不用为其用户的侵权行为而承担法律责任，条件是这些网络服务商在提供服务的过程中保持其被动性，只在得到版权人通知时采取措施。如果网络服务商在主机存储和网络传输服务中越积极，得到"避风港"保护的可能性就越小。[③] 这一规则在法律层面上试图使中间网络服务商尽量对网络侵权不作为（既不主动抑制侵权，也不协助实现版权）。然而，英国的禁止令救济希望尽量避免适用一个宽泛的"避风港"规则可能产生的与传统版权法规则之间的冲突。美国法院并不如他们的欧洲同行那

---

① 为回应 2009 年就数字和传播产业未来发展的《数字英国报告》(Digital Britain Report (2009))，2010 年 4 月 8 日英国政府出台《数字经济法案》(The Digital Economy Act 2010 (UK))。该法案条款涵盖范围广泛，从公共广播服务到网络基础设施，再到数字安全等方面。但是由于条款充满争议，因此遭到网络服务商的反对并承受了来自其他团体的压力。参见 Sam De Silva and Faye Weedon，"The Digital Economy Act 2010: Past, Present, and a Future 'in Limbo'"，Computer and Telecommunicatons Law Review，Vol.17, No.3 (2011)，p.55。

② Christopher M. Swartout，"Toward a Regulatory Model of Internet Intermediary Liability: File-Sharing and Copyright Enforcement"，*Nw J Int'l L & Bus*，Vol.31, No.2 (2011)，p.499.

③ Jeremy De Beer and Christopher D. Clemmer，"Global Trends in Online Copyright Enforcement: A Non-Neutral Role for Network Intermediaries"，*Jurimetrics*，Vol.49, No.4 (2009)，p.375.

样迫切需要这一法律手段，因为美国版权法中的间接侵权责任规则适用广泛而相对严格，因此，版权人可能需要更加有力的动机去通过强制性的禁止令争取网络服务商的合作。

"封网禁止令"救济并不认为网络服务商是间接侵权人，而是通过向网络服务商施加法律义务要求其采取措施来制止网络侵权。英国的这一制度实际上希望，在网络环境中版权实施从那些最有可能为推动建立版权新规则体系而行动的网络服务商开始。这一制度也证明了网络中间服务商从一个被动提供服务的角色转变为一个积极地监控和管理网络传输内容的参与者。英国的网络中间商仍然可以利用"为其用户的版权侵权行为免责"条款来保护自己，但是"被动性"已经不再是英国网络中间服务商能够获得这些免责的前提条件。通过司法手段，网络中间服务商开始在网络版权实施中扮演更为积极的角色。这也证明，英国成为网络服务商被动反应角色转型的全球趋势中的重要组成部分。

四、评　析

支持禁止令救济方式的最主要的理由在于，如果阻止用户接入网络就可以阻止其从事网络侵权行为。这一观点背后的法律逻辑来自于法律实施中的一项基本理论：使无能力。[①] 实力雄厚的版权公司在其大力推动的实现版权的大趋势中已经证明了这一点。作为一项政策，"封网禁止令"更具有针对性，似乎可以节省实施法律的成本，同时在侵权诉讼中也提供了一种对不成比例的法定损害赔偿的替代选择。

然而，"封网禁止令"是否有效、是否能真正阻抑非法的网络文件传输仍然未有定论。潜在的版权滥用问题、禁止令实施过程中出现的范围过宽或者不足的问题等仍需进一步关注。更为重要的是，所谓的"使无能力"理论运用到网络环境存在几方面明显缺陷。首先，从技术上看，如果存在多个用于接

---

① Christopher M. Swartout, "Toward a Regulatory Model of Internet Intermediary Liability: File-Sharing and Copyright Enforcement".

入互联网的接入点，那么"封网"实际很难达到"使无能力"的目的。虽然在 FirstRow 案中原告也证明了封网禁止令并不会导致"封网"的范围过分扩大，因为在阻止 IP 地址时需要 FirstRow 的域名 firstrow.eu.uk，而网络上的 IP 地址具有唯一性。但是在实务中，针对网络服务商的封网行动显然并没有立法者设想的那么容易。对网络服务商来说，IP 地址筛查可能是最简单易行的方法，但是 URL 是网络用户找到一个网址的基本信息，一个网站完全可以在保留 URL 的情况下改变 IP 地址。如果一个网站改变 IP 地址而不改变 URL 的话，该网站就将轻松躲过 IP 地址筛查，从而使监控完全失去意义。[①] Newzbin2 案中，被告网站的做法即是如此。

其次，除了对"封网禁止令"有效性的顾虑之外，由于 P2P 文件分享网站的复杂现实极有可能导致过度执法。IP 地址阻断经常会阻断目标之外的内容，这主要是因为"虚拟存储"（virtual hosting）服务的存在，即一个网络服务器为多个网站提供主机存储服务，而这些网站会使用同一个 IP 地址，但拥有不同的 URL。[②] 网络服务商与版权人将会发现，不同时间使用同一个网络连接的用户可能毫不相干甚至包括了匿名用户，要在其中定位某个侵权人，实际上非常困难。这必然导致"封网"政策不仅会降低网络接入量，而且还会增加成本。我们可以合理地怀疑，封网禁止令不仅阻止了进一步的版权侵权行为，同时也阻止了对合法内容的接入，以至于违背了版权法背后的公共政策目标。

再次，即便封网禁止令可以使文件共享者"无能力"，但是这种"封网"的影响可能是广泛的。作为一种民事责任的替代办法，互联网阻断措施将一个更为严肃的问题摆在了我们面前，即与监督网络文件传输行为以打击版权侵权相比，互联网接入在社会、经济和政治参与等方面的重要性，孰轻孰重？有关这一问题的研究已经展开，而研究结果却更让决策者举棋不定。一部分调查显示，公众在接到其已经被定位为非法文件共享者的警告时，这一警告足以促使

---

① Ronald J. Mann and Seth R. Belzley, "The Promise of Internet Intermediary Liability", *Wm & Mary L Rev*, Vol.47, No.1（2005），p.239.

② Ronald J. Mann and Seth R. Belzley, "The Promise of Internet Intermediary Liability".

其改变行为。① 而另一些研究却得出相反的结论：实际的文件分享者会完全忽视这些警告，而不是改变其行为。② 如果是这样的话，法律就必须面对严峻的考量：如何在实施封网禁止令的同时不会违反关于隐私和适当程序的法律基本原则。而那些被诉侵权的人可能面对的赔偿与其带来的损害不成比例，但却缺乏对其行为进行辩解的机会。

最后，我们在权衡版权的各方利益时，不仅仅需要考虑版权人和网络服务商的利益，还不能忽略第三方即公众的合法利益，因为禁止令可能对其造成影响。通常被暗示为"盗版人"的网络用户，其看法在诉讼中往往不予考虑，也因此完全被排除在这一问题的讨论之外。《欧盟信息社会版权指令》第8条第(3)款的合理实施需要充分考量各种因素，包括通过网络服务商来实施网络版权的特别细节。就在上述 TubePlus 案判决后两周，欧盟法院首席法律顾问 Cruz Villalón 就澳大利亚最高法院提请的 UPC Telekabel 案发表了法律咨询意见。③ 该案涉及一个叫作的 Kino.to 的网站，在未经许可的情况下向公众提供电影的流传播播放和下载服务。Cruz Villalón 指出，欧盟各成员国针对网络服务商的禁止令发布规则并不统一，发布的禁止令也通常都是使用笼统的表述来要求网络服务商阻止用户接入某一其全部内容或者实质内容未经版权人许可的网站，而几乎没有提供需要采取的特别措施的明确方案。④ 另一方面，权利的平衡需要网络服务商采取实际的措施增加网络用户接入一个含有违法内容的网站的难度，即使这些措施花费不菲而且在不具备专业技术知识的情形下也很容易被规避。⑤ 首席法律顾问的观点很清楚地指明了一点，尽管《欧盟信息社会版权指令》和《欧盟知识产权法实施指令》在规定封网禁止令的措辞上都加上了诸多

---

① Wiggin Digital Entertainment Survey 2013, "http://www.wiggin.co.uk/?option=com_content &view=article&id=2625&catid=24&Itemid=213" (23 April 2013)，最后访问日期：2018 年 3 月 12 日。

② ISPs Told to Block 21 Pirate Sites BBC News, "http://www.bbc.co.uk/news/technol- ogy-24726078" (29 October 2013)，最后访问日期：2018 年 3 月 12 日。

③ (*C-314/12*) *UPC Telekabel Wien GmbH v Constantin Film Verleih GmbH*, [2014] E C D R 12 (CJEU, Fourth Chamber).

④ (*C-314/12*) *UPC Telekabel Wien GmbH v Constantin Film Verleih GmbH*, at AG71.

⑤ (*C-314/12*) *UPC Telekabel Wien GmbH v Constantin Film Verleih GmbH*, at 61.

重要限制，但是发出禁止令的特别期限和条件由内国法院裁定。欧盟法院首席法律顾问的观点对欧盟法院并不具有拘束力，但是前者对各国内国法院发布禁止令的适度性问题给予了很大指导，有可能形成将来判决的基础。例如，在最近一系列案件中，英国大法官 Arnold 在权衡版权的利益平衡问题时，考虑的要素基本与欧盟法院首席法律顾问所指出的一致，即成本、复杂性以及禁止令的特定期限等。

五、小　结

当网络服务商明知其用户的侵权行为时，就无法避免为后者侵权行为承担版权责任。但是英国法院并不只是将其判定为直接侵权人或者帮助侵权人追究其版权责任，还向其发出"封网禁止令"，要求承担打击网络侵权行为的法律义务。这意味着，网络服务商从传统的被动角色向一个更为积极的打击网络侵权行为的参与者转变。

基于其潜在的可能被滥用、适用范围过宽以及不充分的适当程序等因素，我们还很难得出结论认为，向网络服务商施加更多责任的"封网禁止令"救济方式是好是坏、是否能见效。到目前为止，还没有证据显示争议性的封网方式在阻止、打击网络侵权方面的任何成效。[1]

更为严肃的问题是，在实施网络版权方面，网络中间服务商是否应该最终扮演一个阻抑侵权行为的积极角色？数字技术和互联网要求我们重新思考，赋予版权人权利与限制这些权利对激励创作和获取信息之间保持平衡所发挥的作用。如果版权权利被认为是一种对版权作品的所有使用方式的绝对的、排他的控制，那么这种权衡就会变得十分困难。通常，任何规制方式的基本原则是，社会可以在鼓励为社会做出了实质贡献的行为人尽其可能为社会服务，同时能合理地向其施加社会责任。[2] 如果我们坚持扩大版权责任，将那些由于技术变革带来的日常行为的革新也纳入版权控制，我们就可以反过来向版权人施加更

---

[1] Trajce Cvetkovski, *Copyright and Popular Media: Liberal villains and Technological Change*, Chippenham: Palgrave Macmillan，2013，p.236.

[2] Ronald J. Mann and Seth R. Belzley，"The Promise of Internet Intermediary Liability".

多的责任以获得版权法所追求的平衡。在所有的法定例外和限制规则中，如本书第四章所讨论的合理使用和"避风港"规则，到底哪一方应该承担证明和阻止侵权的责任？版权人还是那些被指控诱使、帮助侵权并从中获益的网络服务商？这最终都归结为一种政策考量。① 网络中间服务商的版权侵权责任因此应该回归到更为一般的法律原则的语境中去分析。在接下来的一章，本书作者将通过侵权法规则及其实践分析来解释本书观点：我们在为网络服务商的可责难行为分配法律责任时应该依据更为一般的社会政策。

---

① Jane C. Ginsburg，"Separating the Sony Sheep from the Grokster Goats: Reckoning the Future Business Plans of Copyright-Dependent Technology Entrepreneurs".

第六章　版权间接侵权责任功能的侵权法分析

英国版权法上的向公众传播权与中国的信息网络传播权成为两国追究网络用户以及网络服务商版权侵权责任的基础，美国法院则多将间接侵权责任规则适用于网络传输的司法实践。虽然三国立法各异、司法结果不同，但也显示出在网络传输中版权责任发展的共同趋势：尽量回避侵犯"何种权利"的直接侵权问题，转而扩大间接责任的范围，以期重拾版权法的平衡，维护版权人的利益。

鉴于网络上定位并指控零散网络用户的诉讼策略并不现实，在英国和中国的大部分网络侵权案件中，权利人转向网络服务商，指控后者侵犯向公众提供权（向公众传播权或信息网络传播权），或者基于用户的传播行为向网络服务商施以间接责任。在美国，P2P 文件共享服务提供商可能需要为第三方用户的侵权行为承担帮助侵权责任、替代侵权责任，或者引诱侵权责任；而搜索引擎则可能需要承担帮助侵权责任，如果他们完全可以就阻止对版权作品的损害而采取措施但仍然继续提供接入服务的。可见，当版权人在模拟环境中的商业模式面临数字传播技术威胁时，虽然版权法为版权人提供了新的排他权利，但是网络环境中法律责任的分配仍旧复杂，引入间接版权责任成为一种趋势。[①] 然而，这必然引发的问题是，在何种程度上版权法应该依赖间接责任作为直接责任的一种替代。

当前，为了区别所谓的良性商业模式和恶性商业模式，法律通过适用版权间接侵权规则，向间接侵权人施加责任，但现有规则却难以提供可靠的指导。

---

① Patricia Akester，"The New Challenges of Striking the Right Balance Between Copyright Protection and Access to Knowledge，Information and Culture"，*E I P R*，Vol.32，No.8（2010），p.372.

在本书研究的三个国家中，P2P 文件共享软件和搜索引擎都被认为侵犯了版权，虽然被侵犯的版权具体权利各异。同时，就免责条件来看，对于 P2P 文件共享网络的服务商而言，美国、英国和中国的版权法都没有为行为人提供可以免除直接或间接责任的"免责条款"。对于搜索引擎而言，情况有所不同。在美国，搜索引擎所提供的缓存服务可以基于其版权法提供的合理使用规则或者《千禧数字版权法案》第512条（d）款的"避风港"规则得以免除责任；而在英国，搜索引擎的缓存服务通常被看作是一种向公众传播行为，因此可能被认为侵犯了版权人的权利。在中国，搜索引擎的链接行为本身通常被解释为一种"单纯的管道"服务而不属于信息网络传播行为，除非搜索引擎本身不止提供了链接服务，例如对所链接的文件内容进行了编辑、加工等，在这种情况下，搜索引擎可能要承担侵犯版权的共同责任。中国版权法中也有类似的"避风港"条款，但是与美国的"避风港"规则比起来，前者在适用于搜索引擎时明显严格很多。

针对搜索引擎的缓存服务的不同态度显示，对新技术不同的政策考量常常会影响到版权案件的结果。美国法院一方面强调搜索引擎服务所带来的一般社会利益以及其在互联网时代所扮演的重要角色，[1]另一方面又宣称，从社会整体看，那些为侵权行为提供便利的技术如 P2P 文件共享网络可能弊大于益。[2]美国法院试图通过版权合理使用制度和"避风港"保护规则来区分良性网络服务和恶性网络服务。然而，问题是，如果不具备美国法中的合理使用和"避风港"规则的工具，我们又如何区分所谓良性和恶性呢？英国法院的办法很直接：通过发布"封网禁止令"来要求网络服务商采取积极措施对付网络侵权行为。但是扩大适用"封网禁止令"的手段也无法明确划出善意技术和恶意技术之间的界限。尤其是在网络背景下，大部分网络服务所具备的标准化功能都可能被用于侵权。如果不考虑某种

---

① *Perfect 10, Inc. v Amazon.com, Inc.*

② 与英国及中国法院相比，美国法院对待搜索引擎的态度更加友好，原因可能是目前大部分搜索引擎服务器如 Google、Yahoo！和 Bing 都位于美国。单 Google.com 的搜索就占到全球搜索引擎的67%。关于搜索引擎公司概况参见 John Battelle，*The Search: How Google and Its Rivals Rewrote the Rules of Business and Transformed our Culture*。

技术本身推动社会变革的有益功能而向其施加法律责任，很可能会妨碍创新。

事实证明，截至目前版权人所发动的针对网络服务商的版权诉讼并没有有效地阻止网络版权侵权行为。[①] 自 Grokster 案以来，美国版权人手持强有力的诉因，指控任何他们可以证明具有恶意的网络服务商。[②] 即便如此，免费的文件共享仍然在网络中盛行，其下载量远远高于"按下载付费"的许可服务。P2P 软件的发展并没有因为法院作出有利于版权人的判决而停止。[③]

赋予版权人任何一项排他权必须在社会福利和公益中找到正当性，而非所发动的版权诉讼的多寡。由于版权间接侵权属于法定侵权行为，间接侵权责任构成侵权责任的一个分支，因此，法院在考察版权间接责任时势必要在侵权法中寻求一般原则。正如美国版权法学者 P. Menell 与 D. Nimmer 所解释的："侵权法施以责任的门槛及其合理性标准为我们提供了一个公平确定责任范围的框架——直接侵权的范围以及上游产品提供者的责任范围。"[④] 在几个世纪的司法实践基础上，侵权法形成了用于调和社会关系、平衡利益冲突的规范体系，这是因为"它的原则体现了社会条件、技术和规则变革所带来的活力"。[⑤] 对间接版权侵权问题的研究必须结合复杂的侵权法的奥义。[⑥] 是否应该向网络服务商施以版权间接责任？承担责任的指控是否成立？或许只能由侵权法给出这些问题的答案。

[①]　Jessica Litman，"Real Copyright Reform"；William F. Patry，*How to Fix Copyright*，pp.163–176; Andrew W. Eichner，"File Sharing: A Tool for Innovation, or a Criminal Instrument"，Boston College Intellectual Property & Technology Forum，2010.

[②]　Rebecca Giblin，*Code Wars:10 Years of P2P Software Litigation*，p.140.

[③]　Paul McGuinness，"The Online Bonanza: Who is Making All the Money and Why aren't They Sharing It?"，A speech by at MIDEMs first International Manager Summit，available at http://wwwifpiorg/content/library/paul-mcguinness-Jan2008pdf，最后访问日期：2018 年 4 月 2 日。

[④]　Peter S. Menell and David Nimmer，"Unwinding Sony"，*Cal L Rev*，Vol.95，No.4（2007），p.941.

[⑤]　Peter S. Menell and David Nimmer，"Unwinding Sony"．

[⑥]　Steven Hetcher，"The Kids are Alright: Applying a Fault Liability Standard to Amateur Digital Remix"．

然而，在涉及数字技术的间接版权侵权责任的诉讼中，美国、英国和中国的司法者们普遍较少考虑版权间接责任规则所运行的侵权法背景。如果期望这一法律工具成为一个有效的区别善意技术和恶意技术的替代路径，我们必须对版权间接侵权归责原则进行侵权法分析。

各国侵权法都存在差异。在不同的法律制度中侵权规则的基本差异在于：有些国家采"偏重保护受害人"的方法，向被告施加全面的责任；而有些国家则强调在一定限制度内向被告施加责任。[①] 尽管英美法侵权制度不同于大陆法侵权制度，但是德国侵权法与普通法侵权规则在很多问题以及提供的解决办法上存在相似之处。[②] 相反，法国侵权法的目标是保护原告，使其不受任何社会无法容忍的行为的侵扰以及他们自身无法承受的伤害的影响。[③] 全面分析侵权制度以解决复杂的为第三方的直接侵权承担责任的版权间接侵权问题显然超出了本书的讨论范围。但是，在本书所涉的有限范围内，英美侵权法与中国的侵权法有一点是共同的，即在限制为第三方的侵权行为承担间接责任时，都从一个严格的"注意义务"概念出发。中国侵权制度移植于大陆民法法系，从其自然法传统的一般原则和特殊规则尤其是德国侵权法中汲取内容。这就为比较分析美国、英国和中国的相关规则提供了一个共同基础和背景。

本章将梳理三国侵权法律制度中的版权责任规则，以探查间接版权责任的理论基础。第一部分从方法论上揭示版权诉讼的趋势之一：从首先认定直接侵犯某项特殊的排他权以奠定追究间接版权责任的基础转向侧重间接侵权问题本身的考察。本书提出这样一个问题，在平衡网络传输中不同行为人利益时，尽管有合理使用和"避风港"规则，但版权间接责任是否可以充当一个版权平衡归责的合理替代方法？本章第二部分将在间接版权责任的不同侵权法理论背景

---

① Walter van Gerven and others, *Tort Law—Scope of Protection*, Walter van Gerven ed, Oxford: Hart Publishing, 1998, p.1.

② Walter van Gerven and others, *Tort Law—Scope of Protection*, p.14; Gert Brüggemeier, *Common Principles of Tort Law— A Pre-Statement of Law*, London: The British Institute of International and Comparative Law, 2004, p.66.

③ Walter van Gerven and others, *Tort Law—Scope of Protection*, p.14.

中深入分析间接版权侵权规则：严格责任、故意责任和疏忽责任。如果在侵权法的框架下深入探查，美国、英国和中国的版权间接责任显得支离破碎和杂乱分歧。本章第三部分在分析过失侵权责任原则的基础上指出，疏忽责任是在数字版权侵权的责任分配中最适当的规则路径。本章第四部分对版权人不顾诉讼后果而大费周章地扩大针对网络服务商的版权间接责任的深层原因加以解释。本书作者指出，如果版权制度期冀鼓励原创作品的创作和传播，那么向版权人施加以下责任是合理可行的，即要求版权人提供侵权要件中关于"行为人主观错误"的证据以及阻止侵权所付成本的证据。适用疏忽责任来限制版权侵权责任，很可能从根本上转变法院在考察和适用版权平衡规则以将一般公众的自由保留在版权控制之外的方法。为了达到这一目的，我们必须将版权间接责任严格地放置在侵权法疏忽责任的基础上来重新配置网络环境下的一般社会责任。

一、从直接侵权到间接版权侵权的发展趋势：保持各方利益平衡的方法

（一）从对被告特定侵权行为的分析到对存在违法行为的环境的一般性分析

在数字环境中，间接版权责任有不断扩大的趋势。首要原因是版权人在面对追究直接责任人的困难时的务实选择。海量的匿名侵权行为使得版权人的财力不足以保证有利的诉讼结果。通常，如果要施加一项间接责任，要以存在相应的直接版权侵权行为为前提，原告必须首先证明存在特定的直接侵权，也即除间接责任人之外的第三人侵害了版权法规定的一项或多项版权权利。但是，在版权诉讼中，目前的趋势似乎脱开了传统的从特定的直接侵权行为开始的分析轨道，转向对版权直接侵权行为发生的一般可能性分析。

一般来说，原告要成功指控一项直接侵权，必须证明两点：第一，指控被侵犯的作品必须是享有版权的原创作品；第二，被指控的侵权人侵犯了至少一

项版权人依据版权法享有的排他权。① 对于美国法院来说，向网络终端用户施以直接责任最大的障碍存在于，缺乏关于扩大已有的发行权以覆盖网络传输行为的权威司法解释，因此绕过直接侵犯某一具体版权权利的问题就成为一种方便务实的选择。从目前美国法院的分析思路看，法官只需要证明存在直接侵权的一般环境即可，而无需考察是否存在某一特定的侵权行为。② 毕竟，将"向公众提供行为"看作"发行"或者"表演"只是美国法院的一种权宜之计。在早期的案子中，法院总是十分小心地对侵犯原告作品的实际侵权行为加以认定，然后才转向间接版权侵权的分析。③ 例如，在 *Religious Technology Centre v Netcom On-line Communication Services Inc.* 案中，法院明确指出如果没有直接侵权发生，则不存在间接侵权的问题。④ 另外，如本书第二章和第四章分析的 Napster 案，美国第九巡回法院认定 Napster 软件的终端用户将音乐作品的名字上传到 Napster 主机服务器以建立搜索索引的行为侵犯了版权人的发行权，而且法院特别强调"如果缺乏一个第三方的直接侵权则不存在版权的间接责任"。⑤ 显然，一项侵犯版权作品的直接侵权行为是认定间接版权责任必要前提。

然而，到了 Grokster 案，法院关注的焦点从直接侵权人的违法行为转向涉案的网络服务商。审理 Grokster 案的区法院在做出间接版权责任的初步判决时，对直接侵权行为的问题轻描淡写地解释，"存在至少一部分个人用户使用被告的软件直接侵犯原告的版权作品，这一事实是没有争议的"。⑥

---

① *Perfect 10 v Amazon.com*, *Inc.*, at 1159.

② Craig A. Grossman，"The Evolutionary Drift of Vicarious Liability and Contributory Infringement: From Intersititial Gap Filler to Arbiter of the Content Wars".

③ Craig A. Grossman，"The Evolutionary Drift of Vicarious Liability and Contributory Infringement: From Intersititial Gap Filler to Arbiter of the Content Wars".

④ *Religious Technology Centre v Netcom On-line Communication Services Inc.*，907 F Supp 1361（N.D. Cal 1995）.

⑤ Robert I. Reis，"The Sony Legacy: Secondary Liability Perspectives"，*Akron Intell Prop J*，Vol.3，No.1（2009），p.223.

⑥ *Metro-Goldwyn-Mayer Studios*，*Inc. v Grokster*，*Ltd.*，259 F Supp 1029（C.D. Cal 2003）. 值得注意的是，在 Grokster 案的初审中，虽然法院最终没有要求特别关于直接侵权的指控和支持直接侵权的证据，但是法院还是在"法庭意见"中用了一个小节这样不合时宜的篇幅去分析所需要的可以断定的直接侵权。

在这一点上，英国法院与美国法院的做法相似。在 Newzbin 案中，英国法院认为对行为人行为特点的一般性确认即可满足成立直接侵权的要求。法官表示，被告的人数足以证明原告的版权被侵犯了，因为"Newzbin 网站服务商对此也非常清楚，被告的点击量可以证明存在大量对电影感兴趣的活跃用户"。① 法院认为，从技术上讲，原告也不可能甄别大量用户复制了哪一部特定电影，因为被告不会将具体用户下载的 NZB 文件记录下来。基于复杂的第三代 P2P 文件共享软件，The Pirate Bay 案在证明被告的授权责任时，需要证明主侵权行为，而这显得更加困难。② 正如本书第二章阐述的，在第三代 P2P 文件分享技术中，每一个 Bit-Torrent 的注册用户通常只为整个文档的下载提供非常小的一部分内容。③ 这就决定了，不单单定位直接侵权者不容易，而且如果只涉及一部版权作品很小一部分的话，即便要证明侵权行为本身都是困难的。The Pirate Bay 案法院认为，由于已经证明被指控的直接侵权发生，那么就可以满足直接侵权行为成立所要求的客观前提；而实际的直接侵权人是否明确并不是授权责任所必须的。④

由于信息网络传播权所指向的是"向公众提供行为"，中国法院在认定直接侵权时无需证明实际传输行为的发生。但是，比起英国法院，中国法院在对间接版权责任认定中似乎不存在太多法律问题，因为含义较为狭窄的信息网络传播权决定了证明是否存在某个具体的网络用户下载或上传文件的事实对于原告获得补偿没有实质意义。根据中国《侵权责任法》中的共同侵权责任，如果侵权人无法确定的时候，原告可以选择其他共同侵权人作为被告。⑤ 在这种情况下，认定共同侵权行为也就无需以发生特定的直接侵权行为为前

---

① *Twentieth Century Fox Film*, *Corp. v Newzbin*, *Ltd.*, at 97.

② *Dramatico Entertainment*, *Ltd.& others v British Sky Broadcasting*, *Ltd.& others*, at 69.

③ Min Yan, "The Law Surrounding the Facilitation of Online Copyright Infringement".

④ *Dramatico Entertainment*, *Ltd.& others v British Sky Broadcasting*, *Ltd.& others*, at 72.

⑤ 《侵权责任法》第 10 条规定，二人以上实施危及他人人身、财产安全的行为，其中一人或者数人的行为造成他人损害，能够确定具体侵权人的，由侵权人承担责任；不能确定具体侵权人的，行为人承担连带责任。《侵权责任法》第 13 条规定，法律规定承担连带责任的，被侵权人有权请求部分或者全部连带责任人承担责任。

提了。① 证明某项权利被直接侵犯并不是施加间接侵权者责任的前提。另一方面，作为间接责任者的网络服务商往往更容易被定位，也更有实力来补偿版权人的损失。

（二）法律分析思路的转变意味着存在一种版权平衡的新机制

从方法论上看，版权诉讼案件考察重点从对直接侵权的各项要素转向对间接侵权所要求的"故意""引诱"以及"帮助行为"等要素。这种路径上的转变对法院认定间接版权侵权的具体模式可能产生实质的影响。注重分析直接侵权行为存在的一般可能性而不是具体的侵权行为这一思路不可避免地存在逻辑上和法律上的矛盾。② 但是，从对财产权的关注转移到对一项技术可能带来侵权后果的同时与又具有一般社会利益这一问题的考量上，这种转变代表了一种版权平衡的新机制。③ 如果我们必须将所有未直接侵犯具体财产权的行为都放入间接版权责任的框架中，我们就必须对新技术给所有利害相关人利益所带来的影响加以权衡，以保持、调整版权法的利益平衡机制。④

作为关键性的利益平衡机制，证明责任在版权合理使用分析中扮演了重要角色。在一起典型的侵权诉讼中，原告而不是被告有责任证明被告人的"错误"这一要素，即谁主张谁举证原则。一般来说，版权法赋予原告权利，并通过证明存在复制行为以及与复制件与被保护作品构成"实质相似"来指控被告的侵权使用行为。在这一过程中，原告并不需要证明被告的使用行为不受法律保护，这就意味着版权人通常的举证责任是证明"被告的行为与原告被保护作

---

① 正东唱片娱乐有限公司诉 Chinamp3.com 网案，北京市第一中级人民法院民事判决书（一中民初字第 400 号，2004）；Chinamp3.com 网诉正东唱片娱乐有限公司案，北京市高级人民法院民事判决书（高民终字第 713 号，2004）；北京慈文影视制作公司诉北京正乐佳科技公司案，北京海淀区人民法院民事判决书（海民初字第 21822 号，2005）；广州中凯文化发展有限公司诉广州数联软件技术有限公司案，上海市高级人民法院民事判决书（沪高民三（知）终字第 7 号，2008）。

② Craig A. Grossman，"The Evolutionary Drift of Vicarious Liability and Contributory Infringement: From Intersititial Gap Filler to Arbiter of the Content Wars"。

③ Robert I. Reis，"The Sony Legacy: Secondary Liability Perspectives"。

④ Ysolde Gendreau，"Authorisation Revisited"。

品的复制件之间存在因果关系"。这是由传统上版权直接侵权属于法定的严格责任决定的。[1] 例如，在美国版权法中，合理使用规则传统上被认为是一项积极的抗辩，被告"对系争版权作品的使用属于法律保护的行为"这一点负有证明责任，而原告在被告提出合理使用抗辩之前无需考虑合理使用的问题。[2] 如果被告无法证明合理使用成立，则可能在诉讼中落败。这一举证责任的分配在普通的版权侵权诉讼中常被忽略，因为可能关于合理使用是否成立的辩论贯穿整个案件。但是，按照美国《千禧数字版权法案》的规则，合理使用的证明责任直接决定了应该由哪一方来承担证明一项具体的对版权作品的使用行为属于合理与否的责任。依据《千禧数字版权法案》第512条的"通知—删除程序"，如果原告已经向被告发出（在后者的网络系统中存在侵权文件）"通知"，原告就可以轻而易举地用此"通知"作为证据来证明该条款所要求的当事人"知道"存在侵权行为的主观上状态。[3] 原告所需要证明的就是他们已经向被告发出侵权"通知"，这为版权人提供了一种简单的办法来启动间接侵权指控。[4] 当原告发出一项要求被告人移除或者删除侵权内容或链接的"通知"时无需考虑此处的内容或者链接是否构成合理使用的问题，因为合理使用是被告用作抵消侵权的抗辩理由。[5] 只要被告收到"通知"，就需要承担救济的责任。"通知—删除程序"实际上允许版权人在没有经过法院审理一项对版权作品的使用是否构

---

[1] 关于直接版权责任属于严格责任，参见 Willian F. Patry, *Moral Panics and the Copyright Wars*, p.121。

[2] Joseph M. Miller, "Fair Use through the Lenz of Section 512（c）of the DMCA: A Preemptive Defence to a Premature Remedy", *Iowa L Rev*, Vol.95, No.5（2010）, p.1697.

[3] 《千禧数字版权法案》第512条（d）款（3）项。

[4] Jacqucline D. Lipton, "Secondary Liability and the Fragmentation of Digital Copyright Law", *Akron Intell Prop J*, Vol.3, No.1（2009）, p.105; Wendy Seltzer, "Free Speech Unmoored in Copyright's Safe Harbor: Chilling Effects of the DMCA on the First Amendment", *Harv J L & Tech*, Vol.24, No.1（2010）, p.171.

[5] *Lenz v Universal Music Corp.*, 572 F Supp 2d 1150（N.D. Cal.2008）. 在该案中，一位母亲因将其儿子在厨房跳舞的视频上传到 YouTube 而被指控侵权。由于 Prince 的单曲 *Let's Go Crazy* 中长度为 20 秒的一小节作为背景音乐出现在了该视频中，原告依据《千禧数字版权法案》第512条 c 款向 YouTube 发出"删除"通知。法院裁判认为，为了形成对侵权行为的善意确信，版权人必须首先对相关使用行为是否构成合理使用进行评价。

成合理使用的情况下来实现其对侵权行为的指控。① 因为缺乏这样一个司法审查，版权人实际上可能因此拥有了将用户作品从网络服务商的服务器上移除的强制性权利。关键问题是，在所谓的侵权文件被移除或使之失效之前，网络服务商是否应该对合理使用进行有效的审查？还是说，合理使用作为被告接到"通知"要求删除相关文件时的抗辩，只有在被告提出时才予以分析？

但是学者们对这一版权正统观点提出质疑。② 被告可以通过证明自己对版权作品的使用构成版权法上的合理使用来抵消原告的侵权指控，这一事实说明版权侵权的过错归责的特点。③ 用来证明一项使用是"合理的"的证据同样可以用来证明被告的过错。事实上，美国的合理使用规则并不否认可以被这样理解，即要求版权人（原告）证明被告存在过错。正如判例法显示的那样，在确定一项使用是否构成合理时对各项要素（"转换使用"的程度、商业性、实质使用的量以及是否存在市场的潜在影响等）加以权衡所带来的不确定性将这项抗辩变成了被告的沉重负担。④ 考量"通知—删除程序"与合理使用的关系使得我们有机会再次审视当事人的举证责任，要求版权人在发出删除"通知"之前考察被告的行为是否构成合理使用。在分析版权人是否合理善意地确信存在侵权行为时加入合理使用的考量，这样合理使用规则能够更好地发挥其在保持版权权益与公众使用作品之间利益平衡的调节器功能。将举证责任从被告证明合理使用转向原告证明被告存在过错，为保持数字背景下权利人与网络用户之间的利益平衡提供了一条可选择的路径。

值得注意的是，美国的"避风港"条款是将这种责任转而施加于原告的尝

---

① David E. Ashley, "Public as Creator and Infringer: Copyright Law Applied to the Creators of User-Generated Video Content", *Fordham Intell Prop Media & Ent L J*, Vol.20, No.2 (2010), p.563.

② 关于反对意见，参见 Steven Hetcher, "The Immorality of Strict Liability in Copyright", *Marq Intell Prop L Rev*, Vol.17, No.1 (2013), p.1; Dane S. Ciolino and Erin A. Donelon, "Questioning Strict Liability in Copyright", *Rutgers L Rev*, Vol.54, No.2 (2001), p.351.

③ Steven Hetcher, "The Immorality of Strict Liability in Copyright".

④ Ned Snow, "Proving Fair Use: Burden of Proof as Burden of Speech", *Cardozo L Rev*, Vol.31, No.5 (2010), p.1781.

试。根据《千禧数字版权法案》的"避风港"规则，原告首先需要举证证明网络服务商为第三方的侵权行为提供了物质帮助从而需要承担帮助侵权责任；然后被告可以提请"避风港"保护。如果原告能证明被告在采取移除文件或者使其失效的措施时不够迅速或者根本不作为，那么被告将无法获得"避风港"保护。因此，实际上是原告承担了证明"侵权的主观故意"和"对侵权行为未采取阻止措施，或者采取的措施不够迅速、有效"两个要件的责任。正是因为"避风港"规则和"通知—删除程序"这样的程序设计，使得向原告施加更多的责任，间接地考察了被告的使用是否构成合理使用。

如果必须由原告在侵权指控中证明被告的"过错"属于一般侵权诉讼原则，那么版权诉讼没有道理不适用这一规则。如果合理使用制度将证明某项使用行为"合理"的证明责任分配给被告，而同样的证明被告"过错"的证据也可以由原告证明。这似乎也可以称之为一种举证责任的倒置。将责任倒置，向原告施加更多的证明责任，或许减损了原告的利益，但是在版权权利不断扩张的趋势下，显然将这项举证责任施于原告更为合理。[①] 如果向版权人施加更多的证明（服务商主观状态的）责任，那么间接版权责任就在利益平衡中发挥更为重要的作用。我们可以合理地相信，在风险分配问题中，间接版权责任可能是一个平衡版权人与一般公众利益的可循路径。问题是，版权法责任规则体系应该在多大程度上依赖间接责任规则，将后者作为有效地发挥版权法刺激功能的机制而超越于其他刺激因素呢？

二、版权间接责任的侵权法分析

尽管版权法一般不直接规定为第三方的侵权行为而承担的责任，[②] 但是版

---

① Steven Hetcher，"The Immorality of Strict Liability in Copyright".

② *Sony Corp. of America v Universal City Studios*，*Inc.*，464 U S 417（1984），at 435. 在著名的 Sony 案中，法官 Stevens 解释道："《版权法》并无明文要求任何人为他人的侵权行为承担责任。"尽管法官 Stevens 也承认《版权法》没有特别规定间接责任，但是他还是得出结论认为，虽然版权立法中没有明文，但也没有排除向那些自己并未直接从事侵权行为的人施加版权责任的可能。

权责任人包括那些直接侵犯版权的人，还包括那些帮助、引诱或者从他人的侵权行为获得替代利益的人。① 法院也在侵权法中寻找确定版权责任边界的依据。② 英美普通法早在 20 世纪 20 年代就将间接侵权责任运用在版权司法中。③ 例如，在美国的 *Fishel v Lueckel* 案中，绘图作品的版权人向一位该绘图作品的购买者发起诉讼，因为后者请某凹版印刷公司复制了这些图片。④ 被告否认自己的版权责任，因为他们"并没有直接印刷或者发行"这些图片。但是根据侵权原则，法院还是毫不犹豫地将版权责任延伸到了那些对版权侵权行为进行授权的人。

> "证据显示，被告（从原告处）购买这些图片，提供给该凹版印刷公司，并命令后者制作复制件并就如何完成复制给出了总体的指示。因此，他们应该承担共同侵权责任。"⑤

同时，版权学者也承认，按照一般侵权原则，版权责任可以顺理成章地延伸到直接侵权人之外。

> "什么样的人应该为侵权行为负责？通常说来，所有参与侵权的人，无论他们是否知道存在版权。"⑥

---

① Peter S. Menell and David Nimmer, "Unwinding Sony". 根据 Menell 和 Nimmer 的分析，侵权法在向那些与直接侵权人有特定关系的人施加责任方面有较长历史。另见 *A&M Records*, *Inc. v Napster*, *Inc.*, 。

② Wendy J. Gordon, "Copyright as Tort Law's Mirror Image: Harms, Benefits, and the Uses and Limits of Analogy", *McGeorge L Rev*, Vol.34, No.6 (2003), p.533; Peter S. Menell and David Nimmer, "Unwinding Sony".

③ *Dreamland Ball Room*, *Inc. v Shapiro*, *Bernstein & Co.*, 36 F 2d 354 (7th Cir.1929).

④ *Fishel v Lueckel*, 53 F 499 (S.D.N.Y.1892).

⑤ *Fishel v Lueckel*, at 500.

⑥ Richard Crosby De Wolf, *An Outline of Copyright Law*, New York: Wm. S. Hein Publishing, 1925, p.161.

传统上，侵权分为故意责任、过失责任和严格责任三种责任类型。①
侵权法中，故意侵权和过失侵权又归属于过错责任，而与严格责任相对。
按照这种划分标准，行为人为第三方的违法行为承担责任的原因也可以分
为三种：第一，故意侵权，被告可能故意造成第三人侵权；第二，过失责
任（疏忽大意），被告人疏忽大意而造成第三人侵权；第三，严格责任，被
告为第三人的侵权行为承担严格责任。② 这些原则适用于同属西方法律文
化的大陆民法法系和英美普通法系，也适用于处于西方世界之外的法律区
域，比如中国。然而，这种三分结构并没有被自然带入版权诉讼。英国的
授权责任、美国的帮助侵权责任和中国所要求的"对侵权材料的编辑、加
工"标准实际上适用了不同的侵权规则原则。但是，当面对数字环境下的
网络服务商的间接责任问题时，各国的法官们并没有为技术提供者给出清
晰和可预见性的行动指导。基于一般侵权法原则趋于一致的规则还不存在，
事实恰好相反，在过去的十多年间，各国版权间接侵权规则朝着截然不同
的方向发展。接下来本章将详细分析基于三国不同侵权法的间接版权侵权
规则。

（一）美国的版权替代责任属于严格责任

传统上，那些对违法行为人负有监督管理责任的人通常要承担替代责任。
替代责任一般认为属于不考虑过错的严格责任。③ 无需证明行为人主观上知道
侵权行为存在或故意造成侵权行为的状态，司法中侧重考虑被告对侵权行为的

①　Linda L. Edwards, J. Stanley Edwards and Patricia Kirtley Wells, *Tort Law*, 5th edn, Delmar:
Cengage Learning, 2011, p.11; W. V. Horton Rogers, "Fault under English Law" in Unifica-
tion of Tort Law: Fault, Vol.10, P. Widmer (ed), Hague: Kluwer Law International, 2005,
p.65; Alfred. C. Yen, "Torts and the Construction of Inducement and Contributory Liability in
Amazon and Visa", *Colum J L & Arts*, Vol.32, No.4 (2009), p.513; Alfred C. Yen, "Third-
Party Copyright Liability after Grokster", *Minn L Rev*, Vol.91, No.1 (2006), p.184.

②　Alfred C. Yen, "Internet Service Provider Liability for Subscriber Copyright Infringement,
Enterprise Liability, and the First Amendment", *Geogetwon L J*, Vol.88, No.6(2000), p.1833.

③　Beau BaezIII, *Tort Law in the USA*, The Netherlands: Kluwer Law International, 2010,
pp.105–107.

控制程度以及被告是否从侵权行为上获得经济利益。① 事实上，替代责任是专门设计用来避开对复杂的行为人主观"过错"这一要素的权衡过程。② 虽然替代责任在美国和英国一直都主要适用于雇佣关系，但是实践中替代责任的运用已经超出雇佣关系的范围。③ 美国法院走得最远，率先将替代责任扩大适用于版权责任。在 *Shapiro, Bernstein & Co. v H.L. Green Co.* 案中，舞厅经常出租用来举行婚礼等活动，在这种场合，独立的乐队会自行演奏版权保护的作品。④ 音乐版权人将舞厅的经营者告上法庭，因为他们认为起诉直接侵权人可能存在明显的逻辑问题。法院认定舞厅的经营者不能对侵权行为视而不见，必须承担间接侵犯版权的责任。将替代责任作为严格责任适用于该案，法院解释说：

> "在利用版权作品的过程中，如果监督管理的权能与明显而直接的经济利益相结合，那么即便行为人不知道直接侵害版权权利的事实，也可以向从利用版权作品的行为中获益的人施加版权责任，这更有利于实现版权法的目的。"

尽管替代责任在版权法进入数字后代不可避免地充当了一个重要角色，但是美国法院在将其适用于与第三方版权侵权有关的责任问题时仍有分歧。Napster 公司就被认定要承担替代责任，而原因则是其中心化的技术特点。但是，针对第二代 P2P 文件共享网络，例如 Grokster，美国联邦最高法院拒绝考虑替代责任的问题，因为法院认为没有证据证明"被告对其网络用户有实际控

---

① *Fonovisa, Inc. v Cherry Auction, Inc.*, 76 F 3d 259（9th Cir.1996）; *Gershwin Publ'g Corp. v Columbia Artists Mgmt., Inc.*; Mark Bartholomew, "Copyright, Trademark and Secondary Liability After Grokster", *Colum J L & Arts*, Vol.32, No.4（2009）, p.445; Kirsty Horsey and Erika Rackley, *Tort Law*, 2nd edn, Oxford: OUP, 2011, p.325（12.4）.

② Fleming James Jr., "Vicarious Liability", *Tul L Rev*, Vol.28, No.2（1954）, p.161; Gregory C. Keating, "The Theory of Enterprise Liability and Common Law Strict Liability", *Vand L Rev*, Vol.54, No.3（2001）, p.1285.

③ 参见美国案例 *Dreamland Ball Room, Inc. v Shapiro, Bernstein & Co.*; 英国案例 *Dubai Aluminium Co., Ltd. v Salaam*, [2003] 2 All ER (Comm).

④ *Shapiro, Bernstein & Co. v H.L.Green Co.*

制权利和能力"。审理 Aimster 案的第七巡回法院也拒绝适用替代责任，理由是之前的 Sony 案法院没有适用该原则。

值得注意的是，我们在第二章中已经讨论到，Napster 案法院也认为 Napster 虽然有能力监管第三方的侵权行为，但是如果他们充分行使自己的权利的话，是可以避免替代责任的。[①] Grokster 案在解释替代责任时，法院也明确表达了类似的立场："被告通过从直接侵权行为中获得替代性利益，同时却拒绝对其加以阻止或限制。"[②] 不过，这种观点似乎与试图向网络服务商施加替代责任的本身目的相冲突。替代责任的首要理论基础就在于，由于行为人强大的控制力或影响力，在替代责任中令其为他人侵权行为承担严格责任，能够使之更好地履行监督、管理之职责。在网络环境中，施加替代责任是希望网络服务商对于阻止版权侵权承担更多法律责任，但法院向行为人施加替代责任的理由却是其技术上的控制能力。也就是说，法院向技术提供者传达了这样的信息：如果他们能从技术上排除这种控制或监督，他们提供的技术系统就不用承担替代性责任。显然，法院一方面试图向网络服务商施加更多责任，另一方面却以暗示的方式鼓励网络服务商寻求避免承担责任的方式。

关于 Google 为第三方在其网络展示和传输图片等行为的替代责任问题，美国法院在初审的时候表示，因为没有证据证明 Google 对侵权行为明知或者没有权利或能力阻止侵权行为，从而无需承担替代责任。[③] 但是，在上诉中，原告补充的证据显示 Google 实际上经营了一个博客网站 www.Blogger.com and Blogspot.com，属于对内容进行主机缓存的服务。[④] 原告 Perfect 10 指控原版大小的图片出现在这些网站的服务器上，并证明他们的版权图片被 Google 索引、被引用并被储存在 Google 能够控制的计算机上。上诉审法院依据原告补充的证据，做出发回重审决定。

何种程度的商业关系松散到足以排除替代责任？这一问题在美国司法中仍然没有定论。权利人必须充分地行使控制权，还是必须尽力排除这种控制，对

---

① *A&M Records*, *Inc. v Napster*, at 1023.

② *Metro-Goldwyn-Mayer Studios*, *Inc. v Grokster*, *Ltd.*, at 2776.

③ *Perfect 10*, *Inc. v Amazon.com*, *Inc.*, 487 F 3d 701（9th Cir.2007），at 1172–1175.

④ *Perfect 10*, *Inc. v Google*, *Inc.*, F Supp 2d, 2008 WL 4217837, *3（C.D.Cal.2008）.

于技术提供者来说并没有可资参考的指引。如果法院发现一个 P2P 服务商故意改进自己的软件或网络系统使其"失去"对用户的控制能力（因此可以避开法律责任），是否可以得出结论认为，该系统也可以轻易地在低成本的情况下改进技术以阻止侵权？

在现代侵权法中，严格责任仅适用于那些少数极度危险的行为，目的是确保受害人得到补偿、分散风险以及鼓励采取安全措施来避免风险。[1] 这就是所谓的严格责任存在的合理性基础：那些造成危险的人应该承担这些危险带来的风险。[2] 而那些从造成这些损害中得益的人也应承担风险，这才是公平合理。同时严格责任将危害行为的风险分配给最方便采取措施避免这种危害的当事方，这即所谓的"更深口袋"（deeper pocket）理论，这样才能将成本更公平更有效地分散。因为无需证明被告的主观状态，严格责任是针对为第三方侵权行为施以责任的较低标准。在网络环境中，成千上万的直接侵权人缺乏足够的赔偿能力而对实现救济版权存在巨大困难，在这种情形下，替代责任成为较好的选择。按照数字环境中的替代责任，大多数网络服务商会被施以更多的责任来监管网络传输行为。这将鼓励网络服务商去主动防止损失，"补偿受害人损失以及在所有从致险行为中获益的当事人间分散风险"。[3] 如果基于网络服务商与其终端用户之间即时的以及持续的交互关系来证明网络服务商对其服务的控制，显然并不存在太多障碍，而这种控制一直以来都是证明网络服务商对其终端用户行为承担责任的主要证据。这显然是一项有利于版权人的规则。

然而，这种由技术决定的控制力范围窄而且较为温和，似乎可以适用于任何网络系统，而非特定行为人采取的特别技术手段，不具有管理权性质。[4] 另外，由于无需考量是否存在对侵权行为"明知"和"应知"的主观状态要件，网络服务商一旦被美国法院认定需要承担替代责任，则很难有效地获得《千禧

① Alfred. C. Yen, "Torts and the Construction of Inducement and Contributory Liability in Amazon and Visa"; Steven Hetcher, "The Immorality of Strict Liability in Copyright".

② Gregory C. Keating, "The Idea of Fairness in the Law of Enterprise Liability", *Mich L Rev*, Vol.95, No.5（1997）, p.1266.

③ Rebecca Giblin, *Code Wars:10 Years of P2P Software Litigation*, p.42.

④ Sverker K. Högberg, "The Search for Intent-Based Doctrines of Secondary Liability in Copyright Law".

数字版权法案》第 512 条（d）款的保护。[1] 替代责任从线下世界走向网络世界，很多版权学者不无忧虑，认为替代责任是"间接责任中唯一最危险和令人担心的原则"。[2] 数字时代的替代责任应该只限于委托代理或类似的控制关系中，否则对于其终端用户行为的监控很容易造成对技术发展的阻碍。

（二）美国帮助侵权责任属于向故意侵权责任日益靠拢的过失责任

与替代责任不同，美国的帮助侵权责任是一种类似于过失责任的过错责任。[3] 一般来说，网络服务商会因为知道第三方侵权行为和对其提供物质帮助而被施以帮助侵权责任。[4] 美国法院在 1971 年的 *Gershwin Publ'g Corp. v Columbia Artists Mgmt. Inc.* 案中较为清晰地描述了帮助版权责任的认定标准。[5] 在该案中，美国音乐创作人、作家和出版商协会（ASCAP）向一个大型的演出管理公司提出版权诉讼，后者代理表演者预订参演机会，并且经营一个专为当地支持并赞助艺术家演出的社区组织提供服务的网站。鉴于被告知道其赞助的表演中表演者侵犯了版权音乐作品，美国第二巡回法院直接肯定了区法院的一审认定。帮助侵权责任的法理基础在于，提供服务和服务对象之间的关系足以紧密，以至于可以推断提供服务方知道侵权行为的存在。评论者认为，"离实际侵权行为距离越远，越不大可能违反其'注意义务'或者越不大可能认定其有'过错'"。[6]

美国 Sony 案所确立的"实质非侵权用途"抗辩原则意味着这样的证明责任分配：被告对直接侵权的"应知"状态可以在一定程度上证明从版权侵权行

---

① Charles W. Adams, "Indirect Infringement from a Tort Law Perspective", *U Rich L Rev*, Vol.42, No.3（2008），p.635.

② Fred Von Lohmann, "21st Century Copyright Law", The Digital Domain Symposium Transcript，2006.

③ Alfred C. Yen, "Third-Party Copyright Liability after Grokster".

④ Sverker K. Högberg, "The Search for Intent-Based Doctrines of Secondary Liability in Copyright Law"；Kevin M. Garnett and others, *Copinger and Skone James on Copyright*, p.530（8-08）.

⑤ *Gershwin Publ'g Corp. v Columbia Artists Mgmt.*, *Inc.*, 443 F 2d 1159（2d Cir.1971）.

⑥ Kamiel J. Koelman and P. Bernt Hugenholtz, Online Service Provider Liability for Copyright Infringement（Workshop on Service Provider Liability, December, 1999），p.11.

为获益的违法性，而这种"应知"的主观状态足以认定帮助侵权责任；然后，再由被告证明所涉技术具备"实质非侵权用途"。[①] 在 Sony 案中，侵权的认定集中在第三方的"非侵权使用"问题上，而不是第三方的直接侵权。为了证明大量存在的非侵权使用情形，需要证明的是所涉技术具备某些假设性的实质用途。[②] 然而，Napster 案似乎偏离了 Sony 案的上述定案逻辑，转为集中认定被告对第三方特定侵权行为主观上是否"知道"的状态，以及阻止特定侵权行为的能力。Napster 案法院建议，只有在被告对第三方侵权行为有不间断的控制的情况下才可以认定一般性的"应知"；并进一步强调，行为人主观上对特定侵权行为的"明知"状态使"Sony 抗辩"失效。[③] 美国联邦最高法院在 Grokster 案中支持了 Napster 案关于这一点的认定，并解释认为，如果所涉技术具备实质非侵权用途，那么就无不存在足以向行为人施加帮助侵权的"应知"主观状态。[④] 按照 Grokster 案逻辑，对于特定侵权行为的"明知"足以抵消被告的"实质非侵权使用"的抗辩。这意味着，如果有证据显示所涉技术可以用于实质性的非侵权用途，那么举证责任就转向版权人，由其证明网络服务商有合理理由知道存在特定的侵权文件。另外，Grokster 案法院还要求证明行为人明知谁分享了何种具体的侵权文件。[⑤] Grokster 案的"知道理论"与《千禧数字版权法案》的"避风港"规则要求一致，根据后者的规定，网络服务商如果明知其用户的侵权行为的话，则会失去"避风港"的保护。

　　"避风港"规则对当事人主观上"知道"要件的要求与 Grokster 案对此的解释理由也是相同的，即如果在认定侵权责任时适用"应知"标准，那么几乎

①　Raymond Shih Ray Ku, "The Creative Destruction of Copyright: Napster and the New Economics of Digital Technology".

②　Craig A. Grossman, "The Evolutionary Drift of Vicarious Liability and Contributory Infringement: From Intersititial Gap Filler to Arbiter of the Content Wars".

③　*A&M Records, Inc. v Napster, Inc.*, at 1021. 但是审理 Aimster 案的第七巡回法院对 Naspter 案法官的该项建议持不同意见，前者认为即便存在对特定侵权使用行为明知的情况，"Sony 抗辩"也可以得到适用。参见 *In re Aimster Copyright Litig.*, at 649。

④　*Metro-Goldwyn-Mayer Studios, Inc. v Grokster, Ltd.*, at 1161.

⑤　*Metro-Goldwyn-Mayer Studios, Inc. v Grokster, Ltd.*, 125 S Ct 2764 (2005), at 2778.

所有的被告人都是可追责地帮助了直接侵权行为，因此应该为造成的结果承担责任。在网络环境中，如果探寻网络服务商是否对侵权行为一般性的"应知"，从而施以责任的话，几乎可以无限制扩大网络服务商的责任，从而有利于版权人。[①] 如果网络服务商通过证明"自己对终端用户的行为并不知道"从而来避免责任，那么上文提到的问题再次出现：原告必须证明直接侵权已经实际发生。然而，由于设备提供者与设备之间的松散关系，尤其是在无中心化控制的第三代 P2P 文件共享技术中，实际上更难证明行为人对真实发生的直接侵权行为的"明知"。[②]

如果无法依据"对直接侵权的一般知道状态"对可追责行为施加适当责任的话，那么"被告期望引起、促成他人的侵权行为"这一主观状态是否可以证明行为人的主观恶意呢？Grokster 案法院就遵循了这一思路，通过证明被告故意引诱侵权行为来证明被告主观上的"过错"而不考虑行为人对侵权行为是否"知道"的主观状态。[③] 该法院解释说，如果一件商品除了侵权别无他用，那么认为其故意造成侵权并非不合理。Grokster 案中引诱侵权的规则将责任限制在那些比仅仅知道其产品将会被误用的过错要"更为严重的过错"。[④] 基于"更为严重的过错"的行为更可追责，因此施加责任并无不可。显然，Grokster 案法院试图将其用户可能偶然侵权的"无辜的"技术提供者与期望造成侵权损害的技术提供者区别开来。

如果从侵权法角度划分，Sony 案所适用的帮助侵权责任规则可以归为疏忽责任，而 Grosker 案所适用的帮助侵权规则则可以归为故意侵权责任。过错侵权责任包含了这样的法律理念：不适当行为的被告可以被追责而且应该

---

① Erika Stallings, "Improving Secondary Liability Standards in Copyright by Examining Intent: Why Courts Should Consider Creating a 'Good-Faith' Standard for Secondary Liability", *J Copyright Soc'y USA*, Vol.57, No.5（2010），p.1017.

② Mark Bartholomew, "Contributory Infringers and Good Samaritans", *Akron Intell Prop J*, Vol.3, No.1（2009），p.1.

③ *Metro-Goldwyn-Mayer Studios, Inc. v Grokster, Ltd.*, 125 S Ct 2764（2005），at 2772-2783. 证据包括：（1）技术是否专为侵权而开发出来的；（2）技术是否以未知的侵权人为目标；（3）技术开发人员是否从使用该技术的侵权行为中获得经济利益。

④ *Metro-Goldwyn-Mayer Studios, Inc. v Grokster, Ltd.*, 125 S Ct 2764（2005），at 2777–2778.

为其不适当行为承担责任。① 就故意侵权来说，可追责是因为被告积极地期望造成对受害人的损害或冒犯。被告人主观上的"期望"状态可以从两个方面加以证明：对造成不合理风险的故意和有意识地忽视，即主观上的疏忽大意（subjective recklessness）。为了证明行为人的"故意"，法院通常不单单要求证明行为人知道存在造成原告损失的风险和机会，而且要证明被告实际上知道原告因为该行为而遭受了损失。② 依据美国侵权法，两种情况的主观状态构成"故意"：第一，行为人明示其造成损害性或冒犯性的接触（contact）；第二，行为人实质上确信其行为会造成这种损害性或冒犯性的接触。③ "知道"可能造成的风险存在并对其有一定的评估，却不十分确定的情况，并不构成"故意"。美国侵权法使用"实质性确定"（substantial certainty）的概念来表示在上述第二种情形（不存在明示的伤害目的）下的"故意"。例如，在 *Garratt v Dailey* 案中，五岁男孩在一位年长的亲戚正要落座的时候趁其不备将椅子从后面拖走，这位长者摔在地上并严重受伤。上诉法院认定，被告人的行为构成伤害，只要陪审团能从当时的情况推导出被告拖走椅子要么是有目的地造成原告摔倒或者知道拖走椅子的行为一定会造成原告摔倒的结果。④ 因此，实质性地确信伤害会发生和明确表示以造成伤害为目的都会使得被告被追责。

当行为人并没有故意造成损害时，侵权法原则会考察其他各种不同的限制条件，比如法律责任、对法律责任的违反或者合理且紧密的行为与损害之间的因果关系（近因，proximate cause）等要素来认定行为人的责任，这些责任属

---

① Alfred. C. Yen，"Torts and the Construction of Inducement and Contributory Liability in Amazon and Visa".

② John C. P. Goldberg and Benjamin C. Zipursky，*Torts*，Dennis Patterson ed，Oxford: OUP，2010，p.203.

③ 1965 年《第二次侵权法重述》第 13 条（a）款、第 8A 条。参见 Kenneth W. Simons，"Rethinking Mental States"，*BU L Rev*，Vol.72，No.3（1992），p.463; David I. Jung and David J. Levine，"Whence Knowledge Intent-Whither Knowledge Intent"，*UC Davis L Rev*，Vol.20，No.3（1987），p.551; Peter S. Menell and David Nimmer，"Unwinding Sony"; Gert BrÜggemeier，*Common Principles of Tort Law— A Pre-Statement of Law*，p.63.

④ *Garratt v Dailey*，279 P 2D 1091（Wash.1955）.

于过失责任。① 因此，对于过失侵权，可追责性是基于被告未针对受害人遭受的伤害风险采取合理的预防措施。这种合理性的判断实际上是就风险的可能性和必然性与此行为带来的社会利益做出权衡。与具体的被告人在其行为时明知其行为后果的故意行为不同，过失（疏忽大意）是指一个普通人处于其位置能够或者应该知道其行为的后果，这被称为"客观的疏忽大意"（objective recklessness）。"客观的疏忽大意"与故意极为接近，但仍有不同，例如美国侵权法解释到，以下情况仍属于故意而非"客观的疏忽大意"：

> "行为人知道或者有合理理由知道其行为存在造成他人身体伤害的很高风险，仍然故意从事这样的行为，或者虽然没有行为，但是有意识地忽视这种风险存在。"②

然而，实践中有些行为并不容易归类。例如，被告人并没有想对受害人造成伤害或冒犯，但是仍然确实地知道糟糕的结果会出现。被告人相信或者意识到他会造成可以评估风险的伤害可能属于疏忽大意，但如果这种风险很大，他的行为可能被归为主观上的疏忽大意，但并不构成故意的伤害行为。在这种情况下，故意与疏忽大意的区别无非就是"确信"的程度。③ 很明显，美国法院将二者的界限划在这里：可知的危险仅限于可预见之风险，一个具有理智的普通人可以避免这种风险，但风险并未避免，这属于疏忽大意；如果这种可预见之风险足够大，以至于实质上确信某一具体伤害行为可能发生，这就属于故意。④ 也就是说，根据美国侵权法，如果被告十分确信其行为将会造成某一具

---

① Simon Deakin，Angus Johnston and Basil Markesinis，*Markesinis and Deakin's Tort Law*，Oxford: OUP，2013，pp.75—85.

② 1965 年《第二次侵权法重述》500 cmt.a。

③ *City of Winter Haven v Allen*，541 So 2d 128（Fla. Dist. Ct. App.1989），at 137；Beau Baez III，*Tort Law in the USA*，pp.54—55.

④ 1988 年《第三次侵权法重述》第 1 条规定："*The application of the substantial certainty test should be limited to situations in which the defendant has knowledge to a substantial certainty that the conduct will bring about harm to a particular victim, or to someone within a small class of potential victims within a localised area.*"

体的伤害，法院倾向于认定构成故意侵权。① 更重要的是，侵权法并不会将基于"实质性确信"故意责任扩展适用以下情形，即被告对损害行为的"实质性确信"来自于某些重复出现的风险，尤其是与广泛被制造和销售的产品（例如汽车和电力等）相联系的风险。销售汽车一定会造成至少对道路行人的伤害。如果被告的"确信"是产生于成千上万的低风险事件，侵权法将责任从故意责任转向疏忽大意：因为考虑到被告在这种情况下是否采取了预防措施来防止造成伤害发生的不合理风险。②

划分故意侵权和过失侵权的"实质性确信"标准在版权领域具有十分重要的意义。例如，在 Sony 案中，无需证明家庭录制机被用于特定的非侵权目的从而来认定"应知"的主观状态。Sony 案中被告人对第三方的侵权行为的"实质性确信"并没有与一个具体的、高确定性的事件相联系，而是与大量的低风险事件相联系。如果这样判断就属于典型的基于疏忽的归责方式。

Grokster 案中的引诱规则，如上文所论证的，属于故意侵权归责原则的适用，不大可能适用于 Sony 案，因为如果将该引诱规则适用于 Sony 案，被告在广播电视上播放广告，鼓励消费者使用其产品家庭录制机录制并收集享有版权的电视节目，这构成引诱侵权行为（复制）的故意，从而被告很有可能被判定承担版权的引诱侵权责任。③ 但是 Sony 案法院并没有考虑被告人通过广告宣传其产品的行为可能引发法律责任的问题，而法院判断的依据是家庭录制机的绝大部分用户使用该产品的目的是"时间转换"（time-shifting），而"时间转换"属于合理使用。④ 正如上文所述，法院将该案被告 Sony 公司可归责的

---

① Alfred. C. Yen, "Torts and the Construction of Inducement and Contributory Liability in Amazon and Visa".

② Peter S. Menell and David Nimmer, "Unwinding Sony".

③ Grokster 案中的引诱侵权规则要求行为人故意造成侵权的证据包括明示的故意或者客观上存在引诱行为。参见 Sverker K. Högberg, "The Search for Intent-Based Doctrines of Secondary Liability in Copyright Law"; Laura A. Heymann, "Inducement as Contributory Copyright Infringement: Metro-Goldwyn-Mayer Studios Inc. v. Grokster, Ltd", *I I C*, Vol.37, No.1 (2006), p.31。

④ *Sony Corp. of America v Universal City Studios, Inc.*; Craig A. Grossman, "The Evolutionary Drift of Vicarious Liability and Contributory Infringement: From Intersititial Gap Filler to Arbiter of the Content Wars".

原因解释为 Sony 公司在设计其产品时就"应知"其用户可能用其产品从事侵犯版权的行为。

Grokster 案的引诱侵权规则也不大可能适用于 Perfect 10 案。在 Perfect 10 案中，Google 经营其搜索引擎服务并没有期望造成版权伤害或者期望帮助侵权行为，尽管 Google 的服务可能被不适当地用于双重目的。① 因此，Perfect 10 案法院不得不转向传统的帮助侵权规则，并且将帮助侵权与 Grokster 案的引诱规则融合。法院解释说，如果行为人对直接侵权的结果实质性地确信，却仍继续提供服务，那么他可能要就其故意鼓励直接侵权而承担帮助责任。此种推理说明，向 Google 施加版权的帮助侵权责任是基于故意侵权中的"实质性确信"这一标准：法院似乎考虑到 Google 毫无疑问"实质性确信"其搜索引擎服务最终会被用来侵权，但是，这种确信并非与"单一的、高确定性事件"相连，而是来自于无数的低风险事件，即无数的网络搜索用户的普通搜索行为，这属于"客观的疏忽大意"的归责范围，即过失侵权。②

如果法院广泛适用引诱侵权规则，那么源于对低风险的日常行为的"实质性确信"存在侵权行为就足以追究版权的间接责任。像搜索引擎这样虽然提供了实质可用于非侵权用途的技术而且看上去并不像一个故意的引诱者的被告人，也极有可能被追究版权间接责任。事实上，证明 Grokster 引诱行为的证据并没有回答的问题是：当无法证明故意地促成侵权的情况下，如何来证明帮助侵权呢？③ Grokster 案的标准并没有就如何区分从侵权行为获益但是对社会有益的网络服务商与一个对社会有害的网络服务商的问题上提供具体指导。④ 在

---

① *Perfect 10*，*Inc. v Visa Int'l Serv. Ass'n.*，494 F 3d 788（9th Cir.2007），at 832.

② Alfred. C. Yen，"Torts and the Construction of Inducement and Contributory Liability in Amazon and Visa".

③ Jane C. Ginsburg and Sam Ricketson，"Inducers and Authorisers: A comparison of the US Supreme Court's Grokster Decision and the Australian Federal Court's Kazaa Ruling"，Columbia Public Law & Legal Theory Working Paper，No 0698，Feb.2006.

④ Erika Stallings，"Improving Secondary Liability Standards in Copyright by Examining Intent: Why Courts Should Consider Creating a 'Good-Faith' Standard for Secondary Liability"；Lital Helman，"Pull Too Hard and the Rope May Break: On the Secondary Liability of Technology Providers for Copyright Infringement"，*Tex Intell Prop L J*，Vol.19，No.2（2010），p.111；Jacqueline C. Charlesworth，"The Moral of the Story: What Grokster Has to Teach About the DMCA".

网络环境中，搜索引擎提供服务的时候，实质性地确信他们的服务一定有人用来侵犯版权，但没有证据证明他们期望这种侵权行为发生。那么，如何证明此事的搜索引擎存在帮助侵权责任呢？

对于像搜索引擎这样的网络服务商来说，对侵权损害的"实质性确信"来自于无数的低风险事件而不是"单一的、高确定性的事件"。如果将引诱侵权（故意侵权）与客观疏忽大意（过失侵权）混搭适用，造成的结果就是，我们将很难区分一个提供不具有任何合法用途的技术的可追责的商业模式和一个提供具有合法用途的技术的无辜的商业模式。[①] 在何种情况下具有合法及非法双重用途的服务或技术要为第三方的版权侵权行为承担责任的问题仍然没有明确回答。

（三）英国的授权责任属于高标准的过失侵权责任

授权责任是英国法院认定被告人为第三方的版权侵权行为承担责任的主要依据。在英国立法中，授权责任的认定并未明文要求证明行为人特定的主观精神状态，[②] 因此授权责任实际上非常接近美国的替代责任的概念。[③] 但是从英国案例法来看，为了证明存在对版权侵权行为的授权，还是需要证明行为人主观上对侵权行为存在一定程度的"知道"状态。[④] 在 *CBS Songs, Ltd. v Amstrad Consumer Electronics Plc.* 案（Amstrad 案）中，英国最高法院（上议

---

①　Neil W. Netanel, *Copyright's Paradox*, p.79.

②　Jane C. Ginsburg and Sam Ricketson, "Inducers and Authorisers: A comparison of the US Supreme Court's Grokster Decision and the Australian Federal Court's Kazaa Ruling"; *L.A.Gear v Hi-Tec Sports PLC*, [1992] FSR, 121 (Court of Apeal).

③　在英国版权法上，承担授权责任无需具备"直接经济利益"这一条件。

④　Jane C. Ginsburg and Sam Ricketson, "Inducers and Authorisers: A comparison of the US Supreme Court's Grokster Decision and the Australian Federal Court's Kazaa Ruling"; Paul Goldstein and P. B. Hugenholtz, *International Copyright: Principles, Law, and Practice*, 3rd edn, New York; Oxford: OUP, 2013, p.340; Tay Pek San, "Developing a Secondary Copyright Liability Regime in Malaysia: Insights from Anglo-American Jurisprudence".虽然立法依据不同，但澳大利亚版权法中的授权责任规则实质上与英国是一样的。参见澳大利亚案例 *Universal Music Australia Pty, Ltd. v Sharman License Holdings, Ltd.*, [2005] FCA1242, at 340。

院）对此做出了权威解释。① 大法官 Templeman 赞成法官 Gibbs 在澳大利亚的 *Moorhouse v University of New South Wales* 案（Moorhouse 案）中的观点。

> "在通过一定手段或使用一定设备（例如复印机）完成的版权侵权行为
> 中，该手段或者设备经由行为人提供，并且该行为人知道或者有合理理由
> 知道该手段或设备很可能被用于侵权之目的，且没有采取合理措施将其限
> 制在合法用途之内，那么该行为人就构成对第三方的侵权行为的授权人。"②

从使用"知道或有合理理由知道"的表述可以看出，Moorhouse 案中法官 Gibbs 认为，假如基于对侵权环境的意识，被告承认侵权行为有可能发生，则不需要证明被告对某一特定侵权行为存在"明知"即可满足授权责任所要求的主观状态。英国法院将"知道"的判断标准与"控制力"要素结合，如果网络服务商与其用户之间存在特定关系，那么就可以证明网络服务商主观上"知道"可能存在的侵权使用行为。"明知侵权行为存在""单单使侵权行为能够实现或者鼓励侵权行为"等任何要素单独一项都不足以证明存在"授权"；当能够阻止侵权行为发生，但只是没有有效地阻止其发生，或放任其发展也都不足以构成"授权"。③ 在这个意义上，"控制力"意味着被告对原告负有责任，因为前者对直接侵权行为负有更高程度的"控制力"，或者明确表示对直接侵权行为承担责任。④ 因此，作为一般规则，仅仅为非法复制提供设备并不足以构成"授权"行为。⑤

---

① *CBS Songs*, *Ltd. v Amstrad Consumer Electronics*, *Plc.*, [1988] AC 1013（House of Lords）.

② *Moorhouse v University of New South Wales*, [1976] RPC 151. 在该案中，澳大利亚高等法院判决，一所大学因为其在图书馆中向学生提供复印机服务但未采取合理措施阻止非法复印行为而承担责任。

③ Kevin M. Garnett and others, *Copinger and Skone James on Copyright*, *Copinger and Skone James on Copyright*, p.520（7–148）.

④ Kirsty Horsey and Erika Rackley, *Tort Law*, *Tort Law*, p.78（4.2.1）.

⑤ Warren R. Shiell, "Viral Online Copyright Infringement in the United States and the United Kingdom: the End of Music or Secondary Copyright Liability? Part 2", *Entertainment Law Review*, Vol.15, No.4（2004）, p.107.

英国法院关于授权责任的这一思路与美国的 Sony 案的定案逻辑如出一辙，尤其是两国法院都拒绝仅仅因为其为侵权行为提供设备帮助且应该知道其产品会被用于侵权而向产品提供者施以责任。"授权"标准要求被告对第三人行为具有更高程度的控制能力，而且这种控制能力不仅仅只是提供物质设备，而且可以阻止侵权行为。大法官 Glidewell 在 Amstrad 案中也援引 Moorhouse 案而判定，除非一个人拥有权力来决定允许某一行为或者阻止该行为，否则算不上对该行为"授权"。[①] 授权责任理论认为，被告的过错以及采取合理措施阻止侵权都是施加责任的必要条件。因此，英国的授权责任与美国的替代责任并不相同，前者属于过错责任。

在英国侵权法中，为第三方行为人的行为所承担的责任来源于被告与第三方之间的"控制力"和责任关系。[②] 被告与实际造成损害的第三方之间的关系越接近，越有可能要为第三方的行为承担责任。如果将 Amstrad 案的法律原则适用于 P2P 文件共享网络服务提供商，英国法院需要回答的问题是：网络服务商与其用户之间具备何种程度的控制关系才产生服务商的授权责任？以及在主观上对侵权行为的知晓达到何种程度才能施加这种责任？可见，授权责任理论可以适用于类似 Napster 的技术，因为在 Napster 服务中具备施加授权责任所需要的所有前提条件：实际的侵权行为、被告人主观上的"知道"要素、第三方侵权行为与授权人之间的因果关系，以及授权者对侵权人的控制关系。[③] "控制力"的要求暗示了对侵权行为加以阻止的能力，这也是成立授权责任的前提。"如果在侵权行为发生之前可以阻止侵权行为发生，但并没有采取有效措施的被告无法逃避责任。"[④] 如果认为法律并未要求阻止侵权的能力与第三方侵权行为发生之间的紧密关系，"控制力"这一要素就形同虚设了。

将授权责任理论适用于追究网络服务商的版权间接侵权责任，英国法院

---

① *CBS CBS Songs，Ltd. v Amstrad Consumer Electronics，Plc.*

② Kirsty Horsey and Erika Rackley，*Tort Law*，Tort Law，p.92（4.7）.

③ Hasina Haque，"Is the Time Ripe for Another Exclusive Right? A Proposal"，*E I P R*，Vol.30，No.9（2008），p.371.

④ Jane C. Ginsburg and Sam Ricketson，"Inducers and Authorisers: A comparison of the US Supreme Court's Grokster Decision and the Australian Federal Court's Kazaa Ruling".

的这一立场在 Newzbin 案中得到了充分的体现：网络服务商与其用户之间持续存在的紧密关系，而且这种关系越紧密，服务商拥有的控制能力以及采取措施阻止侵权的能力就越强。[①] 在 Newzbin 案和 The Pirate Bay 案中，网络服务商采用一种过滤程序的能力成为法院判定被告网站承担责任的重要因素，没有履行自己的责任导致过失责任。因此，从侵权法的角度看，授权责任属于过失责任，当事人的过错来自于对已知的伤害未采取合理的预防措施。虽然英国侵权法中有"可归因故意"的概念，但是在涉及较为复杂的非中心化的 P2P 文件共享网络技术的 The Pirate Bay 案中，[②] 英国法院不大可能像美国法院在 Grokster 案那样通过适用引诱侵权规则扩大归责原则。但是，与本章接下来一部分要讨论的中国的共同侵权责任相比，英国的授权责任的归责原则在施加过失责任时要求更多。

（四）中国的共同侵权责任属于低标准的过失责任（疏忽责任）

正如我们在本书第三章讨论的，共同侵权责任是中国追究版权间接侵权责任的主要依据。中国《著作权法》第 10 条包含了一项"授权"权利。但是，在中国大部分涉及数字传输的案件中，所依据的主要是 1986 年《民法通则》、2009 年《侵权责任法》以及 2006 年《信息网络传播权保护条例》而不是《著作权法》中的"授权"权利。大部分中国法院认定 P2P 文件共享网络服务商要承担基于过错的共同责任，因为该技术所具有的为侵权行为提供物质设备，以及其商业模式的营利性特点。而对于搜索引擎，其服务所具备的对版权文件的"组织、编辑"特点成为认定共同侵权的核心因素。

按照中国的司法路径，提供技术或服务的被告人被推定主观上知道他所提供的技术或服务的用途以及可能被第三方如何使用。如果该种技术或服务被用于侵权目的，那么被告人"知道"的主观状态就构成被告的过错。因此，证明被告过错的方法实际上就是依据被告提供的某项技术或服务的特点和用途，以及被告对侵权行为推定的"知道"主观状态，而不是对第三方侵权行为的"明

[①]　Simon Baggs and Rachel Barber，"Twentieth Century Fox Film Corp v Newzbin Ltd— a Changing Tide in the Fight against Online Piracy: How Significant is the Newzbin Judgment?".

[②]　W. V. Horton Rogers，"Fault under English Law", p.65.

知".① 这种法律推定实际上属于过错侵权理论，相当于英美侵权法上的疏忽责任，但"疏忽"这一概念并没有出现在中国《侵权责任法》中。《侵权责任法》第 6 条第 2 款规定："根据法律规定推定行为人有过错，行为人不能证明自己没有过错的，应当承担侵权责任。"在过错推定责任中，使被告承担责任的归责事由仍然是过错，而非其他。只是原本由原告负担的证明被告具有过错的证明责任被转移给了被告，由被告证明自己没有过错。因此过错推定责任只是过错责任的特殊形式，而非独立的归责原则。② 与英国的授权责任相比，在数字环境中服务商的疏忽责任更容易认定，因为中国司法中所要求的"被告对其网络传输的文件进行编辑、加工"这一行为要件，或者提供辅助设备行为要件都较为宽松，并没有要求网络服务商与直接侵权行为人之间具有较紧密的"控制关系"，而只要所提供的技术或服务对侵权行为起到辅助之作用即可。

然而，中国认定间接版权责任的司法路径的问题是，中国法院错误地将故意侵权责任与过失侵权责任混用。按照大陆法系侵权规则的传统，"故意"（侵权责任）总是预先假设行为人知道其行为必定产生或者可能产生法律上可责难的结果。③ 但是，这并不意味着反方向的推论符合逻辑：单"知道"一项主观上的要件并不足以断定故意侵权。按照中国法院的逻辑，如果被告实质确信自己的技术或服务支持、帮助了侵权行为，而且因为大部分网络服务商都这么做而所以坚持其做法，那么其主观上必定存在造成侵权的"故意"，从而需要承担责任。这一推断公式似乎与美国侵权法中故意侵权的"实质性确信"标准接近，也因此与 Grokster 案十分近似：如果对他们的技术或服务为侵权提供了设备上的辅助这一点十分确定的话，行为人一定在主观上存在造成侵权的故意状态。那也就意味着，技术提供者虽然主观上可能的确不愿造成其技术被某些用户用作侵权的结果，但是也应该因为其对侵权行为的"故意"帮助而承担责任。然而，这种模糊故意侵权与过失侵权的做法正是美国 Perfect 10 案法院竭

---

① Chinamp3.com 网诉正东唱片娱乐有限公司案，北京市高级人民法院民事判决书（高民终字第 713 号，2004）。

② 程啸:《侵权责任法》（第二版），法律出版社 2015 年版，第 96 页。

③ Ulrich Magnus and Gerhard Seher, "Fault and German Law" in Unificatin of Tort Law: Fault, P. Widmer (ed), Hague: Kluwer Law International, 2005, p.102.

力避免的：所有互联网服务商都会因为故意帮助支持了侵权而负有责任。不但如此，中国法院的这一推断路径也与美国 Sony 案存在较大差异。在 Sony 案中，美国法院通过考量 Sony 公司的技术设备的非侵权特点而否定了 Sony 公司主观上存在"故意"。在 Sony 案中美国联邦最高法院树立了这样的规则：只向那些其所提供的技术不存在"实质非侵权用途"的技术或服务提供者施加版权间接侵权责任。中国法院未能在故意侵权责任和过失侵权责任中划出明确界限，而后者才是在新技术环境中建立间接版权侵权责任的基础。

综上所述，中国在网络服务商的版权侵权责任认定问题上的司法路径较西方国家明显为低。这带来了一个严肃的问题，即对大部分网络服务商而言，随时随地都可能要为第三方的侵权行为承担责任。这一结果可能对版权人有利，但是在网络环境中，可能非常不受技术或服务提供商以及公众的欢迎。

（五）我们需要一个更合理的间接版权侵权的法理框架

为了跟上技术发展的步伐，三国的法律实践在网络用户的在线传输行为所引起的如何分配监督和控制责任和义务的问题上选择了不同的方向。美国司法重新解释其间接侵权责任规则以适应 P2P 文件共享技术的特殊技术架构，结果其导致帮助侵权规则变得支离破碎。美国法院偏离普通法中传统帮助侵权责任所要求的行为人主观"知道"要素，转而求助对第三方侵权行为的"引诱"特点来认定帮助侵权。[1] 也正因如此，美国的故意侵权归责原则成为帮助侵权责任的新的认定基石。更为重要的是，因为引入引诱侵权规则，在适用美国侵权法中的"实质性确信"标准时，进一步模糊了故意侵权与过失侵权的边界。而英国在将授权责任适用于复杂的第三代 P2P 文件共享网络技术时，授权责任中的"控制力"要素显示，英国的授权责任实际上是一个门槛较高的过失责任。这导致了类似美国 Sony 案所产生的问题，保护了某些不良技术提供者，他们的故意对其技术或服务造成的版权侵权视而不见。在中国，法院在适用"组织、编辑"标准认定间接版权侵权责任时并未清晰地划定故意侵权和过

---

[1] 有学者建议，Sony 案法院应该援引美国侵权法中产品责任的"合理替代设计"规则。参见 Peter S. Menell and David Nimmer，"Unwinding Sony"。

失侵权的界限。比较而言，门槛较低的过失责任造成中国的网络服务商可能处于更为不稳定和脆弱的地位。

间接版权侵权责任在将来如何作用还未形成定局。虽然谨慎调适，但是目前三国的版权间接侵权司法实践并没有为我们提供可预见性的规则系统。而三个司法区域内共同的问题是，现有的版权间接责任规则都未能准确回答：到底服务商是否有责任监控版权侵权行为？如果有，监控到何种程度呢？任何对版权间接侵权责任规则的扩大适用都可能导致"人质风格"的管理形式，即网络服务商会不自觉地以版权人的名义扮演执法者。[①] 如果技术提供者不得不为阻止侵权做出更多的话，那么目前的版权责任归责原则非但没有为服务商提供更大的动力去监控第三方的侵权行为，还鼓励他们摆脱可能具备的阻止侵权的能力。

间接侵权责任属于侵权法中的一种责任形式，而并非只是适用于 P2P 文件共享网络或者搜索引擎。因此，与其削足适履，试图改写间接版权责任规则以适应基于新技术的新服务类型，将目光转向一般侵权规则可能是更适当的选择。在一般侵权规则尤其是过失侵权规则中探寻或扩展或限缩版权责任体系的依据，以避免在新技术不断涌现的环境中疲于应付各种特殊情况以及无休止的争论。[②] 这或许会提供一个在新技术发展中分配责任的更恰当、更具有活力的法理框架。

三、考虑"阻止侵权的成本与难度"因素的过失侵权责任

（一）过失责任（疏忽大意）与注意义务

全面分析侵权责任的分配，应当考虑当事人双方对侵权行为的比较责任以

---

① Thomas C. Folsom, "Toward Non-Neutral First Principles of Private Law: Designing Secondary Liability Rules for New Technological Users", *Akron Intell Prop J*, Vol.3, No.1 (2009), p.43.

② Laura A. Heymann, "Inducement as Contributory Copyright Infringement: Metro-Goldwyn-Mayer Studios Inc. v. Grokster, Ltd".

及在避免损害后果中所处的位置，要求权衡合法行为所带来的利益以及非法行为所造成的损害。[1] 在评价新技术时，必须"面向未来为技术开发商提供清晰的指导、降低不确定性，而不是依据产品或服务当下用途的僵化印象"，以保证鼓励有利于公众利益的使用方式与减少对版权的必要保护之间的平衡。[2] 正如 C. Grossman 解释的，间接侵权责任的规制应该服务于最密切联系方的政策利益。

　　"间接版权侵权责任规则应该通过对知道其服务辅助了侵权并且有能力阻止侵权而没有这样做的服务商施加责任来促进公平；该规则也应该是鼓励防范版权侵权、分散风险，并要求那些从版权侵权中获利的商业模式内化所有这些所需成本。"[3]

　　侵权法明晰行为人对他人的责任和义务，并为因未能履行该责任和义务而遭受不公正损害的受害人提供救济。[4] 版权法自始都受侵权原则影响，而后者将继续影响版权的演进。侵权法对各方利益的复杂的权衡使得"过错"成为过失侵权责任制度中最重要的概念。

　　从本章上述分析可知，版权间接侵权责任可以划分为严格责任和过错责任，后者又可以分为故意责任与过失责任。如果原告能证明侵权的四项要素均具备损害、注意义务、违反该义务的事实以及违反义务的行为与损害事实之间的因果关系，[5] 同时如果被告未能证明有效的积极抗辩，那么就能认定过失侵权责任。过失侵权规则所考察的"义务"是一种普通的注意义务，即一个具备合理谨慎的人在特定环境下所应给予的关注。在认定间接侵权的疏忽责任时，

---

[1]　Robert I. Reis，"The Sony Legacy: Secondary Liability Perspectives".

[2]　*Metro-Goldwyn-Mayer Studio*，*Inc. v Grokster*，*Ltd.*，125 S Ct 2764（2005），at 2791（Justice Breyer）.

[3]　Craig A. Grossman，"From Sony to Grokster, the Failure of the Copyright Doctrines of Contributory Infringement and Vicarious Liability to Resolve the War between Content and Destructive Technologies"，*Buff L Rev*，Vol.53，No.1（2005），p.141.

[4]　John C. P. Goldberg and Benjamin C. Zipursky，*Torts*，*Torts*，p.3.

[5]　Simon Deakin，Angus Johnston and Basil Markesinis，*Markesinis and Deakin's Tort Law*，p.99.

注意义务这一概念发挥了重要作用。①

（二）美、英、中三国的过失侵权责任中"注意义务"均是前提条件

在英美侵权法中并没有施加防止他人造成伤害的一般责任。② 具体说来，英国普通法对在大多数一般情况下的疏忽行为并不施加法律责任。直到 20 世纪 30 年代，法官才将已有的一些零散的、适用于特定情况的疏忽责任整合，在侵权责任中适用了一般性的注意义务这一概念。这一转折点就是 1932 年的 *Donoghue v Stevenson* 案。③ 在该案中，原告指控她喝了被告制造的姜味儿啤酒导致食物中毒，而这瓶啤酒是她的朋友从一个零售商处买给她的。原告指出，当她喝下大半啤酒后才发现不透明的啤酒瓶中留有腐烂的蜗牛。在审查了已有的"注意义务"情形都无法适用本案以后，英国最高法院以勉强多数判定了制造商应该对终端消费者负有保证后者所购买的商品不存在导致身体或财产损害的一般性的注意义务。大法官 Atkin 在该案中提出了"邻居原则"（neighbour principle）以判断在何种情况下产生一般的注意义务：

> "'你应该爱你的邻居'在法律中具有了这样的含义，即不能伤害你的邻居，而法律人的问题——谁是我的邻居？——应该加以严格解释。人们必须小心从事以避免你能合理预见到可能伤害邻居的作为和不作为。那么到底谁是我的邻居呢？答案应该是，那些和我们如此亲密、如此直接受我们行为的影响以至于我们在决定那些引起争议的作为或不作为时应该合理地将对其的影响考虑在内。"④

Atkin 法官的"邻居原则"对传统上范围有限的归责条件判断标准的拒绝的确开启了现代侵权法对一般性注意义务分析的新篇章。当然，对"邻居原

---

① Gert BrÜggemeier, *Common Principles of Tort Law—A Pre-Statement of Law*, p.111.
② Simon Deakin, Angus Johnston and Basil Markesinis, *Markesinis and Deakin's Tort Law*, p.178; Kirsty Horsey and Erika Rackley, *Tort Law*, Tort Law, p.83（4.4）.
③ *Donoghue v Stevenson*, [1932] AC 562.
④ *Donoghue v Stevenson*, at 580.

则"也存在质疑，争议之一是它无法区别作为与不作为行为的责任差别。传统的英国普通法侵权规则并不愿为"单纯的不作为"施加责任。在 *Smith v Littlewoods Organisation Ltd.* 案中，大法官 Goff 强调："在普通法中，所谓的'单纯的不作为'无需承担法律责任。"[1] 然而，此一般性条款也有例外，这些例外来自于一种特别关系，或者来自前侵权关系。[2] 当一个人没有做他应该做的事情时，与此种不作为相联系的责任（omission）便产生了。[3] 在特定情形下，法院也承认一种基于特别关系的积极义务，也即如果第三方被安置在行为人的监护权限之下，被告可能被要求对可预见的受害人加以关照。这种积极义务可能产生于一种控制关系、由于这种关系造成一定损害风险，以及未能对第三方造成的损失加以阻止等。[4] 大法官 Reid 在 *Home Office v Dorset Yacht Co. Ltd.* 案（Dorset Yacht 案）中对第三方行为所做的评论中谈到这种"义务"。

> "如果不是行为人的干涉打断了因果链条，那么第三方的行为是极有可能发生的。我认为单具备可预见的可能性并不或不应该充分施加责任所要求的条件，因为行为人的干涉应该被看作一个新的原因，而不是一个原本违法行为的必然后果。"[5]

美国普通法对这种"义务"也持相似立场：人们通常只为自己的行为负责，而不对你没有做的事情负责，[6] 但是"作为义务"可以来自于法律规定、合同，

---

① *Smith v Littlewoods Organisation*，*Ltd.*，〔1987〕AC 241.

② Simon Deakin，Angus Johnston and Basil Markesinis，*Markesinis and Deakin's Tort Law*，p.178.

③ *Richards v Stanley*，271 P 2d 23（Cal.1954）

④ John C. P. Goldberg and Benjamin C. Zipursky，*Torts*，p.121; Kirsty Horsey and Erika Rackley，*Tort Law*，p.83（4.5）；Wendy J. Gordon，"Copyright as Tort Law's Mirror Image: Harms, Benefits, and the Uses and Limits of Analogy". 按照 Gordon 的说法，被告行为与原告的伤害之间的关联来源于侵权法概念——事实因果关系，即被告的行为事实上导致了伤害。

⑤ 126 *Home Office v Dorset Yacht Co.*，*Ltd.*，〔1970〕AC 1004.

⑥ *Richards v Stanley.*

也可能与某种特殊的社会角色或者社会关系相连。① 商店店主、学校以及一个宾馆经营者在其控制的范围内必须采取合理措施来帮助需要他们帮助的顾客、学生或者房客。只有负有这种积极作为义务的人，在没有作为的时候才承担侵权法上的"不作为"责任。例如，通常人们没有阻止一个陌生人自杀的义务，除非是一个处于其监控下的医院的病人。② 美国的一起著名案例显示，一位心理医生在诊疗病人时发现后者计划谋杀，而这位医生被法院认定负有通知可能会受到影响的第三方的义务。③

"无义务则无责任"不仅仅是普通法中一条认定过失侵权的原则，根据德国法院和学者的主流观点，不作为引起的侵权行为并非自动违法，除非行为人违反了他保证公众安全的义务。④ 这被称为"安全义务"（Verkehrspflicht），是德国侵权法中界定不作为责任的核心原则。无论处于社会关系的何种角色，一个人如果对他人的权利或利益造成潜在风险，他就应该承担积极的义务去阻止这种风险，以保护他人的利益。⑤ 这种义务的目的是要划定法律保护的社会关系的范围，以及划定负有注意义务的特殊人群，而这种特别的注意义务与行为人对伤害的可能性、潜在危险的严重性的预见能力，以及阻止这种危险所需花费多少有关。⑥

"疏忽"这一概念在中国民法理论中是指，未能预见并阻止由他人的行为造成的损害或者不作为。从根本上看，这一概念与普通法中的"理性人"标准如出一辙。⑦ 2009年的《侵权责任法》吸取大陆法系和英美普通法系的司法经验，

---

① 1977年《第二次侵权法重述》第315条。美国法律制度中两个具有代表性的理论都与英国陪审团制度关系密切：普通理性人的行为标准与一般注意义。参见 Gert Brüggemeier, *Common Principles of Tort Law— A Pre-Statement of Law*, p.113。

② *Dinnerstein v United States*，486 F 2d 34（2d Cir 1973）；*Jamison v Storer Broadcasting Co.*，511 F Supp 1286（ED Mich.1981）.

③ *Taraoff v Regents of the University of California*，551 P 2d 334（1976）.

④ Gerald Spindler and Oliver Rieckers, *Tort Law in Germany*, Roger Blanpain ed, The Netherlands: Wolters Kluwer，2011, p.56; Gert Brüggemeier, *Common Principles of Tort Law— A Pre-Statement of Law*, p.109.

⑤ Walter van Gerven and others, *Tort Law— Scope of Protection*, p.63.

⑥ Gerald Spindler and Oliver Rieckers, *Tort Law in Germany*, p.56.

⑦ 张新宝：《侵权责任法原理》，中国人民大学出版社 2005 年版，第 72 页。

并且着重吸收了德国法中的"安全义务"理论。中国的民法学者开始注意到欧盟在统一成员国的侵权法体系过程中尝试引入普通法中的侵权归责路径。[1] 可见，"注意义务"已经成为本书所讨论的英、美、中三国的现代侵权法中过失侵权原则中均认可的国际性原则。

（三）"注意义务"使得过失侵权归责原则呈开放式

在现代侵权法中，法官总会考量各项政策以确定施加"注意义务"是否会导致事与愿违的结果发生。大法官 Pearce 曾坦白地评论道："'注意义务'的范围到底有多宽？法院最终依据的是对他人粗心大意的社会容忍度的最大值。"[2] 在 Dorset Yacht 案中，大法官 Morris 认为政策考量是判断当事人"注意义务"的最终依据。

> "如果仅凭理性和善意可以直接找到解决问题的方向，那就无需考虑政策性因素。但是，如果在有些案件中，关于在某特定情况下为何产生注意义务的判断转化为关于施加该注意义务是否公平合理的判断，法院就必须做出这种判断，不能推卸这一职责。"[3]

考量政策性因素意味着法院需要树立做出判定的依据，该依据不只是保证对手头的案子做出正确的判断，当然必须是"公平的、符合传统理念以及逻辑上统一的，而且该依据将会有效地服务于更有价值也更重要的社会终极利益"。[4] 法律只向那些实际上处于可以阻却违法行为的人施以注意义务，而且，任何对被告造成过度伤害的义务都势必要避免。如果向被告施加的责任过重，法院可以拒绝这么做，因为被告为避免这一损害可能采取消极行为，而过重的责任造成被告反弹可能给一般公众带来不合理的伤

---

① 于怀城：《〈欧洲侵权行为法草案〉评述》，《法律科学与社会》2008 年第 7 期。

② *Hedley Byrne & Co., Ltd. v Heller & Partners Ltd.*，［1963］2 All ER 575.

③ *Home Office v Dorset Yacht Co., Ltd.*

④ Hans A Linde，"Courts and Torts: Public Policy without Public Politics"，*Val UL Rev*，Vol.28，No.3（1994），p.821.

害。① 例如，在 *Poppleton v Trustees of the Portsmouth Youth Activites Committee*
案中，英国法院并没有因为发生在运动会和娱乐活动过程中的意外伤害事
件而向在其土地上举办运动会和娱乐活动的土地占有人施加责任。② 大法官
Hoffmann 解释说，土地占有人并没有保证那些粗心大意的造访者不受显而易
见的危险的侵害，因为后者（原告）或许比被告处于一个更有利的位置来采取
措施去防止可能发生的危险。

　　按照注意义务，判断被告人的行为是否应该承担责任需要具体问题具体分
析，通过对与被告行为的相连的风险及社会价值进行权衡。这种风险和社会价
值的判断也会随着技术进步和社会规范的变化而不断调整。③ 从这一角度看，
与故意侵权归责原则相比，过失侵权归责原则可能具有开放式结果因而也较为
灵活。现代侵权法中的过失归责原则关注损害分担，但是故意归责的功能并不
注重损害分担，而是强调某些根本利益的重要性，例如保持个人身体完整不受
伤害的权利，以及迁徙自由权等。对故意造成伤害的责任已经被法律定型化
为几种目前仍然有效的法定侵权形式。④ 行为人某一行为是否构成故意侵权行
为，依赖于法定的特定故意侵权的构成要件。通常，故意侵权责任规则适用条
件严格而僵化，很难清晰地对因被告行为所处的背景和环境不同造成的差异做
出反应。⑤ 因此，网络环境中存在大量的用户侵权，过失归责原则提供了一个
在版权责任分配中平衡冲突利益较为合理的法律框架。以过失归责原则为基础
的版权间接侵权规则不考虑行为是否出于故意，对于那些服务于公众的新技术
来说，这无疑是十分友好的规则选择。⑥

---

① C. R. Symmons，"The Duty of Care in Negligence: Recently Expressed Policy Elements—Part
2"，*Modern Law Review*，Vol.34，No.5（1971），p.528.

② *Poppleton v Trustees of the Portsmouth Youth Activites Committee*，[2008] EWCA Civ 646.

③ John C. P. Goldberg and Benjamin C. Zipursky，*Torts*，p.142.

④ Simon Deakin，Angus Johnston and Basil Markesinis，*Markesinis and Deakin's Tort Law*，
p.359.

⑤ Alfred. C. Yen，"Torts and the Construction of Inducement and Contributory Liability in Ama-
zon and Visa".

⑥ Menell 与 Nimmer 所提出的"合理替代设计理论"也可以支持这一点，他们认为在版权
法语境下适用"合理替代设计"理论可以达成保护已有权利与未来创新之间的有效平衡。
参见 Peter S. Menell and David Nimmer，"Unwinding Sony".

（四）版权间接侵权责任中的成本—收益分析

根据过失归责原则，在行为人未能采取经济合理的预防措施从而导致可以预见的损害时，才向行为人施以责任。[①] 恰当地分析过失责任要求注意三件事：被告针对侵权行为采取预防措施的成本，以及实施的困难程度；预防措施的有效程度；以及预防措施可能带来的潜在的意外后果。然而，在施加间接责任中需要考虑的"知道"要素、"控制"要素，甚至"故意引诱"要素都与过失侵权责任分析关系不大。[②] 本书前述的关于版权间接侵权司法实践都较少考虑被告是否能够较为容易地移除侵权文件或者阻止网络用户接入侵权文件的问题。甚至在被告并未收到充分有效的侵权"通知"以至于无法采取有效技术手段加以阻止的情况下，法院和立法也没有充分地考虑施加责任的成本和内在收益。例如，在 Perfect 10 案中，双方当事人都没有提出充分的证据证明移除搜索结果目录的功效或者移除行为所造成的不良后果。[③] 诉争的事实显示，单纯 P2P 技术因素与电子邮件、即时信息、照相式复印以及视频磁带录制机的技术因素一样，通常不能构成间接版权责任的事实基础，尽管终端用户都可以利用这些技术从事某些（或许大量的）版权侵权活动。[④] 在某些情况下，P2P 文件共享技术甚至还被认为对版权人的市场收入有积极影响。[⑤] 事实上，目前还没有证据证明 Google 实际上具有多大能力阻止侵权行为。对于特定搜索结果的移除对阻止侵权文件的传播有一定作用，但是它并不能阻止侵权本身。如果网络用户使用另一种搜索工具查找到侵权文件，那么采取措施移除文件的功效将被全部抵消。

[①] Douglas Lichtman and William Landes，"Indirect Liability for Copyright Infringement: An Economic Perspective"，*Harv JL& Tech*，Vol.16，No.2（2003），p.395.

[②] Douglas Lichtman and William Landes，"Indirect Liability for Copyright Infringement: An Economic Perspective".

[③] Robert I. Reis，"The Sony Legacy: Secondary Liability Perspectives".

[④] Laura A. Heymann，"Inducement as Contributory Copyright Infringement: Metro-Goldwyn-Mayer Studios Inc. v. Grokster，Ltd".

[⑤] Lital Helman，"When Your Recording Agency Turns into an Agency Problem: the True Nature of the Peer-to-Peer Debate".

美国学者 R. Posner 用成本—利益分析来概括合理的政策分析，他认为对行为人责任的分析需要考虑如下因素：

> "知道自己所处地位，清晰地定位目标和价值，在众多选择中确定优先性，决定所涉政策考量因素是否会推动达成预定目标，并结合考虑成功的可能性有多大、有何种负面影响，当然还有，与其他替代方案相比有何成本花费。"①

法院应该评估阻止对版权作品的侵权使用的成本及有效性。② 预防措施成本如果小于在不采取这些措施而可能发生的预估损失时，这样的预防措施就是合理的。③ 损害风险的评估要考虑相关的两方面因素：法院必须兼顾风险的可能性和潜在损害本身的必然性。如果可能发生的损害非常严重，那么即便相对来说较小的风险在权衡中也占有较大权重。天平的另一端，在检测预防措施成本的时候，法院不但必须考虑被告采取额外措施阻止损害发生的潜在花费，还要考虑如果所要制止的行为被制止可能带来的社会利益的损失，也就是说，法院必须考虑被制止的行为可能带来的更为广泛的社会利益。④ R. Posner 认为过失侵权责任系统最主要的功能就在于它生成了能够带来对意外事件与社会安全进行有效权衡——成本合理化判断——的责任规则。⑤

作为 Aimster 案的定案法官，R. Posner 将这一理论运用到了数字环境的法律实践中，认为法院在认定责任时应该考虑侵权和非侵权使用的比例关系。⑥ 按照 Aimster 案的分析，要想获得"Sony 抗辩"的保护，证明一个制造商目前以及将来实质的非侵权使用只是第一步。在证明了这一点之后，如果该产品有侵权和非侵权的双重用途，还应该对"这些侵权与非侵权使用行为进行相应的

---

① Hans A Linde，"Courts and Torts: Public Policy without Public Politics".

② *Hutchins v 1001 Fourth Ave. Assoc.*，802 P 2d 1360（Wash.1991），at 1367.

③ John C. P. Goldberg and Benjamin C. Zipursky，*Torts*，p.91.

④ Simon Deakin，Angus Johnston and Basil Markesinis，*Markesinis and Deakin's Tort Law*，p.209.

⑤ Richard A. Posner，"A Theory of Negligence"，*J Legal Stud*，Vol.1，No.1（1972），p.29.

⑥ *In re Aimster Copyright Litig.*

规模（magnitudes）做出评价分析"。① 据此，第七巡回法院宣称，如果一项服务为其明知的侵权行为提供设备上的辅助，同时还具有"非侵权用途"，但是如果能证明阻止侵权成为被告的沉重负担，那么向技术或服务提供者施加阻止侵权的责任显然是不恰当的。② 该法院的思路并非直接判定被告免责，而是让网络服务商获得一个可反驳的非侵权推定，如果原告成功地证明利用该产品或服务的侵权行为规模超过了"非侵权使用"行为的规模，被告则必须证明采取消除或减少侵权行为的措施不合理的高昂。

这一观点得到其他学者的支持，而且其重要性也得到了进一步强调。③ 学者 Zittrain 甚至得出结论认为，如果由美国第七巡回法院来审理 Grokster 案的话，它会被以不同的面貌呈递到美国联邦最高法院：Grokster 公司证明其产品和服务的"非侵权用途"的努力会被以不同方式设计并管理一款可以排除一部分或全部侵权行为的软件所需成本和花费抵消。④ 如何解释用来证明间接侵权的"侵权以及非侵权的规模对比"的实证证据？以及如何权衡相关使用行为的社会价值？⑤ 对这些问题的回答实际上构成了 Aimster 案的判决基础。

在英国，考察采取合理措施阻止侵权的可能性的时候，授权责任似乎暗示被告人应该在任何未能采取措施阻止侵权之前就应该进行成本—收益分析。从这个角度看，英国的授权责任归责原则非常类似 Aismter 案中 Posner 法官所主张的归责标准。然而，虽然对侵权行为一定程度的"控制力"是构成侵权的必须要件，但是何种程度的联系和"控制力"足以证明授权责任仍然有待澄清。

重要的是，在这一司法环节中，由版权人承担对被告人过错和阻止侵权所支付成本的证明责任。因此，在版权诉讼中，除了证明实际复制行为和存在"实质相似"之外，原告还必须证明被告的"注意义务"和对该义务的违反。通过适用过失归责原则来加重版权人的举证责任，从而限制版权责任。这种举

---

① *In re Aimster Copyright Litig.*, at 649.

② *In re Aimster Copyright Litig.*, at 648–649.

③ Jonarthan Zittrain，"A History of Online Gatekeeping"，*Harv J L & Tech*，Vol.19，No.2（2006），p.253.

④ Jonarthan Zittrain，"A History of Online Gatekeeping".

⑤ Deborah Tussey，"Technology Matters: The Courts, Media Neutrality, and New Technologies"，*J Intell Prop L*，Vol.12，No.2（2005），p.427.

证责任倒置的司法路径同样发生在美国法院对合理使用原则的适用中。这种司法路径的转换对一个缺乏针对网络服务商的宽泛的"避风港"规则的英国和中国来说尤为重要。

四、侵权法原则是版权责任的基石

（一）现有的版权责任规则并未抑制侵权行为发生

版权间接侵权责任规则赋予了版权人一项重要手段，通过这一手段版权人进一步控制了公众对版权作品的使用。美国的 Napster 案、Grokster 案、Perfect10 案，英国的 Newzbin2 案与 The Pirate Bay 案，以及包括中国一系列百度案在内的版权诉讼都反映出，在全球范围内版权人孜孜以求，试图将为公众提供享有版权作品的服务纳入自己控制权之下。然而，正如本书上文所述，这些努力并未如版权人期待的那样成功。事实上，供用户下载的 P2P 文件共享程序的数量不挫反扬。① 例如，2012 年 1 月 19 日美国司法部下令关闭了一个提供在线储物箱和文件共享服务的网站 Megaupload，并以其经营了一个巨大的"Mega 阴谋"为由指控该网站运营商版权犯罪。② 起诉书宣称，阴谋者通过一个专门设计的商业模式为无数用户提供流行的版权作品下载服务。这实际上重复了美国唱片工业联合会的立场，即内容分享平台服务商应该负有监管之责以防止其用户侵权。然而，一年以后，Megaupload 的创建人之一 Kim Dotcom 向市场推出了 Megaupload 的替代版本——Mega，并于 2013 年 1 月 19 日上市。上市后一小时其注册用户就高达 10 万人，在第一个 24 小时内，用户突破 100 万人。③ 虽然 Mega 与 Megaupload 有明显的相似之处，但是 Dotcom

---

① Rebecca Giblin, *Code Wars:10 Years of P2P Software Litigation*, p.140.

② 美国司法部以在线大规模侵犯版权指控 Megaupload 的运营负责人。参见美国司法部官网（The US Department of Justice）http://www.justice.gov/opa/pr/2012/January/12-crm-074.html，最后访问日期：2018 年 3 月 23 日。

③ Karl Schaffarczyk, "Can Kim Dotcom's Mega Beat the Law Where Megaupload Failed?", available at http://theconversation.edu.au/can-kim-dotcoms-mega-beat-the-law-where-megaupload-failed-11826'，最后访问日期：2018 年 3 月 23 日。

提到了两个程序的关键差别：Mega 服务商对于其用户在 Mega 服务中储存和传输的文件一概不知，因此他们可以得到"一个可靠的法律体系"的保护。不言而喻，这一"可靠"的法律体系即 Napster 案所确立的判决先例。当然，Mega 公司不是此类服务唯一的网络服务商。随后，网络在线存储市场吸引了大量公司蜂拥而至，都瞄准了希望能通过高速、便捷的途径获得和分享大容量文件的市场。①

除了 MediaFire、RapidShare、YouSendIt、Dropbox 以及 Box.net 这些主要的公司之外，Amazon、Google 以及微软公司也都开始提供类似服务。虽然针对 P2P 文件共享的"战争"仍在进行中，实践中几乎每一个通过合法途径可以获得的音乐也可以在 P2P 网络中找到；而且这种分享并没有被这场"战争"中任何一场"战役"或宣称其非法的判决所震慑。②"战争"并没有明显地提高娱乐产业收入，反而，因为版权人兴师动众地关闭网络账号、大学的服务器或者其他网络的行动引来公众对此的高度关注。③

由于扩展的独占权和不断扩大适用范围的版权间接侵权责任，版权的控制不断得到加强，而这种强化的控制并非出于对艺术家创作的金钱刺激，而是要竭力补偿所谓"盗窃"版权作品的损失。这种"盗窃"行为被唱片公司和电影制片公司认为是其利润水平降到通常水平之下的一个原因。他们一方面斥巨资诉讼个人网络用户，但是另一方面却拒绝多给创作者支付哪怕一分一毫。④ 有证据显示，版权人手上不断强化的控制权并没有给创作者更多的补偿。事实上，对新传播技术的拒绝并非创作者和艺术家的真正利益所在。⑤

---

① Nicole Perlroth and Quentin Hardy，"Antipiracy Case Sends Shivers through Some Legitimate Storage Sites"，available at http://www.nytimes.com/2012/01/21/technology/antipiracy-case-sends-shivers-through-some-legitimate-storage-sites.html?_r=1，最后访问日期：2018 年 3 月 23 日。

② Lawrence Lessig，*Remix*，London: Bloomsbury Academic，2008，p.225.

③ Daniel Gervais，"The Tangled Web of UGC: Making Copyright Sense of User-Generated Content"．

④ Jessica Litman，"Billowing White Goo"．

⑤ 网络侵权行为是唱片工业利润下滑的主要原因，而且也成为电影工业以及其他文化产业的严重威胁，这一观点遭到普遍反对。参见 David O. Carson，"Making the Making Available Right Available"；Yochai Benkler，*The Wealth of Networks*，p.423.

至少在理论上，版权法通过赋予控制权的形式来提供一种创作的刺激，从而鼓励新作品的创作。[①] 然而，在数字环境中，版权人的强控制是否有利于艺术创作者还未得到实证证明。[②] 任何版权责任系统与保护对创作的鼓励之间的关系都不是直接的，而是依据创作者和艺术家对版权产业的需求而定。[③]

（二）诉讼是未能满足市场需求的替代品

为什么会导致这一结果？本书认为，为创作者和艺术家提供保护的版权规则体系失效至少应部分归因于对版权利益的错误配置——赋予版权人对作品的传播和利用拥有过多控制权，而模拟世界的商业模式与数字技术现实之间发生错位是导致版权利益不合理配置的重要原因。正如本书开篇指出的，版权产业未能满足消费者获得信息并互相分享的需求。为了维护自身在作品市场的控制地位，版权产业通过向新的传输技术或服务提供商施加版权责任将后者拽入其控制的势力范围之下。

（三）传统商业模式与互联网"拖拽式"市场营销方式之间的冲突

在面对消费者不愿为版权作品付费这一市场问题时，版权人宁愿将其归结为一个法律问题，因为既然是法律问题便可以通过赋予版权人更多权利来解决。但这是一个市场问题，来自于版权人一直未能对市场做出及时反应，也未能顺应那些引导消费需求的技术发展。[④] 那些以新技术提供商为目标的版权诉讼，其真实目的是什么呢？版权内在的经济原则提供了一个有助于回答这一问题的出发点：他们竭力控制已经控制的原创作品的市场，而不是去满足对新的数字产品和传播的市场需求。通过排他的向公众提供权来达到这一目的，试图从新传播技术中获益。

---

① Jane C. Ginsburg, "Copyright and Control over New Technologies of Dissemination", *Colum L Rev*, Vol.101, No.7（2001）, p.1613.

② Jessica Litman, "Real Copyright Reform"; Willian F. Patry, *Moral Panics and the Copyright Wars*, p.37.

③ Joel C. Boehm, "Copyright Reform for the Digital Era: Protecting the Future of Recorded Music through Compulsory Licensing and Proper Judicial Analysis ".

④ William F. Patry, *How to Fix Copyright*, p.141.

在版权法中引入向公众提供权实际上是版权人对互联网这一新技术的极端反应。按照版权产业的观点，整个版权是单向性的：公众是一个被动的接受者，他们的角色就仅仅是一个向版权人付费否则不能使用版权作品的角色。这的确是一个赋予排他权的理由。对版权人来说，消费者就是一个被动的产品或服务的接收者，而向市场上提供何种产品则完全由版权人来决定。① 这种版权产业的模式被称为"推送式"（push）营销。② 然而互联网用"拖拽式"（pull）营销替代"推送式"，打破了一直以来有利于版权人的垂直垄断的商业模式。③ 正如 J. Brown 所说，"推送式"与"拖拽式"经营方式截然不同，尤其是在满足消费需求方面。

> "前者认为消费需求是可预见的，而后者则认为消费需求具有高度不确定性。这一基本预设的不同导致了市场营销策略设计原则存在根本差异……'拖拽式'营销不是尝试对参与者下达命令，而是处于周边向公众提供工具和资源（包括与他人连接的方式），这正是创新所需要的，也是当机会出现时创造性地把控机会所需要的。在中心化'推送式'营销中，决策者将公众看做被动的消费者，预估甚至塑造消费需求，而在'拖拽式'营销的决策者眼中，即便公众在充当购买产品或服务的普通消费者时，也是网络式链接起来的创造者。"④

不幸的是，传统的版权责任体系服务于"推送式"营销的要求，在这种营销模式中，经营者向消费者提供他们自己愿意推销给消费者的商品或服务，而不是消费者想要的商品或服务。然而，互联网是"拖拽式"交流工具而不是如

---

① Willian F. Patry, *Moral Panics and the Copyright Wars*, p.25.

② John Seely Brown and John Hagel III, "From Push to Pull: The Next Frontier of Innovation" McKinsey Quarterly , available at https://www.mckinseyquarterly.com/From_push_to_pull_The_next_frontier_of_innovation_1642，最后访问日期：2018 年 4 月 2 日。

③ Willian F. Patry, *Moral Panics and the Copyright Wars*, p.6.

④ John Seely Brown and John Hagel III, "From Push to Pull: The Next Frontier of Innovation", available at https://www.mckinseyquarterly.com/From_push_to_pull_The_next_frontier_of_innovation_1642，最后访问日期：2018 年 4 月 2 日。

传统传播和图书出版的"推送式"营销，在后一商业模式中，版权完全控制着作品的发行和传播，而控制所有接入作品的渠道的企图与互联网的功能格格不入。"拖拽式"营销方式的基准线是合作而非控制。

为维护已有的商业模式，扩大版权间接侵权责任就成为获得对技术控制的最简单方式。① 缺乏清晰的社会责任分配原则，目前的版权间接侵权责任体系必然有利于那些遵循传统商业模式的市场占有者。② Napster 案就显示了一种否定已有的自然产品循环链条的典型尝试：经营者无法提供公众不再需求的产品。③ Grokster 案则首次针对大规模商业模式适用引诱侵权规则，对新媒体公司造成潜在的打击。④

版权人错误地依据没有效率的法律作为对市场需求的回应。"没有法律能拯救拒绝消费者需求的版权人。"⑤ WIPO 执行总干事 F. Gurry 曾中肯地评论，"成功的版权政策必须建立在技术中立的基础上，而不应该在过时技术的基础上维持商业模式。"⑥ 如果需要刺激，我们必须对真实的作品市场做出实证评价。版权制度必须建立在 21 世纪市场的基础上，这个市场代表了一种无须复制而消费版权作品的趋势。如果数字发行经济使得大众传播无需大量资金投入而成为可能，或许已经到了重新分配版权利益的时候。⑦ 如果版权的目的是鼓励独创作品的创作和传播，那么重新划定相关利益方的社会责任，减少现有版权法施加给创作和传播作品方的责任才是可循路径。向版权人施加更多责任，他们可能不再愿意将大量资金和精力投入在阻止新技术发展这件事上。

正如学者 T. Touloumis 指出的，我们可能需要这样的商业模式：瞄准那

---

① Willian F. Patry, *Moral Panics and the Copyright Wars*, p.151; Neil W. Netanel, *Copyright's Paradox*, p.77; Raymond Shih Ray Ku, "The Creative Destruction of Copyright: Napster and the New Economics of Digital Technology".

② Jessica Litman, "Real Copyright Reform".

③ Willian F. Patry, *Moral Panics and the Copyright Wars*, p.5.

④ Neil W. Netanel, *Copyright's Paradox*, p.78.

⑤ William F. Patry, *How to Fix Copyright*, p.142.

⑥ Francis Gurry, "The Future of Copyright", The Blue Sky Conference: Future Directions, Feb.2011.

⑦ Jessica Litman, "Real Copyright Reform".

些提供廉价合法的替代创新产品的市场，既不会抑制技术发展也不会侵犯版权。① 这样的商业模式不断涌现、随处可见，它们瞄准那些向用户提供创作、拍摄以及混合现有素材的工具以及对创作出来的作品进行发行、共享、传播的工具。

五、小　结

与清晰明了的版权直接侵权责任比较，版权间接侵权规则芜杂而破碎，但是后者适用范围却不断扩大。英、美、中三国的版权侵权责任司法实践的分析路径呈现出从注重认定特定的直接侵权责任向注重施加间接侵权责任的转变趋势。在数字环境中通过社会福利和公众利益的考察，版权间接侵权实际上充当了平衡各种不同利益的肯綮。

在对用户的网络传输行为的监控责任配置上，英、美、中三国的司法实践出现了明显分歧。抛弃考察行为人主观上对侵权行为是否"知道"这一要素，美国法院自 Grokster 案之后转向"行为人对侵权行为的引诱"来认定帮助侵权责任。然而，引诱责任标准模糊了美国侵权法上区分故意侵权和过失侵权的所谓"实质确定"标准。在英国，由于必须考察"控制力"要素，英国法院适用的授权责任属于高标准的过失侵权原则。在中国，当法院在认定间接侵权责任时适用了"提供辅助设施"和"编辑、加工整理"标准，却也未能清楚地划定故意侵权与过失侵权的界限。中国的过失侵权归责的低门槛要求类似于美国 Grokster 案的引诱侵权标准，但是，相比同样属于过失侵权的英国的授权责任，中国的过失侵权归责标准显然宽松，因为授权责任要求被告与第三方侵权行为的发生之间存在更紧密的关系才向被告施加责任。

适用标准的差异导致了新技术环境下适当预见性的缺乏。一个适当的版权间接责任制度应以过失理论为基础，以分配技术或服务提供者和著作权人之间在网络环境下的一般社会责任，同时预防网络用户的侵权行为。恰当的过失责

---

① Tara Touloumis，"Buccaneers and Bucks from the Internet: Pirate Bay and the Entertainment Industry"，*Seton Hall J Sports & Ent L*，Vol.19，No.1（2009），p.253.

任要求考察被告针对侵权行为采取措施的成本和存在困难，以及该措施的有效性以及潜在的、非故意造成的后果。如果法院要求版权人来证明这种措施的成本以及过失的其他要素，那么将是对版权人的新权利造成的强有力的控制权的制衡。版权责任制度对网络侵权的威慑作用还没有显现，原因在于版权人一直试图在数字时代维持与模拟世界相同的商业模式；试图控制他们已经控制的市场而不是满足新的市场需求。本书认为，建立在过失侵权归责原则基础上的版权间接侵权责任规则更有利于社会总体利益。重塑版权人的角色，使其在版权责任体系中担负更多法律责任而不是一味地扩大其权利，以此为己任的法律才能被认为是合乎情理的。任何时代版权法的目标都是鼓励创造，因此我们必须使版权法适应人们创新行为发展的真正方向，适应为鼓励此种创新的新市场的发展。

结　论

　　无论是本土法律概念和法律规则还是移植而来的法律概念和规则，要充分理解，都必须了解这些概念和规则的渊源及背景。本书的比较研究通过解读法律现象中一种理论的系统模式、法律的源头以及法律意识形态，以期可以更好地用一种系统的、富有成效的方法理解、鉴别以及评价他人的法律制度。

　　互联网是一个全新的市场，利益各方之间的关系已经发生深刻变化，根本不同于线下市场。版权人和作品用户之间的关系，版权人与交流平台、网络服务商等中间人之间的关系，以及版权人与作者、创作者之间的关系无不受之影响。这种由数字技术带来的利益关系的转变已经开始影响版权法的整体格局。如果能够清楚界定侵权行为，这种转变可以带来积极的社会结果；但是，如果无法清楚界定和定位侵权行为与非侵权行为，这种转变很可能因其阻隔了信息传播途径而对社会利益造成伤害。

　　将数字技术带来的无限传播能力视作邪恶的威胁力量，版权人担心他们将完全失去对作品利用的独占能力。指控网络用户直接侵犯版权法赋予的接入在线作品的独占权成为消除这种威胁的最简单易行的粗暴方式。涵盖了向公众提供权的向公众传播权最终被写入 WIPO 的互联网条约《世界版权条约》和《世界表演和录音制品条约》，版权人直接将矛头指向那些网络传输作品行为。但是该项条约内容是以"伞状方案"的形式出现，WIPO 各缔约国就新权利是否是解决数字传输问题的最佳途径仍有争议，而这种分歧恰也反映在了各国的内国法相关规定中。英国和中国按照 WIPO 要求引入该项新权利，虽然两国的具体条款规定并不完全一致。美国立法界不愿在已有的版权法中写入一项新权利，他们坚持美国立法中已有的发行权、复制权和公开表演权甚至公开展览权都可以单独或者结合起来解决网络传输的新问题。由于国际条约并未提供一项统一的针对"向公众提供行为"的规则，必然造成侵权责任认定的不确定性，也使跨国企业经营者在制定自己的国际知识产权战略时产生困惑。

如何分配版权人、网络服务商和网络用户的版权法律责任？本书对美、英、中三国的相关司法实践进行了比较分析。从内国法层面的诉讼实践看，三国司法依据内国法以及相关技术特点为依据所作判决有一共同趋势，即在处理复杂的网络环境的责任分配问题上都朝着着重认定间接版权责任的方向发展，但是向网络传输行为人施加的法律责任并不相同。美国法院试图将数字传输行为归为本国立法中的公开表演权、公开展览权、复制权以及发行权覆盖的行为，但他们还是在最关键的一环遇到麻烦：如果不对美国版权法中的发行权做进一步解释，很难将其适用于网络"向公众提供行为"，因为在数字传输中很难证明发行为所要求的"作品复制件实际转移"这一要件。偏离正常对立法解读的轨道，美国法院在是否需要将"（复制件）的实际转移"作为构成网络发行行为的要件这一问题上产生分歧。有些法院认为"复制件的实际转移"是发行权的应有之义，所以美国版权法中的发行权无法覆盖"向公众提供行为"；而有些法院则认为可以对发行权扩大解释，使美国版权法中的发行权覆盖"向公众提供行为"。事实上，后一立场得到作为原告的版权人的支持，因为这样一来在诉讼中就无需证明行为人"实际转移"了任何作品复制件。如果这一主张得到法院支持，版权人无疑可以在诉讼中获得很大优势。

就此争执不下而未达成统一意见之前，美国法院选择了另一路径来解决责任分配的问题。他们将美国普通法中的间接责任制度适用于网络传输行为，以此平衡版权人需要得到保护的诉求与公众自由接入信息的利益之间的冲突。于是，间接责任的含义被重新解释，得以适用于新的数字传输环境。在美国，P2P文件共享技术的服务提供者被施以帮助侵权责任或引诱侵权责任的主要依据包括：主观上对直接侵权行为的"明知"，为直接侵权行为提供帮助之技术特点，以及商业模式所具有的引诱侵权之特点。当然，如果通过有效方式阻止对版权保护作品的侵害的，可以获得立法上的"避风港"规则的保护。与P2P文件共享技术服务商不同，在大部分搜索引擎争议中，法院运用不同的法律推定方法，使搜索引擎免于承担帮助或引诱责任。

然而，困扰美国法官的发行权中"作品复制件实际转移"问题并没有给英国和中国法官造成很大麻烦，其主要原因就在于一项新权利的适用。正因为新的向公众提供权，在英国，版权人更多地指控直接侵犯版权行为。英国的版权新权利除了直指非法上载版权作品的行为，也指向对在线传输的辅助行为，例如搜索服务。法院解释，只要使用链接的公众构成不同于侵权内容所在网页的用户，即所谓的"新公众"，设链网页经营者就应该为侵犯"向公众提供权"承担直接侵权责任。同时，如果被证明技术或服务提供者与上载行为人之间存在控制关系，前者还有可能被施以授权责任。与英国的向公众提供权相比，该权利的中国版本（信息网络传播权）只针对网络用户或者服务提供者的上载行为。为用户接入版权内容提供辅助设备或使用户接入某侵权内容更为方便的行为并不构成信息网络传播行为。对中国法院而言，在涉及并不存在上载行为的第二代 P2P 文件共享软件案件中需要认定无数网络用户的侵权责任并不容易。事实上，中国法院也一直并不愿追究网络用户的法律责任，因为可能与《著作权法》第 22 条规定的以"欣赏"为目的"个人使用"之合理使用条款冲突，也可能破坏普通网络用户对版权法的起码尊重。由于放弃追究 P2P 用户的直接侵权责任，中国的信息网络传播权所能发挥的作用就十分有限。因此，也很难据此奠定向网络服务提供者施加共同侵权责任的基础。

如此一来，中国法院大多数情况下只能依据间接版权责任归责原则去追究网络服务提供商的责任。尽管民法法系传统并未赋予中国法官"造法"的权力，但中国法院在面对网络上的版权争议时，更倾向于扮演一个积极的角色，打破常规，借鉴美国的帮助侵权和替代侵权的概念，试图弥补僵化的法条与网络传输技术带来的挑战之间形成缺的口。中国的共同侵权责任规则是处理网络版权侵权的主要依据，但司法适用充满争议。基于技术或商业模式的特点，结合考虑行为人的引诱行为，P2P 文件共享软件提供者被中国法院认为需要为网络版权侵权承担共同侵权责任。就搜索引擎而言，虽然在大多数情况下普通的搜索服务不构成直接侵权，但如果他们在对第三方网页内容进行系统缓存时"编辑、加工和整理"了该内容，则可能构成第三方版权侵权的共同侵权人。根据雅虎中国案和泛亚案的推论逻辑，第三代 Bit-Torrent 网络也会构成版权侵权，因为 Bit-Torrent 的追踪器"监控"传输内容之特点似乎可以满足"编辑、加工和整理"标准。但是，考虑到证明搜索引擎服务提供商对搜索结果自动进行排序的日常行为属于对搜索结果的"编辑、加工和整理"并不容易，这一标准很难适用于搜索引擎的日常行为。

通过分析，在美、英、中三国的版权司法中均出现了法院审判重点从直接侵权到间接侵权的转变这一趋势，但在具体判定中却又适用了不同标准。这种转变实际上是版权思维的转变：法院的关注点从具体的财产权利转向那些可以用于侵权的新技术所带来的社会利益与对各方利益冲突之间矛盾的协调与权衡。

新技术的出现打破了版权的平衡。如果坚持认为版权人可以以排他性的垄断权来控制作品的一切使用行为，那么重新获得版权平衡就变得十分困难。版权作品的某些在线使用应该被排除在版权侵权行为之外。就具体网络用户的直接侵权责任而言，美、英、中三国都没有为 P2P 文件共享者未经许可的上载行为提供抗辩，这就为向用户传输作品行为提供辅助条件的网络服务商施加间接版权责任提供了一个逻辑前提。但是，就辅助技术提供者的直接侵权责任而言，各国法院立场存在分歧。在英国，如果 P2P 文件共享软件提供者直接侵犯向公众提供权，也同样没有任何抗辩可以使其免责。但是在美国，被指控侵犯发行权或者公开展览权的搜索引擎可以适用其《版权法》中的合理使用规则来免除责任。中国的网络服务商在仅提供技术而无直接上传行为时，则无需承担直接侵犯信息网络传播权的责任。

就间接版权责任而言，在美国和中国，P2P 文件共享服务提供者和搜索引擎都可能为第三方版权侵权行为承担帮助侵权或共同侵权责任；而在英国，只有 P2P 文件共享软件服务商才会为侵犯向公众提供权的行为承担授权责任。美国的《千禧数字版权法案》、欧盟的《欧盟电子商务指令》和中国 2006 年《信息网络传播权保护条例》都规定了关于保护仅仅提供被动服务的"无辜"的网络服务商的"避风港"条款；但是一旦该网络服务商意识到第三方正利用其技术和服务侵权，而且未及时采取行动加以制止的，就会失去这一保护。

按照上述三项立法，P2P 文件共享服务的提供者无法躲进"避风港"。然而，搜索引擎在美、英、中三国的命运却不尽相同。英国和中国的"避风港"规则为网络服务商提供的保护程度远远低于美国《千禧数字版权法案》所提供的"避风港"保护。在美国，普通法上的帮助侵权责任认定标准与《千禧数字版权法案》中适用"避风港"规则的条件并不一致。按照《千禧数字版权法案》第 512 条（d）款的规定，那些在其用户的版权侵权行为中有过错而要承担帮助责任的网络服务商的责任并不能免除。不但如此，近年美国法院对该条款的解释趋于严格，在认定是否可以适用该项"避风港"时，行为人"意识到侵权行为的存在"这一主观要素条件几乎等同于行为人"明知"特定侵权行为的存在。而"明知"标准是普通法认定帮助侵权责任的最高要求。因此，对原告来说，证明被告无法获得"避风港"保护比证明成立帮助侵权难度更高。然而，中国法院的"有合理理由知道"的主观要素不但可以证明被告是否会失去"避风港"的保护，而且可以证明成立共同侵权。相比之下，中国《信息网络传播权保护条例》第 23 条要求的失去"避风港"保护的主观要件比美国《千禧数字版权法案》相应的条款显得宽松。在美国，由于对失去"避风港"保护所要求的"知道"标准解释得更为严格，搜索引擎更容易因为"避风港"条款而免除间接版权责任。然而，在中国，一旦证明被告必须承担第三方侵权的版权间接责任，该被告就无法得到"避风港"的保护；对于版权人来说，证明网络服务商的间接版权责任更加容易。

与英国和中国的版权例外规则相比，美国的版权例外规则在要求版权人承担更多的举证责任这一点上显得更灵活。这种灵活的规则体系给数字时代版权作品的使用行为提供了更为宽松的存在空间。一个更为灵活的版权例外立法模式有利于保护创新环境，有利于消除各方利益冲突。尽管如此，美国司法中认定一项版权作品使用行为是否"合理"的关键标准"转换使用"并非一个完美的可资借鉴的模式，因为无论"转换使用"是何等富于弹性，但将其扩大适用于网络环境中对作品的"重定格式"行为还是备受争议的。更为重要的是，如果合理使用采用开放模式的话，必定带来一定程度的法律不确定性。这正是英国和中国一直不愿放弃原有合理使用规则的"封闭性列举式"模式转而采用"个案分析"模式的主要原因。

在对版权例外规则进行实质性改革之前，以及未在上述问题得到清晰明确的答案之前，英国采取了另一方法来打击在线版权侵权问题，即"封网禁止令"救济。这种救济方法要求提供接入互联网服务的网络服务商采取行动，阻止侵权人接入网络或者阻止公众接入侵权网络，版权人无需向个人或者提供帮助行为的网络服务商提起诉讼。"封网禁止令"并非认定网络服务商的间接责任，而是通过施加强制性的法律义务要求网络服务商采取积极行动来打击在线侵权行为。这就将网络服务商从一个被动反应的角色转变成更为积极的在线实施版权的行动者。然而，目前还没有证据证明"封网禁止令"救济方式在阻抑版权侵权方面的成效。

网络服务商最终是否应该在实施网络版权方面扮演更为积极的角色还有待研究。而这一问题的答案似乎得依据对另一个问题的回答，即网络服务商与其用户之间的关系是否足够紧密以至于需要由前者承担后者行为的法律责任？我们必须反思已有的法律规则所能发挥的作用。数字技术和互联网要求我们重新思考版权直接责任与间接责任如何能够保证刺激创作与公众获得信息之间的平衡。如果坚持扩大对技术允许的日常行为的监控责任，那么我们必须回答：哪一方应该在监控侵权和阻止侵权方面承担更多责任，版权人还是网络服务商？如此一来，版权规则必须提供一个分配法律责任的清晰界限，以此去辨别善意的技术和恶意的技术。我们似乎理所当然地认为，搜索引擎是公众获得信息的基本手段，从而应该得到豁免，而 P2P 文件共享软件则臭名昭著地鼓励了非法的文件分享行为，但是它们在版权法律上应该承担直接侵权或间接侵权的司法判断既非毫无疑问也非理所当然。

美、英、中三国对用户的网络传输行为的监控责任分配也存在差异。通过比较分析三国涉及数字技术的版权诉讼，我们发现，司法者常常未能将间接版权责任问题放置在更为广阔的侵权法的框架下加以分析。自 Grokster 案以后，美国法院抛开"知道"这一主观要素转而利用"引诱"这一行为要素来判定帮助侵权责任。然而，引诱侵权标准模糊了美国侵权法中"实质性确定"标准所划定的故意与过失之间的界限。如果适用引诱侵权标准，那么对低风险的日常行为的确信就足以认定版权间接侵权责任，即使被告看上去并不像一个故意的"引诱者"，如搜索引擎。实际上，Grokster 案并没有为区分两种技术提供商的行为树立一个清晰的标准：那些从侵权行为中获益但其技术给社会带来利益的网络服务商与那些其技术可能给社会带来伤害的网络服务商。英国法院在版权诉讼中适用的授权责任实际上是一种高要求的过失责任。借鉴美国的做法，中国法院将"知道"主观要素的判定与常常被美国法院适用于"替代责任"的"控制力"要素结合，但是中国法中并未包含"替代责任"的概念，对中国法官来说这也是一个非常陌生的词汇。中国侵权法中看似简单明了的"知道"和"意识到用户侵权行为"等表述在司法实践中的运用也并非清晰，而在认定间接版权侵权责任的时候所适用的"编辑、加工和整理"标准也未能在故意和过失责任之间划出明确界限。类似于美国 Grokster 案的引诱责任，中国的过失责任的低门槛比英国的授权责任更为宽松，因为后者要求证明被告与第三方侵权行为之间的控制关系。

　　间接版权侵权责任涉及相关各方法律责任的风险分配以及注意义务标准问题。如果向版权人施加更多的举证责任，要求其证明网络服务商对在其网络系统中的直接侵权行为是否知道这一主观状态，那么认定间接版权责任的要求就成为获得版权法平衡的重要工具，发挥如合理使用与"避风港"规则那样的作用。作为一项版权法利益平衡工具，其关键环节是举证责任的分配。在详尽分析的基础上，本书认为，恰当的间接版权责任制度应该建立在过失侵权理论的基础上，目的是为了重新配置版权人与网络服务商之间的责任，从而有效地阻抑网络环境中的用户侵权行为。合理地分析过失归责原则要求关注被告人针对侵权行为采取预防措施的困难程度和成本、相应措施的有效性以及任何施行这些措施可能带来的负面影响。将证明上述因素的举证责任施加给版权人可以较为合理地平衡版权人不断扩大的控制权。如果在版权体系中重塑版权人的角色，使其担负更多的举证责任，而这一举证责任将会恰当地限制其独占权。因此，建立在过失侵权理论上的间接版权责任可以发挥对社会有益的功能，版权法也因此会显得更为合理。

　　事实上，版权人针对网络侵权的诉讼并没有成功地阻抑网络侵权行为，其真正原因在于，版权人错误地试图将其在模拟世界中的商业模式带入数字时代，误解了数字时代的市场需求。他们试图按照已经建立的控制模式控制新时代的市场，而不是力图满足消费者在新市场中的新需求。不断地将版权法中的权利集中在版权人的手中，这样的版权法具有某种程度的腐蚀性。只有以鼓励对版权作品的使用和享用、吸引作者创作更多作品、刺激出版人更多的传播作品、允许作品的观众、听众享受作品为目的的版权法才是明智的、符合社会潮流的法律。我们是否以一种改善版权法的目的去解读现有的规则或者评价其功能？我们应该更加关注是否建立了一个平衡的体制，而不是一味地对那些版权人已经无法控制的事情说"不"。我们应该关注的不仅仅是版权法对版权人获得商业利益回报前景的保证，还要关注版权法提供给作者的激励以及提供给观众、听众享受版权作品的机会。更为重要的是，观众、听众应该按照他们选择的方式获得享受作品的机会。本书特别强调，为了维持数字时代不同当事方的利益平衡，版权间接责任应该以过失责任为基础来重新塑造，通过过失责任的判定，相关的社会福利和公众利益将作为重要的价值判断加以考虑。

不可否认的是，基于美国版权法游说集团强大的政治影响力，当前版权法的控制模式在 21 世纪仍会继续存在。在美国政治生活中，"美国经济唯一的根本问题是不断扩大的盗版活动"这一观点对于美国国会成员来说仍然具有相当的说服力。[①] 那些认为我们可能在不久的将来对所有重大问题达成一致的观点可能过于理想、过于乐观。但在大部分情况下，可以毫不怀疑地说，经济、社会和文化因素都在数字技术进程中不断同化、相互吸收。世界进入了一个多元政治、经济和文化融合并存、合作行进的时代。美国立法单枪匹马无法完全解决版权问题，美国也不可能单方面地阻止一项具有全球吸引力、汇聚全球智慧的技术的发展。由于新媒体的流动性，版权侵权成为一个跨国境的国际问题。一国的版权和传播政策必定会影响其他国家的实践。因此，我们需要一个适用于世界各地的国际化的处理技术与版权问题的解决方案。管辖权的问题由来已久，但是在互联网时代，国际合作稳步向前，国际统一立场终会形成，即便是在这个充满分歧的时代。版权实施问题在互联网时代已经逐渐摆脱其政治色彩而大步向前。[②]

---

① Jessica Litman，"Real Copyright Reform".

② Zohar Efroni, *Access Right: The Future of Digital Copyright Law*, Oxford: OUP, 2011, p.300.

参考文献

域外立法与政府报告

1996/9/EC Legal Protection of Databases, OJ L 77/20.

2004/48/EC Enforcement of Intellectual Property Rights Directive, OJ L 157/45.

2000/31/EC Certain Aspects of Information Society Services, in Particular Electronic Commerce Directive (E-commerce Directive), OJ L 178/1.

2001/29/EC Harmonisation of Certain Aspects of Copyright and Related Rights in the Information Society, OJ L 167/10.

1992/100/EEC Rental Right and Lending Right and on Certain Rights Related to Copyright in the Field of Intellectual Property, OJ L 346/61.

WTO Document, The Protocol on the Accession of the People's Republic of China signed at the Fourth Ministerial Conference of the WTO in Doha (11 November, 2001).

Opinion of A.G. Campos Sánchez-Bordona in (C-5237/15) Stichting Brein v Wullems, 8 December 2016.

Green paper on Copyright and Related Rights in the Information Society, European Commission COM (95) 382 final, Brussels, 19 July 1995.

Follow-up to the Green Paper on Copyright and Related Rights in the Information Society, European Commission COM (96) 568 final, Brussels, 20 November 1996.

Guide to Copyright and Related Rights Treaties Administered by WIPO—Glossary of Copyright and Related Rights Terms, WIPO publication No. 891 (E).

17 United States Copyright (17 U.S.C.) 1976.

UK Copyrights, Designs and Patents Act 1988.

Swedish Copyright Act (1960:729) on Copyright in Literary and Artistic Works.

(US) Working Group on Intellectual Property, *Intellectual Property and the National Information Infrastructure—The White Paper of the Working Group on Intellectual Property Rights* (1995).

US, House of Representatives Report (H. R.Rep.) No. 105-551 (II) (1998).

US, Senate Report (S. Rep.) No. 105-190 (1998).

UK DTI, *Consultation Document on the Electronic Commerce Directive: the Liability of Hyperlinkers, Location Tool Services and Content Aggregators* (2005).

UK-IPO, *Taking Forward the Gowers Review of Intellectual Property—Proposed Changes to Copyright Exceptions* (*Taking Forward the Gowers Review I*) (2007).

UK-IPO, *Taking Forward the Gowers Review of Intellectual Property—Second Stage Consultation on Copyright* (*Taking Forward the Gowers Review II*) (2009).

UK-IPO, *Impact Assessment BIS1055, Copyright Exception for Private Copying* (*Final*) (2012).

域外案例

Field v Google, Inc., No CV-S-04-0413-RCJ-LRL (Dis. Nevada 2006).

Fishel v Lueckel, 53 F 499 (S.D.N.Y. 1892).

Jerome H. Remick and Co. v American Automobile Accessories Co., 298 Fed 628 (S.D.Ohio 1924).

Jerome H. Remick and Co. v American Automobile Accessories Co., 5 Fed 2d 411 (1925).

Dreamland Ball Room, Inc. v Shapiro, Bernstein & Co., 36 F 2d 354 (7th Cir.1929).

Donoghue v Stevenson, [1932] AC 562.

Richards v Stanley, 271 P 2d 23 (Cal. 1954).

Garratt v Dailey, 279 P 2D 1091 (Wash. 1955).

Hedley Byrne & Co., Ltd. v Heller & Partners Ltd., [1963] 2 All ER 575.

Shapiro, Bernstein & Co. v H.L.Green Co., 316 F 2d 304 (2d Cir. 1963).

Home Office v Dorset Yacht Co., Ltd., [1970] AC 1004.

Gershwin Publ'g Corp. v Columbia Artists Mgmt., Inc., 443 F 2d 1159 (2d Cir.1971).

Dinnerstein v United States, 486 F 2d 34 (2d Cir 1973).

Moorhouse v University of New South Wales, [1976] RPC 151.

Taraoff v Regents of the University of California, 551 P 2d 334 (1976).

Glossary of Terms of the Law of Copyright and Neighbouring Rights, WIPO publication No. 816 (EFS).

Jamison v Storer Broadcasting Co., 511 F Supp 1286 (ED Mich. 1981).

CBS v Ames Records and Tapes, [1982] Ch 91 (Ch. D).

Sillitoe v McGraw-Hill Book Co (*UK*) *Ltd.*, [1983] FSR 545.

Sony Corp. of America v Universal City Studios, Inc., 464 U S 417（1984）.

Harper & Row Publishers, Inc. v Nation Enterprises, 471 US 539（1985）.

Casella v Morris, 820 F 2d 362（11th Cir. 1987）.

Smith v Littlewoods Organisation, Ltd., [1987] AC 241.

CBS Songs, Ltd. v Amstrad Consumer Electronics, Plc., [1988] AC 1013（House of Lords）.

Michaels v Internet Entertainment Group, 5 F Supp 2d 823（C. D.Cal. 1988）.

Vault Corp. v Quaid Software, Ltd., 848 F 2d 255（5th Cir. 1988.

City of Winter Haven v Allen, 541 So 2d 128（Fla. Dist. Ct. App. 1989）.

Hutchins v 1001 Fourth Ave. Assoc., 802 P 2d 1360（Wash. 1991）.

L.A.Gear v Hi-Tec Sports PLC, [1992] FSR, 121（Court of Apeal）.

MAI Systems Corp. v Peak Computer, Inc., 991 F 2d 511（9th Cir. 1993）.

National Car Rental System, Inc. v Computer Associates International, Inc., 991 F 2d 426（8th Cir. 1993）.

Playboy Enterprises, Inc. v Frena, 839 F Supp 1552（M.D. Fla 1993）.

Campbell v Acuff-Rose Music, Inc., 510 US 569（1994）.

Sega Entertainment v MAPHIA, 857 F Supp 679（N.D. Cal. 1994）.

Religious Technology Centre v Netcom On-line Communication Services Inc., 907 F Supp 1361（N.D. Cal 1995）.

Fonovisa, Inc. v Cherry Auction, Inc., 76 F 3d 259（9th Cir. 1996）.

Playboy Entersprises, Inc. v Chuckleberry Publ'g, Inc., 939 F Supp 1032, 1039（S.D.N.Y. 1996）.

Hotaling v Church of Jesus Christ of Latter-Day Saints, 118 F 3d 199（4th Cir.1997）.

Marobie-FL, Inc. v Nat'l Ass'n of Fire Equip. Distribs., 983 F Supp1167（N.D. Il. 1997）.

Playboy Enterprises, Inc. v Russ Hardenburgh, Inc., 982 F Supp 503, 512-15（N.D. Ohio 1997）.

Playboy Enterprises, Inc. v Webbworld, 968 F Supp 1171（N.D. Tex. 1997）.

Shetland Times, Ltd. v Wills, [1997] FSR 604.

Ringgold v Black Entm't Television, Inc., 126 F 3d 70, 74 & n.2（2d Cir. 1997）.

Hyde Park Residence v Yelland, [2000] 3 WLR 215, [2001] L R 143（Ch.）.

A&M Records, Inc. v Napster, Inc., 114 F Supp 2d 896（N.D. Cal. 2000）.

Perry v Sonic Graphic Sys., Inc., 94 F Supp 2d 616（E. D. Pa. 2000）.

UMG Recordings, Inc. v MP3.com, 92 F Supp 2d 349（S. D. N. Y. 2000）.

A&M Records, Inc. v Napster, Inc., 239 F 3d 1004（9th Cir. 2001）.

Ashdown v Telegraph Group, Ltd., [2002] L R 149 (Ch.) .

Faulkner v Nat'l Geographic Soc'y, 211 F Supp 2d 450, 473 (S.D.N.Y. 2002) .

Dubai Aluminium Co., Ltd. v Salaam, [2003] 2 All ER (Comm) .

In re Aimster Copyright Litig., 334 F 3d (7th Cir 2003) .

Leslie A Kelly v Arriba Soft, Corp., 336 F 3d (9th Cir. 2003) .

Metro-Goldwyn-Mayer Studios, Inc. v Grokster, Ltd., 259 F Supp 1029 (C.D. Cal 2003) .

Sony Music Entertainment (UK), Ltd. v Easyinternetcafe, Ltd., [2003] EWHC 62 (Ch) .

UK Copyright and Related Rights Regulations, SI 2003 No. 2498.

Metro-Goldwyn-Mayer Studios, Inc. v Grokster, Ltd., 380 F 3d 1154 (9th Cir. 2004) .

Ellison v Robertson, 357 F 3d 1072 (9th Cir. 2004) .

In re Napster, Inc. Copyright Litig., 377 F Supp 2d 796 (N.D.Cal. 2005) .

Metro-Goldwyn-Mayer Studios, Inc. v Grokster, Ltd., 125 S Ct 2764 (2005) .

Universal Music Australia Pty, Ltd. v Sharman License Holdings, Ltd., [2005] FCA1242.

Universal City Studios Productions LLLP v Bigwood, 441 F Supp 2d (D.Me. 2006) .

Warner Bros. Records, Inc. v Payne, No W-06-CA-051, 2006 WL 2844415 (W.D. Tex. 2006) .

(C-306/05) Sociedad General de Autores y Editores de Espana (SGAE) v Rafael Hoteles SL, EU:C:2006:764; [2006] ECR 1-11519; [2007] ECDR (CJEU (Third Chamber)) .

Google, Inc. v Copiepresse SCRL, [2007] ECDR 5 (RB (Brussels)) .

Perfect 10, Inc. v Amazon.com, Inc., 487 F 3d 701 (9th Cir. 2007) .

Perfect 10, Inc. v Amazon.com, Inc., 508 F 3d 1146 (9th Cir. 2007) .

Perfect 10, Inc. v Visa Int'l Serv. Ass'n., 494 F 3d 788 (9th Cir. 2007) .

Capitol Records, Inc. v Thomas, 579 F Supp 2d 1210 (D. Minn. 2008) .

Lenz v Universal Music Corp., 572 F Supp 2d 1150 (N.D. Cal. 2008) .

London-Sire Records, Inc. v Doe 1, 542 F Supp 2d 153 (D. Mass. 2008) .

Perfect 10, Inc. v Google, Inc., F Supp 2d, 2008 WL 4217837, *3 (C.D.Cal. 2008) .

Poppleton v Trustees of the Portsmouth Youth Activites Committee, [2008] EWCA Civ 646.

Sony BMG Music Entertainment v Doe, No 5:08-CV-109-H 8 US Dist LEXIS 106088 (E.D.N.C. 2008) .

(C-5/08) Infopaq International A/S v Danske Dagblades Forening, EU:C:2009:465 (CJEU, 2009) .

(*C-557/07*) *Tele2* (*LSG-Gesellschaft zur Wahrnehmung von Leistungsschutzrechten GmbH v Tele2 Telecommunication GmbH* 2009.

Columbia Pictures Indus., Inc. v Fung, No CV 06-5578, 2009 US Dist LEXIS 122661 (C. D. Cal. Dec 21, 2009).

Norwegian cases, No.09-096202TVI-AHER/2, Asker and Bærum District Court (*Asker og Bærum Tingrett*), *2009; No. 10-006542ASK-BORG/04*), *Borgarting Court of Appeal* (*Borgarting Lagmannsrett*), *2010.*

The Pirate Bay case, Public Prosecutor v Neij, Unreported, (TR (Swe)).

Arista Records, LLC v Lime Group LLC, 715 F Supp 2d 481 (S.D.N.Y. 2010).

(*C-236/08*) *Google France & Google SARL, Inc. v Louis Vuitton Malletier SA,* [2010] (CJEU, 2010).

Twentieth Century Fox Film, Corp. v Newzbin, Ltd., [2010] EWHC 608 (Ch); [2010] ECC (Ch.D).

(*C-403/08 and C-429/08*) *Football Association Premier League, Ltd. and others v QC Leisure and others; Murphy v Media Protection Services, Ltd.* (*Joined Cases*), [2012] Bus LR 1321 (CJEU).

Football Dataco, Ltd. v Sportradar GmbH, [2011] EWCA Civ 330; [2011] 1 WLR 3044.

Newspaper Licensing Agency, Ltd. and others v Meltwater Holding BV and others, [2010] EWHC 3099 (Ch); [2012] Bus LR 53 (Court of Appeal).

Twentieth Century Fox Film, Corp. v British Telecommunications, plc., [2011] EWHC 1981 (Ch) (Ch.D).

(*C-173/11*) *Football Dataco, Ltd. and others v Sportradar GmbH and another,* [2013] 1 CMLR 29 (CJE (Third Chamber)).

(*C-302/10*) *Infopaq International A/S v Danske Dagblades Forening,* (CJEU, 2012).

Dramatico Entertainment, Ltd. & others v British Sky Broadcasting, Ltd. & others, [2012] EWHC 268 (Ch), [2012] 3 CMLR 14.

McGrath v Dawkins, Unreported, March 30, 2012 (QBD).

(*C-314/12*) *UPC Telekabel Wien GmbH v Constantin Film Verleih GmbH,* [2014] E C D R 12 (CJEU, Fourth Chamber).

(*C-607/11*) *ITV Broadcasting, Ltd. and others v TV Catchup, Ltd.* (*No 2*), EU:C:2013:147; [2013] Bus LR 1020 (CJEU (4th Chamber)).

Capitol Records, LLC. v ReDigi, Inc., No12-CV-0095 (SDNY, Jan 27 2012), 2013 WL1286134 (S. D. N. Y. 2013).

Football Association Premier League, Ltd. v British Sky Broadcasting, Ltd., [2013]

EWHC 2058（Ch）；[2013] ECDR 14（Chancery Division）.

Paramount Home Entertainment International, Ltd. v British Sky Broadcasting, Ltd., [2013] EWHC 3479（Ch）；[2014] ECDR 7（Chancery Division）.

Public Relations Consultants Association, Ltd. v Newspaper Licensing Agency, Ltd., [2013] UKSC 18; [2013] 3 CMLR 11（UK Supreme Court）.

（*C-348/13*）*BestWater International GmbH v Mebes,* 2315（CJEU, 2014）.

（*C-466/12*）*Nils Svensson, Sten Sjögren, Madelaine Sahlman,PiaGadd v Retriever Sverige AB,* EU: C: 2014: 76; [2014] Bus LR 259（CJEU（4th Chamber））.

（*C-279/13*）*C More Entertainment AB v Sandberg,* EU: C:2015:199; [2015] ECDR 15（CJEU（9th Chamber））.

（*C-160/15*）*GS Media BV v Sanoma Media Netherlands BV,* EU:C: 2016:644（CJEU（2nd Chamber））.

（*C-527/15*）*Stichting Brein v Wullems*（*t/a Filmspeler*），EU:C: 2017:300（CJEU（2nd Chamber））.

域外学术文献

Charles W. Adams, "Indirect Infringement from a Tort Law Perspective", *U Rich L Rev*, Vol. 42, No. 3（2008）, p. 635.

Patricia Akester, "The New Challenges of Striking the Right Balance Between Copyright Protection and Access to Knowledge, Information and Culture", *E I P R*, Vol. 32, No. 8（2010）, p. 372.

William Alford, *To Steal a Book is an Elegant Offense: Intellectual Property Law in Chinese Civilization,* Standford, California: Stanford University Press, 1997.

Ben Allgrove and Paul Ganley, "Search Engines, Data Aggregators and UK Copyright Law: A Proposal", *E I P R*, Vol. 29, No. 6（2007）, p. 227.

Tanya Aplin, *Copyright Law in the Digital Society: The Challenges of Multimedia,* Oxford: Hart Publishing, 2005.

David E. Ashley, "Public as Creator and Infringer: Copyright Law Applied to the Creators of User-Generated Video Content", *Fordham Intell Prop Media & Ent L J*, Vol. 20, No. 2（2010）, p. 563.

Ed Baden-Powell and Ed Weidman, "Whose Line Is It Anyway?—New Exceptions for Parody and Private Copying", *Entertainment Law Review*, Vol. 24, No. 4（2013）, p. 130.

Beau BaezIII, *Tort Law in the USA,* The Netherlands: Kluwer Law International, 2010.

Simon Baggs and Rachel Barber, "Twentieth Century Fox Film Corp v Newzbin Ltd

—a Changing Tide in the Fight against Online Piracy: How Significant is the Newzbin Judgment?", *Entertainment Law Review*, Vol. 21, No. 6 (2010), p. 234.

Shyamkrishna Balganesh, "Foreseeability and Copyright Incentives", *Harv L Rev*, Vol. 122 No. 6 (2009), p. 1569.

Mark Bartholomew, "Contributory Infringers and Good Samaritans", *Akron Intell Prop J*, Vol. 3, No. 1 (2009), p. 1.

Mark Bartholomew, "Copyright, Trademark and Secondary Liability After Grokster", *Colum J L & Arts*, Vol. 32, No. 4 (2009), p. 445.

John Battelle, *The Search: How Google and Its Rivals Rewrote the Rules of Business and Transformed our Culture*, Rev. edn, London: Nicholas Brealey, 2006.

Barton Beebe, "An Empirical Study of U.S. Copyright Fair Use Opinions, 1978–2005", *U Pa L Rev*, Vol. 156, No. 3 (2008), p. 548.

Yochai Benkler, *The Wealth of Networks*, New Haven & London: Yale University Press, 2006.

Daniel Berkowitz, Katharina Pistor and Jean-Francois Richard, "The Transplant Effect", *Am J Comp L*, Vol. 51 No. 1 (2003), p. 163.

Amy Blom, "Search Engines and 512 (D) of the DMCA", *Journal of Law Technology & the Internet*, Vol. 1, No. 1 (2009), p. 36.

Joel C. Boehm, "Copyright Reform for the Digital Era: Protecting the Future of Recorded Music through Compulsory Licensing and Proper Judicial Analysis", *Tex Rev Ent & Sports L*, Vol. 10, No. 2 (2009), p. 169.

Enrico Bonadio, "File sharing, Copyright and Freedom of Speech", *E I P R*, Vol. 33, No. 10 (2011), p. 619.

Maurizio Borghi, "Chasing Copyright Infringement in the Streaming Landscape", *I I C*, Vol. 42, No. 3 (2011), p. 316.

John Seely Brown and John Hagel III, "From Push to Pull: The Next Frontier of Innovation", McKinsey Quarterly.

Gert BrÜggemeier, *Common Principles of Tort Law—A Pre-Statement of Law*, London: The British Institute of International and Comparative Law, 2004.

Ellen M. Bublick, "China's New Tort Law: The Promise of Reasonable Care", *Asian-Pacific Law and Policy Journal*, Vol. 13, No. 1 (2011), p. 36.

Robert Burrell and Allison Coleman, *Copyright Exceptions The Digital Impact*, Cambridge: CUP, 2005.

M. Brent Byars, "Boucha T V. Bon–Ton Department Stores, Inc.: Claim Preclusion, Copyright Law, and Massive Infringements", *Harv J L & Tech*, Vol. 21, No. 2 (2008), p.609.

William Van Caenegem, "Copyright, Communication and New Technologies", *Fed L Rev*, Vol. 23, No. 2 (1995), p. 322.

Kenneth J. Campbell, "Copyright on the Internet: The View from Shetland", *E I P R*, Vol. 19, No. 5 (1997), p. 255.

David O. Carson, "Making the Making Available Right Available", *Colum J L & Arts*, Vol. 33, No. 2 (2010), p. 135.

Jacqueline C. Charlesworth, "The Moral of the Story: What Grokster Has to Teach About the DMCA", *Stan Tech L Rev*, Vol. 2011, No. 6 (2011), p. 1.

Julia Cheng, "China's Copyright System: Rising to the Spirit of Trips Requires an Internal Focus and WTO Memebership", *Fordham Int'l L J*, Vol. 21, No. 5 (1997), p. 1941

Dane S. Ciolino and Erin A. Donelon, "Questioning Strict Liability in Copyright", *Rutgers L Rev*, Vol. 54, No. 2 (2001), p. 351.

Birgit Clark and Julia Dickenson, "Theseus and the Labyrinth? An Overview of 'Communication to the Public', Under EU Copyright Law: After Reha Training and GS Media Where are We now and Where Do We Go from Here?", *E I P R*, Vol. 39, No. 5 (2017), p. 265.

Herman Cohen-Jehoram, "Restrictions on Copyright and Their Abuse", *E I P R*, Vol. 27, No. 10 (2005), p. 359.

Herman Cohen-Jehoram, "Is There a Hidden Agenda Behind the General Non-Implementation of the EU Three-Step Test?", *E I P R*, Vol. 31, No. 8 (2009), p. 408.

Julie E. Cohen, "Lochner in Cyberspace: The New Economic Orthodoxy of 'Rights Management'", *Mich L Rev*, Vol. 97, No. 2 (1998), p. 462.

David Cook, "Searching for Answers oin a Digital World: How Field v. Google Could Affect Fair Use Analysis in the Internet Age", *SMU Sci & Tech L Rev*, Vol. 11, No. 1 (2007), p. 77.

Trajce Cvetkovski, *Copyright and Popular Media: Liberal villains and Technological Change*, Chippenham: Palgrave Macmillan, 2013.

Gillian Davies, *Copyright and the Public Interests*, 2nd edn, London: Sweet & Maxwell, 2002.

Jeremy De Beer and Christopher D. Clemmer, "Global Trends in Online Copyright Enforcement: A Non-Neutral Role for Network Intermediaries", *Jurimetrics*, Vol. 49, No. 4 (2009), p. 375.

Peter De Cruz, *Comparative Law in a Changing World*, 3rd edn, Abingdon: Routledge-Cavendish, 2007

Richard Crosby De Wolf, *An Outline of Copyright Law*, New York: Wm. S. Hein

Publishing, 1925.

Simon Deakin, Angus Johnston and Basil Markesinis, *Markesinis and Deakin's Tort Law*, Oxford: OUP, 2013.

Hasan A. Deveci, "Hyperlinks Oscillating at the Crossroads", *Computer and Telecommunication Law Review* Vol. 10, No. 4 (2004), p. 82.

Shana Dines, "Actual Interpretation Yields 'Actual Dissemination': An Analysis of the 'Make Available' Theory Argued in Peer-to-Peer File Sharing Lawsuits, and Why Courts Ought to Reject It", *Hastings Comm & Ent L J*, Vol. 32, No. 1 (2000), p. 157.

Jerker Edstrom and Henrik Nillson, "The Pirate Bay Verdict - Predictable, and Yet...", *E I P R*, Vol. 31, No. 9 (2009), p. 483.

Linda L. Edwards, J. Stanley Edwards and Patricia Kirtley Wells, *Tort Law*, 5th edn, Delmar: Cengage Learning, 2011.

Zohar Efroni, *Access Right: The Future of Digital Copyright Law*, Oxford: OUP, 2011.

Andrew W. Eichner, "File Sharing: A Tool for Innovation, or a Criminal Instrument" (Boston College Intellectual Property & Technology Forum).

Niva Elkin-Koren and Orit Fischman-Afori, "Taking Users' Rights to the Next Level: A Pragmatist Approach to Fair Use", *Cardozo Arts & Ent L J*, Vol. 33, No. 1 (2015), p. 1.

Victoria A. Espinel, "The U.S. Recording Industry and Copyright Law: An Overview, Recent Developments and the Impact of Digital Technology", *E I P R*, Vol. 21, No. 2 (1999), p. 53.

Mihály J. Ficsor, "Copyright for the Digital Era: The WIPO Internet Treaties", *Colum-VLA JL & Arts*, Vol. 21, No. 3 (1996), p. 197.

Mihály J. Ficsor, *The Law of Copyright and the Internet, The 1996 WIPO Treaties, Their Interpretation and Implementation*, Oxford: OUP, 2002.

Mihály J. Ficsor, "The WIPO Internet Treaties: The United States as the Driver: The United States as the Main Source of Obstruction—As Seen by an Anti-Revolutionary Central European", *J Marshall Rev Intell Prop L*, Vol. 6, No. i (2007), p. 17.

Mihály J. Ficsor, "Svensson: Honest Attempt at Establishing Due Balance Concerning the Use of Hyperlinks—Spoiled by the Erroneous 'New Public' Theory", available at http://www.copyrightseesaw.net/archive/?sw_10_item=68.

Simon Fitzpatrick, "Copyright Imbalance: U.S. and Australian Responses to the WIPO Digital Copyright Treaty", *E I P R*, Vol. 22, No. 5 (2000), p. 214.

Thomas C. Folsom, "Toward Non-Neutral First Principles of Private Law: Designing Secondary Liability Rules for New Technological Users", *Akron Intell Prop J*, Vol. 3, No. 1 (2009), p. 43.

Maria M. Frabboni, "File-Sharing and the Role of Intermediaries in the Marketplace: National, European Union and International Developments" in Copyright Enforcement and the Internet, Irini A. Stamatoudi (ed), The Netherlands: Kluwer Law International, 2010.

Lawrence M. Friedman, "Some Thoughts on the Rule of Law, Legal Culture, and Modernity in Comparative Perspective" in Toward Comparative Law in the 21st Century, Institute of Comparative Law Japan (ed), Japan, 1998.

David Fyfield, "The Enterprise and Regulatory Reform Act 2013: the Impact on Copyright and Performers' Rights", E I P R, Vol. 35, No. 10 (2013), p. 606.

Kevin M. Garnett and others, Copinger and Skone James on Copyright, Vol. 1, 16th edn, London: Sweet and Maxwell, 2011.

Christophe Geiger, "From Berne to National Law, via the Copyright Directive: the Dangerous Mutations of the Three-Step Test", E I P R, Vol. 29, No. 12 (2007), p. 486.

Christophe Geiger, "The Future of Copyright in Europe: Striking a Fair Balance Between Protection and Access to Information", Intellectual property Quaterly, Vol. 1, No. 1 (2010), p. 1.

Christophe Geiger, Jonathan Griffiths and Reto M. Hilty, "TowarYsolde Gendreau, "Authorisation Revisited", J Copyright Soc'y USA, Vol. 48, No. 3 (2001), p. 341.

Daniel Gervais, "The Tangled Web of UGC: Making Copyright Sense of User-Generated Content ", Vand J Ent & Tech L, Vol. 11, No. 4 (2009), p. 841.

Walter van Gerven and others, Tort Law—Scope of Protection, Walter van Gerven ed, Oxford: Hart Publishing, 1998.

Rebecca Giblin, Code Wars: 10 Years of P2P Software Litigation, Cheltenham: Edward Elgar, 2011.

Jane C. Ginsburg, "Putting Cars on the Information Superhighway: Authors, Exploiters and Copyright in Cyberspace", Colum L Rev, Vol. 95, No. 6 (1995), p. 1466.

Jane C. Ginsburg, "Copyright and Control over New Technologies of Dissemination", Colum L Rev, Vol. 101, No. 7 (2001), p. 1613.

Jane C. Ginsburg, "From Having Copies to Experiencing Works: The Development of an Access Right in U.S. Copyright Law" in US Intellectual Property: Law and Policy, Hugh Hansen (ed), Oxford: OUP, 2001.

Jane C. Ginsburg, "Toward Supranational Copyright Law? The WTO Panel Decision and the 'Three-Step Test' for Copyright Exceptions", Revue Internationale du Droit d'Auteur (RIDA), Vol. 1, No. 1 (2001), p. 3.

Jane C. Ginsburg, "Separating the Sony Sheep from the Grokster Goats: Reckoning the Future Business Plans of Copyright-Dependent Technology Entrepreneurs", Ariz L Rev, Vol.

50, No. 3 (2008), p. 577.

Jane C. Ginsburg and Sam Ricketson, "Inducers and Authorisers: A comparison of the US Supreme Court's Grokster Decision and the Australian Federal Court's Kazaa Ruling" (Columbia Public Law & Legal Theory Working Paper, No. 0698).

John C. P. Goldberg and Benjamin C. Zipursky, *Torts*, Dennis Patterson ed, Oxford: OUP, 2010.

Paul Goldstein, "Fair Use in Context", *Colum J L & Arts*, Vol. 31, No. 4 (2007), p.433.

Paul Goldstein, "Berne in the USA", *I I C*, Vol. 39, No. 2 (2008), p. 216.

Paul Goldstein and P. B. Hugenholtz, *International Copyright: Principles, Law, and Practice*, 3rd edn, New York; Oxford: OUP, 2013.

A. G. González, "The Copyright Web: Networks, Law and the Internet" in New Directions in Copyright Law, Vol. 4, Fiona Macmillan (ed), Cheltenham: Edward Elgar Publishing, 2007.

Wendy J. Gordon, "Fair Use as Market Failure: A Structural and Economic Analysis of the Betamax Case and its Predecessors", *Colum L Rev*, Vol. 82, No. 8 (1982), p. 1600.

Wendy J. Gordon, "Copyright as Tort Law's Mirror Image: Harms, Benefits, and the Uses and Limits of Analogy", *McGeorge L Rev*, Vol. 34, No. 6 (2003), p. 533.

Andrew Gowers, *Gowers Review of Intellectual Property*, London: Great Britain Treasury, 2006.

Jonathan Griffiths, "Rhetoric & the 'Three-Step Test': Copyright Reform in the United Kingdom", *E I P R*, Vol. 32 No. 7 (2010), p. 309.

Jonathan Griffiths, "Unsticking the Centre-Piece–the Liberation of European Copyright Law?", *Journal of Intellectual Property Information Technology and E-Commerce Law*, Vol. 87, No. 1 (2010), p. 87.

Frederik W. Grosheide, "Copyright Law from a User's Perspective: Access Rights for Users", *E I P R*, Vol. 23, No. 7 (2001), p. 321.

Craig A. Grossman, "The Evolutionary Drift of Vicarious Liability and Contributory Infringement: From Intersititial Gap Filler to Arbiter of the Content Wars", *SMU L Rev*, Vol. 58, No. 2 (2005), p. 357.

Craig A. Grossman, "From Sony to Grokster, the Failure of the Copyright Doctrines of Contributory Infringement and Vicarious Liability to Resolve the War between Content and Destructive Technologies", *Buff L Rev*, Vol. 53, No. 1 (2005), p. 141.

Tang Guanhong, "A Comparative Study of Copyright and the Public Interest in the United Kingdom and China", *SCRIPT-ed*, Vol. 1, No. 2 (2004), p. 272.

Francis Gurry, "The Future of Copyright" (The Blue Sky Conference: Future

Directions), Sydney, Feb. 2011.

Sheldon W. Halpern, Craig A. Nard and Kenneth L. Port, *Fundamentals of United States Intellectual Property Law: Copyright, Patent, Trademark*, 3 edn, The Netherlands: Wolters Kluwer Law & Business, 2011.

Hasina Haque, "Is the Time Ripe for Another Exclusive Right? A Proposal ", *E I P R*, Vol. 30, No. 9 (2008), p. 371.

Ian Hargreaves, Digital Opportunity: A Review of Intellectual Property and Growth (2010).

Lital Helman, "When Your Recording Agency Turns into an Agency Problem: the True Nature of the Peer-to-Peer Debate", *IDEA-The Intellectual Law Review*, Vol. 50, No. 1 (2009), p. 49.

Lital Helman, "Pull Too Hard and the Rope May Break: On the Secondary Liability of Technology Providers for Copyright Infringement", *Tex Intell Prop L J*, Vol. 19, No. 2 (2010), p. 111.

Steven Hetcher, "The Kids are Alright: Applying a Fault Liability Standard to Amateur Digital Remix", *Fla L Rev* Vol. 62, No. 7 (2010), p. 1275.

Steven Hetcher, "The Immorality of Strict Liability in Copyright", *Marq Intell Prop L Rev*, Vol. 17, No. 1 (2013), p. 1.

Laura A. Heymann, "Inducement as Contributory Copyright Infringement: Metro-Goldwyn-Mayer Studios Inc. v. Grokster, Ltd", *I I C*, Vol. 37, No. 1 (2006), p. 31.

Ryan Hocking, "Secondary Liability in Copyright Infringement: Still No Newz?", *Entertainment Law Review*, Vol. 23, No. 4 (2012), p. 83.

Sverker K. Högberg, "The Search for Intent-Based Doctrines of Secondary Liability in Copyright Law", *Colum L Rev*, Vol. 106, No. 4 (2006), p. 909.

H. Brian Holland, "Social Semiotics in the Fair Use Analysis", *Harv J L & Tech*, Vol. 24, No. 2 (2010), p. 335.

Kirsty Horsey and Erika Rackley, *Tort Law*, 2nd edn, Oxford: OUP, 2011.

John Horsfield-Bradbury, "'Making Available' as Distribution: File-Sharing and the Copyright Act", *Harv J L & Tech*, Vol. 22, No. 1 (2008), p. 273.

Jie Hua, "Rethinking Copyright Reform: Should China Imitate or Innovate?", *Journal of International Commercial Law and Technology*, Vol. 9, No. 2 (2014), p. 94.

P. Bernt Hugenholtz, "Caching and Copyright: The Right of Temporary Copying", *E I P R*, Vol. 22, No. 10 (2000), p. 482.

Association Litteraire et Artistique Internationale, "Report and Opinion on the Making Available and Communication to the Public in the Internet Environment: Focus on Linking

Techniques on the Internet", *E I P R*, Vol. 36, No. 3 (2014), p. 149.

Matt Jackson, "Harmony or Discord? The Pressure Toward Conformity in International Copyright", *IDEA-The Journal of Law Technology*, Vol. 43, No. 4 (2003), p. 607.

Sara John, "What Rights Do Record Companies Have on the Information Superhighway?", *E I P R*, Vol. 18, No. 2 (1996), p. 74.

Fleming James Jr., "Vicarious Liability", *Tul L Rev*, Vol. 28, No. 2 (1954), p. 161.

David I. Jung and David J. Levine, "Whence Knowledge Intent - Whither Knowledge Intent", *UC Davis L Rev*, Vol. 20, No. 3 (1987), p. 551.

Otto Kahn-Freund, "On Uses and Misuses of Comparative Law", *Modern Law Review*, Vol. 37, No. 1 (1974), p. 1.

Stavroula Karapapa, "A Copyright Exception for Private Copying in the United Kingdom", *E I P R*, Vol. 35, No. 3 (2013), p. 129.

Robert Kasunic, "Making Circumstantial Proof of Distribution Available", *Fordham Intell Prop Media & Ent L J*, Vol. 18, No. 5 (2008), p. 1145.

Gregory C. Keating, "The Idea of Fairness in the Law of Enterprise Liability", *Mich L Rev*, Vol. 95, No. 5 (1997), p. 1266.

Gregory C. Keating, "The Theory of Enterprise Liability and Common Law Strict Liability", *Vand L Rev*, Vol. 54, No. 3 (2001), p. 1285.

Ben Kociubinski, "Copyright and the Evolving Law of Internet Search—Field v Google, Inc. and Perfect 10 v Google, Inc.", *BU J Sci & Tech L*, Vol. 12, No. 2 (2006), p. 372.

Kamiel J Koelman and P Bernt Hugenholtz, Online Service Provider Liability for Copyright Infringement, (Workshop on Service Provider Liability, December, 1999) .

Kamiel J. Koelman, "A Hard Nut to Crack: The Protection of Technological Measures", *E I P R*, Vol. 22, No. 6 (2000), p. 272.

Raymond Shih Ray Ku, "The Creative Destruction of Copyright: Napster and the New Economics of Digital Technology", *U Chi L Rev*, Vol. 69, No. 1 (2002), p. 263.

Hugh Laddie, "Copyright: Over-strength, Over-regulated, Over-related?", *E I P R*, Vol. 18, No. 5 (1996), p. 253.

Paul Lambert, *Gringras: The Laws of the Internet*, 4th edn, London: Bloomsbury Professional Ltd., 2002.

William M. Landes and Richard A. Posner, "An Economic Analysis of Copyright Law", *J Legal Stud*, Vol. 18, No. 2 (1989), p. 325.

Edward Lee, "Decoding the DMCA Safe Harbors", *Colum J L & Arts*, Vol. 32, No. 2 (2009), p. 233.

Pierre Legrand, "The Impossibility of 'Legal Transplants'", *Maastricht J Eur & Comp*

L, Vol. 4, No. 2（1997）, p. 111.

Mark A. Lemley and R. Anthony Reese, "Reducing Digital Copyright Infringement without Restricting Innovation", *Stan L Rev*, Vol. 56, No. 6（2003）, p. 1345.

Pierre N. Leval, "Toward a Fair Use Standard", *Harv L Rev*, Vol. 103, No. 5（1990）, p.1105.

Silke Von Lewinski, *International Copyright Law and Policy*, Oxford: OUP, 2008.

Silke Von Lewinski and Michel M. Walter, "Information Society Directive", in European Copyright Law: A Commentary, Michel M. Walter and Silke Von Lewinski（eds）, Oxford: OUP, 2010.

Douglas Lichtman and William Landes, "Indirect Liability for Copyright Infringement: An Economic Perspective", *Harv JL & Tech*, Vol. 16, No. 2（2003）, p. 395.

Benjamin L. Liebman, "Assessing China's Legal Reforms", *Colum J Asian L*, Vol. 23, No. 1（2010）, p. 17.

Stan J. Liebowitz, "File Sharing: Creative Destruction or Just Plain Destruction?", *Journal of Law and Economics*, Vol. 49, No. 1（2006）, p. 1.

Hans A Linde, "Courts and Torts: Public Policy without Public Politics", *Val UL Rev*, Vol. 28, No. 3（1994）, p. 821.

Jacqueline D. Lipton, "Secondary Liability and the Fragmentation of Digital Copyright Law", *Akron Intell Prop J*, Vol. 3, No. 1（2009）, p. 105.

Jessica Litman, *Digital Copyright: Protecting Intellectual Property on the Internet*, Amherst, N.Y.: Prometheus Books, 2001.

Jessica Litman, "The Sony Paradox", *Case Western Reserve Law Review*, Vol. 55, No. 4（2005）, p. 917.

Jessica Litman, "Billowing White Goo", *Colum J L & Arts*, Vol. 31, No. 4（2008）, p.587.

Jessica Litman, "Real Copyright Reform", *Iowa L Rev*, Vol. 96, No. 1（2010）, p. 1.

Jessica Litman, "Readers' Copyright", *J Copyright Soc'y USA*, Vol. 58, No. 2（2011）, p. 325.

Deming Liu, "The Transplant Effect of the Chinese Patent Law", *Chinese Journal of International Law*, Vol. 5, No. 3（2006）, p. 733.

Fred Von Lohmann, "21st Century Copyright Law"（The Digital Domain Symposium Transcript）, *Mich. Telecomm. & Tech. L. Rev.*, Vol. 13,（2006）, p. 247.

Andre Lucas, "For a Reasonable Interpretation of the Three-Step Test", *E I P R*, Vol. 32, No. 6（2010）, p. 277.

Nicola Lucchi, "The Supremacy of Techno-Governance: Privatization of Digital Content and Consumer Protection in the Globalized Information Society", *Int'l J L & Info Tech*, Vol. 15, No. 2 (2007), p. 192.

Katie Lula, "Neither Here Nor There but Fair: An International Copyright Legal System between East and West, Past and Present ", *Asian-Pacific Law and Policy Journal*, Vol. 8, No. 1 (2007), p. 96.

Hecter L. MacQueen and others, *Contemporary Intellectual Property: Law and Policy*, 2nd edn, Oxford: OUP, 2011.

Hector L. MacQueen, "Appropriate for the Digital Age? Copyright and the Internet: 1. Scope of Copyright", in Law and the Internet, Lilian Edwards and Charlotte Waelde (eds), Oxford: Hart Publishing, 2009.

Ulrich Magnus and Gerhard Seher, "Fault and German Law", in Unificatin of Tort Law: Fault, P. Widmer (ed), Hague: Kluwer Law International, 2005.

Makeen F. Makeen, *Copyright in a Global Information Society: the Scope of Copyright Protection under International, US, UK and French Law*, Vol. 5, Hague: Kluwer Law International, 2000.

Makeen F. Makeen, "The Controversy of Simultaneous Cable Retransmission to Hotel Rooms under International and European Copyright Laws", *J Copyright Soc'y USA*, Vol. 57, No. 1-2 (2010), p. 59.

Christian E. Mammen, "File Sharing is Dead—Long Live File Sharing—Recent Developments in the Law of Secondary Liability for Copyright Infringement", *Hastings Comm & Ent L J*, Vol. 33, No. 3 (2011), p. 443.

Ronald J. Mann and Seth R. Belzley, "The Promise of Internet Intermediary Liability", *Wm & Mary L Rev*, Vol. 47, No. 1 (2005), p. 239.

Mikko Manner, Topi Siniketo and Ulrika Polland, "The Pirate Bay Ruling—When the Fun and Games End", *Ent L R*, Vol. 20, No. 6 (2009), p. 197.

Inga Markovits, "Exporting Law Reform - But Will It Travel", *Cornell Int'l L J*, Vol. 37, No. 1 (2004), p. 95.

Trudy S. Martin, "Vicarious and Contributory Liability for Internet Host Providers: Combating Copyright Infringement in the United States, Russia, and China", *Wis Int'l L J*, Vol. 27, No. 2 (2009), p. 1.

Paul McGuinness, "The Online Bonanza: Who is Making All the Money and Why aren't They Sharing It?", A speech by at MIDEMs first International Manager Summit, 28th Jan. 2008, available at http://www.ifpi.org/content/library/paul-mcguinness-Jan2008.pdf.

Peter S. Menell and David Nimmer, "Legal Realism in Action: Indirect Copyright Liability's Continuing Tort Framework and Sony's De Facto Demise", *UCLA L Rev*, Vol. 55,

No. 1 (2007), p. 143.

Peter S. Menell and David Nimmer, "Unwinding Sony", *Cal L Rev*, Vol. 95, No. 4 (2007), p. 941.

Joseph M. Miller, "Fair Use through the Lenz of Section 512 (c) of the DMCA: A Preemptive Defence to a Premature Remedy", *Iowa L Rev*, Vol. 95, No. 5 (2010), p. 1697.

Minar Nelson, Marc Hedlund and Popular Power, "A Network of Peers: Peer-to-Peer Models through the History of the Internet", in Peer-to-Peer: Harnessing the Power of Disruptive Technologies, Andy Oram (ed), Amherst, N.Y.

Neil W. Netanel, *Copyright's Paradox*, Oxford: OUP, 2008.

Alina Ng, "Copyright's Empire: Why the Law Matters", *Marq Intell Prop L Rev*, Vol. 11, No. 2 (2007), p. 337.

David Nimmer, *Copyright: Sacred Text, Technology, and the DMCA*, Hague: Kluwer Law International, 2003.

David Nimmer, *Copyright Illuminated: Refocusing the Diffuse US Statute*, The Netherlands: Kluwer Law International, 2008.

David W. Opderbeck, "Peer-to-Peer Networks, Technological Evolution, and Intellectual Property Reverse Private Attorney General Litigation", *Berkeley Tech L J*, Vol. 20, No. 4 (2005), p. 1685.

Lynda J. Oswald, "International Issues in Secondary Liability for Intellectual Property Rights Infringement", *Am Bus L J*, Vol. 45, No. 2 (2008), p. 247.

William Patry, *How to Fix Copyright* New York: Oxford University Press, 2011.

William F. Patry, *How to Fix Copyright*, Oxford: OUP, 2011.

William F. Patry and Richard A. Posner, "Fair Use and Statutory Reform in the Wake of Eldred", *Cal L Rev*, Vol. 92, No. 6 (2004), p. 1639.

Willian F. Patry, *Moral Panics and the Copyright Wars*, New York: OUP, 2009.

Ashley M. Pavel, "Reforming the Reproduction Right: The Case for Personal Use Copies", *Berkeley Tech L J*, Vol. 24, No. 4 (2009), p. 1615.

Miquel Peguera, "The DMCA Safe Harbors and Their European Counterparts: A Comparative Analysis of Some Common Problems", *Colum J L & Arts*, Vol. 32, No. 4 (2009), p. 481.

Nicole Perlroth and Quentin Hardy, "Antipiracy Case Sends Shivers through Some Legitimate Storage Sites", available at http://www.nytimes.com/2012/01/21/technology/antipiracy-case-sends-shivers-through-some-legitimate-storage-sites.html?_r=1.

DanThu Thi Phan, "Will Fair Use Function on the Internet", *Colum L Rev*, Vol. 98, No. 1 (1998), p.169.

Randdal C. Picker, "Copyright as Entry Policy: the Case of Digital Distribution", *Antitrust Bull* Vol. 47 No. 2-3 (2002), p. 423.

Richard A. Posner, "A Theory of Negligence", *J Legal Stud*, Vol. 1, No. 1 (1972), p.29.

Antoon Quaedvlieg, "Copyright's Orbit Round Private, Commercial and Economic Law—The Copyright System and the Place of the User", *I I C*, Vol. 29 No. 4 (1998), p.420.

R. Anthony Reese, "The Public Display Right: The Copyright Act's Neglected Solution to the Controversy over RAM Copies", *U Ill L Rev*, Vol. 2001, No. 1 (2001), p. 83.

R. Anthony Reese, "The Relationship Between the ISP Safe Harbors and the Ordinary Rules of Copyright Liability", *Colum J L & Arts*, Vol. 32, No. 4 (2009), p. 427.

Jerome H. Reichman, Graeme B. Dinwoodie and Pamela Samuelson, "A Reverse Notice and Takedown Regime to Enable Pubic Interest Uses of Technically Protected Copyrighted Works", *Berkeley Tech L J*, Vol. 22, No. 3 (2007), p. 981.

Jörg Reinbothe and Silke Von Lewinski, "The WIPO Treaties 1996: Ready to Come into Force", *E I P R*, Vol. 24, No. 4 (2002), p. 199.

Robert I. Reis, "The Sony Legacy: Secondary Liability Perspectives", *Akron Intell Prop J*, Vol. 3, No. 1 (2009), p. 223.

Sam Ricketson and Jane C. Ginsburg, *International Copyright and Neighbouring Rights: the Berne Convention and Beyond*, Vol. 1, 2nd edn, Oxford: OUP, 2006.

W. V. Horton Rogers, "Fault under English Law", in Unification of Tort Law: Fault, Vol. 10, P. Widmer (ed), Hague: Kluwer Law International, 2005.

Alexander Ross, "Hot Links—Pirate Porn Leads CJEU to Rule on Linking to Unauthorised Content", *Entertainment Law Review*, Vol. 28, No. 1 (2016), p. 18.

Alexander Ross and Claire Livingstone, "Communication to the Public: Part 2", *Ent L R*, Vol. 23, No. 7 (2012), p. 209.

Diane Rowland, Uta Kohl and Andrew Charlesworth, *Information Technology Law*, 4th edn, London: Routledge, 2012.

Pamela Samuelson, "Intellectual Property and the Digital Economy: Why the Anti-circumvention Regulations Need to be Revised", *Berkeley Tech L J*, Vol. 14, No. 40 (1999), p. 519.

Pamela Samuelson, "Mapping the Digital Public Domain: Threats and Opportunities", *Law and Contemporary Problems*, Vol. 66, No. 1/2 (2003), p. 147.

Pamela Samuelson, "Preliminary Thoughts on Copyright Reform", *Utah L Rev*, Vol. 2007, No. 3 (2007), p. 551.

Tay Pek San, "Developing a Secondary Copyright Liability Regime in Malaysia: Insights from Anglo-American Jurisprudence", *Intellectual Property Quarterly*, Vol. 2011, No. 1 (2011), p. 50.

Joseph Savirimuthu, "P2P@software (e) .com: Or the Art of Cyberspace 3.0" in New DIrections in Copyright Law, Vol. 6, Fiona Macmillan (ed), Northampton: Edward Elgar Publishing, 2007.

Karl Schaffarczyk, "Can Kim Dotcom's Mega Beat the Law Where Megaupload Failed?", available at http://theconversation.edu.au/can-kim-dotcoms-mega-beat-the-law-where-megaupload-failed-11826.

Wendy Seltzer, "Free Speech Unmoored in Copyright's Safe Harbor: Chilling Effects of the DMCA on the First Amendment", *Harv J L & Tech*, Vol. 24, No. 1 (2010), p. 171.

Martin R. F. Senftleben, *Copyright, Limitations, and the Three-step Test: an Analysis of the Three-step Test in International and EC Copyright Law*, Hague: Kluwer Law International, 2004.

Martin R. F. Senftleben, "Towards a Horizontal Standard for Limiting Intellectual Property Rights?—WTO Panel Reports Shed Light on the Three Step Test in Copyright Llaw and Related Tests in Patent and Trade Mark Law", *I I C*, Vol. 37, No. 4 (2006), p. 407.

Catherine Seville, *The Internationalisation of Copyright Law—Books, Buccaneers and the Black Flag in the Nineteenth Century*, Cambridge: CUP, 2008.

Warren R. Shiell, "Viral Online Copyright Infringement in the United States and the United Kingdom: the End of Music or Secondary Copyright Liability? Part 2", *Entertainment Law Review*, Vol. 15, No. 4 (2004), p. 107.

Kenneth W. Simons, "Rethinking Mental States", *BU L Rev*, Vol. 72, No. 3 (1992), p.463.

Alexandra Sims, "The Public Interest Defence in Copyright Law: Myth or Reality?", *E I P R*, Vol. 28, No. 6 (2006), p. 335.

Ned Snow, "Proving Fair Use: Burden of Proof as Burden of Speech", *Cardozo L Rev*, Vol. 31, No. 5 (2010), p. 1781.

European Copyright Society, Opinion on the Reference to the CJEU in Case C-466/12 Svensson (15 February 2013), available at http://papers.ssrn.com/sol3/papers.cfm?abstract_id=2220326.

Seagull Haiyan Song, *New Challenges of Chinese Copyright Law in the Digital Age*, The Netherlands: Kluwer Law International, 2011.

Gerald Spindler and Oliver Rieckers, *Tort Law in Germany*, Roger Blanpain ed, The Netherlands: Wolters Kluwer, 2011.

Erika Stallings, "Improving Secondary Liability Standards in Copyright by Examining Intent: Why Courts Should Consider Creating a 'Good-Faith' Standard for Secondary Liability", *J Copyright Soc'y USA*, Vol. 57, No. 5 (2010), p. 1017.

Diana Sterk, "P2P File-sharing and the Making Available War", *Nw J Tech & Intell Prop*, Vol. 9, No. 7 (2011), p. 495.

Wan Ke Steven, "Internet Service Providers' Vicarious Liability versus Regulation of Copyright Infringement in China", *U Ill JL Tech & Pol'y*, Vol. 38, No. 2 (2011), p. 375.

Simon Stokes, *Digital Copyright: Law and Practice*, 3rd edn, Oregan: Hard Publishing, 2009.

Simon Stokes, *Art and Copyright*, 2nd edn, Oxford: Hart Publishing, 2012.

Alain Strowel and Vicky Hanley, "Secondary Liability for Copyright Infringement with Regard to Hyperlinks" in Peer-to-Peer File Sharing and Secondary Liability in Copyright Law, Alain Strowel (ed), Cheltenham, UK: Edward Elgar, 2009.

Haochen Sun, "Copyright Law Under Siege: An Inquiry into the Legitimacy of Copyright Protection in the Context of the Global Digital Divide", *I I C*, Vol. 36 No. 2 (2005), p.192.

Christopher M. Swartout, "Toward a Regulatory Model of Internet Intermediary Liability: File-Sharing and Copyright Enforcement", *Nw J Int'l L & Bus*, Vol. 31, No. 2 (2011), p. 499.

C. R. Symmons, "The Duty of Care in Negligence: Recently Expressed Policy Elements—Part 2", *Modern Law Review*, Vol. 34, No. 5 (1971), p. 528.

Tara Touloumis, "Buccaneers and Bucks from the Internet: Pirate Bay and the Entertainment Industry", *Seton Hall J Sports & Ent L*, Vol. 19, No. 1 (2009), p. 253.

James Tumbridge, "A cunning Fox Defeats the Pirates: 20th Century Fox v Newzbin", *E I P R*, Vol. 33, No. 6 (2011), p. 401.

Deborah Tussey, "Technology Matters: The Courts, Media Neutrality, and New Technologies", *J Intell Prop L*, Vol. 12, No. 2 (2005), p. 427.

Jennifer M. Urban and Laura Quilter, "Efficient Process or Chilling Effects—Takedown Notices under Section 512 of the Digital Millennium Copyright Act", *Santa Clara Computer & High Tech L J*, Vol. 22, No. 4 (2006), p. 621.

Charlotte Waelde, "Search Engines and Copyright: Shaping Information Markets", in Law and the Internet, Lilian Edwards and Charlotte Waelde (eds), Oxford: Hart Publishing, 2009.

Ke Steven Wan, "Managing Peer-to-Peer Traffic with Digital Fingerprinting and Digital Watermarking", *Sw U L Rev*, Vol. 41, No. 3 (2012), p.331.

Alan Watson, *Legal Transplants: An Approach to Comparative Literature*, 2nd edn, Athens, GA: The University of Georgia Press, 1993.

Kimberlee Weatherall, "An End to Private Communications in Copyright? The Expansion of Rights to Communicate Works to the Public: Part 1", *E I P R*, Vol. 21, No. 7 (1999), p. 342.

Kimberlee Weatherall, "An End to Private Communications in Copyright? The Expansion of Rights to Communicate Works to the Public: Part 2", *E I P R*, Vol. 21, No. 8 (1999), p. 398.

Weixiao Wei, "ISP Copyright Liability in China: Collision of the Knowledge Standard and the New Tort Liability Act", *E I P R*, Vol. 33, No. 8 (2011), p.507.

Lloyd L. Weinreb, "Fair's Fair: A Comment on the Fair Use Doctrine", *Harv L Rev*, Vol. 103, No. 5 (1990), p.1137.

Guido Westkamp, The Implementation of Directive 2001/29/EC in the Member States (2007), Queen Mary Intellectual Property Research Institute, Centre for Commercial Law Studies.

Guido Westkamp, "Information Access, Lex Digitalis and Fundamental Rights in Modern Copyright Law" in New Directions in Copyright Law, Vol. 4, Fraser Macmillan (ed), Cheltenham: Edward Elgar Publishing, 2007.

Mary W S Wong, "'Transformative' User—Generated Content in Copyright Law: Infringing Derivative Works or Fair Use?", *Vand J Ent & Tech L*, Vol. 11, No. 4 (2009), p.1075.

Tim Wu, *The Master Switch: the Rise and Fall of Information Empires*, Pbk. edn, London: Atlantic, 2012.

Yang Xia, "Legal Transplantation, Legal Instrumentalism and Dissimilation-on the Background of Modern Legislation of Copyright Law", *Tribune of Political Science and Law*, Vol. 31, No. 4 (2013), p. 171.

Min Yan, "The Law Surrounding the Facilitation of Online Copyright Infringement", *E I P R*, Vol. 34, No. 2 (2012), p. 122.

Alfred C. Yen, "Internet Service Provider Liability for Subscriber Copyright Infringement, Enterprise Liability, and the First Amendment", *Geogetwon L J*, Vol. 88, No. 6 (2000), p. 1833.

Alfred C. Yen, "Third-Party Copyright Liability after Grokster", *Minn L Rev*, Vol. 91, No. 1 (2006), p. 184.

Alfred. C. Yen, "Torts and the Construction of Inducement and Contributory Liability in Amazon and Visa", *Colum J L & Arts*, Vol. 32, No. 4 (2009), p. 513.

Francis Yeoh，"Adaptations in Music Theatre: Confronting Copyright"，*Entertainmnet Law Review*, Vol. 26, No. 4 (2015), p. 119.

Brent T. Yonehara，"Enter the Dragon: China's WTO Accession, Film Piracy and Prospects for Enforcement of Copyright Laws"，*DePaul-LCA J Art & Ent L*, Vol. 12, No. 1 (2002), p. 63.

Yiman Zhang，"Establishing Secondary Liability with a Higher Degree of Culpability: Redefining Chinese Internet Copyright Law to Encourage Technology Development"，*Pac Rim L & Pol'y J*, Vol. 16, No. 1 (2007), p. 257.

Yonghua Zhang，"China's Efforts for International Cooperation in Copyright Protection"，in Intellectual Property Rights and Communications in Asia: Conflicting Traditions, Pradip N. Thomas and Jan Servaes (eds), New Delhi: SAGE Publication, 2006.

Genan Zilkha，"RIAA's Troubling Solution to File-Sharing"，*Fordham Intell Prop Media & Ent L J*, Vol. 20, No. 2 (2010), p. 667.

Jonarthan Zittrain，"A History of Online Gatekeeping"，*Harv J L & Tech*, Vol. 19, No. 2 (2006), p. 253.

Sam De Silva and Faye Weedon，"The Digital Economy Act 2010: Past, Present, and a Future 'in Limbo'"，Computer and Telecommunicatons Law Review, Vol. 17, No. 3 (2011).

中文文献

王泽鉴：《人格权法》，北京大学出版社 2013 年版。

郑成思、薛虹：《知识产权法》，北京大学出版社 2003 年版。

张新宝：《侵权责任法原理》，中国人民大学出版社 2005 年版。

程啸：《侵权责任法》（第二版），法律出版社 2015 年版。

王迁：《网络版权直接侵权研究》，《东方法学》2009 年第 2 期。

王迁：《再论视频分享网站的版权侵权责任》，《法商研究》2010 年第 1 期。

王利明：《我国案例指导制度若干问题研究》，《法学》2012 年第 1 期。

王胜明：《中华人民共和国侵权责任法解读》，中国法制出版社 2010 年版。

龙井瑢：《新媒体时代的版权与技术》，陕西师范大学出版总社 2016 年版。

全国人大常委会法治工作委员会民法室：《侵权责任法立法背景与观点全集》，法律出版社 2010 年版。

杨明：《〈侵权责任法〉第 36 条释义及其展开》，《华东政法大学学报》2010 年第 3 期。

王迁：《三论"信息定位服务提供者"间接侵权的认定》，《知识产权》2009 年第 3 期。

王迁：《论"信息定位服务提供者"间接侵权的认定》，《知识产权》2006 年第 1 期。

王艳芳：《〈关于审理侵害信息网络传播权民事纠纷案件适用法律若干问题的规定〉

的理解与适用》，《人民司法（应用）》2013 年第 9 期。

谢兰芳、付强：《深度链接行为的侵权判断标准探讨》，《知识产权》2016 年第 11 期。

张钦坤、孟浩：《搜索类新闻聚合 APP 的侵权认定分析》，《知识产权》2014 年第 7 期。

陈琦：《网络聚合平台的著作权侵权问题研究》，《电子知识产权》2016 年第 9 期。

杨勇：《从控制角度看信息网络传播权定义的是与非》，《知识产权》2017 年第 2 期。

马晓明：《视频聚合平台的直接侵权认定探究》，《电子知识产权》2016 年第 4 期。

于怀城：《〈欧洲侵权行为法草案〉评述》，载《法律科学与社会》2008 年第 7 期。

哥伦比亚电影公司诉搜狐公司案，北京市第一中级人民法院民事判决书（一中民初字第 11932 号，2005）。

郑成思诉书升数字技术公司案，北京海淀区人民法院民事判决书（海民初字第 12509 号，2004），北京市第一中级人民法院民事判决书（一中民终字第 3463 号，2005）。

北京风行网络在线技术有限公司诉华录百纳有限公司案，北京市第一中级人民法院民事判决书（一中民终字第 15896 号，2010）。

正东唱片娱乐有限公司诉 Chinamp3.com 网案，北京市第一中级人民法院民事判决书（一中民初字第 400 号，2004）。

Chinamp3.com 网诉正东唱片娱乐有限公司案，北京市高级人民法院民事判决书（高民终字第 713 号，2004）。

《大学生》杂志诉北京京讯公众技术信息有限公司案，北京市第二中级人民法院民事判决书（二中知初字第 18 号，2001）。

王蒙诉世纪互联信息公司案，北京市海淀区人民法院民事判决书（海民初字第 57 号，1999）。

浙江泛亚电子商务公司诉张伟和百度案（杭州市中级人民法院决定第 199-1 号，2006）。

上海步昇音乐娱乐有限公司诉北京风行网在线技术公司案，北京市第二中级人民法院民事判决书（二中民初字第 13739 号，2006）。

北京慈文影视制作公司诉北京正乐佳科技公司案，北京海淀区人民法院民事判决书（海民初字第 21822 号，2005）。

广州中凯文化发展有限公司诉广州数联软件技术有限公司案，上海市高级人民法院民事判决书（沪高民三（知）终字第 7 号，2008）。

北京中国在线有限公司诉北京智竹科技有限公司案，北京朝阳区人民法院民事判决书（朝民初字第 34785 号，2013）。

国际唱片业协会诉百度公司案，北京市高级人民法院民事判决书（高民终字第 594 号，2007）。

国际唱片业协会诉百度公司案，北京市第一中级人民法院民事判决书（一中民初字第 7965 号、7978 号、8474 号、8478 号、8488 号、8995 号、10170 号）。

北京搜狐互联网信息服务有限公司诉芭乐互动（北京）文化传播有限公司案，北京石景山区人民法院民事判决书（石民初字第 1528 号，2013）。

湖南快乐阳光互动娱乐传媒有限公司诉同方股份有限公司案，北京知识产权法院民事判决书（京知民终字第 559 号，2015）。

上海幻电信息科技有限公司诉上海聚力传媒技术有限公司案，上海浦东新区人民法院民事判决书（浦民三（知）初字第 138 号，2015）。

十一大唱片公司诉阿里巴巴有限公司（雅虎中国）案，北京市第二中级人民法院民事判决书（二中民初字第 2621-2631 号，2007）。

华纳音乐（香港）公司诉阿里巴巴（雅虎中国）案，北京市高级人民法院民事判决书（高民终字第 1184 号，2007）。

浙江泛亚电子商务有限公司诉百度公司案，北京市第一中级人民法院民事判决书（一中民初字第 6274 号，2006）。

浙江泛亚电子商务有限公司诉百度公司案，北京市高级人民法院民事判决书（高民终字第 1201 号，2007）。

环球音乐有限公司诉百度公司案，北京市第一中级人民法院民事判决书（一中民初字第 02435 号，2010）。

百度公司诉中国音乐协会案，北京市第一中级人民法院民事判决书（一中民终字第 10275 号，2010）。

北京盛世骄阳文化传播有限公司诉北京动艺时光网络科技有限公司案，北京知识产权法院民事判决书（京知民终字第 796 号，2015）。

田少英诉北京荣宝斋拍卖有限公司案，北京市第一中级人民法院民事判决书（一中民初字第 12064 号，2003）。

杨洛书诉中国美术出版社案，山东省高级人民法院民事判决书（鲁民终字第 121 号，2007））。

华纳唱片公司（香港）诉阿里巴巴（雅虎中国）案，北京市高级人民法院民事判决书（高民终字第 1184 号，2007）。

责任编辑：李媛媛
封面设计：胡欣欣
版式设计：严淑芬
责任校对：白　玥

图书在版编目（CIP）数据

网络传播中的版权侵权责任比较研究／龙井瑢 著 . —北京：人民出版社，2018.12
ISBN 978 - 7 - 01 - 020070 - 5

I.①网…　II.①龙…　III.①互联网络-版权-侵权-行为-对比研究-美国、英国、
中国　IV.① D913.404

中国版本图书馆 CIP 数据核字（2018）第 273722 号

网络传播中的版权侵权责任比较研究
WANGLUO CHUANBO ZHONG DE BANQUAN QINQUAN ZEREN BIJIAO YANJIU

龙井瑢　著

人民出版社 出版发行
（100706　北京市东城区隆福寺街 99 号）

北京中科印刷有限公司印刷　新华书店经销

2018 年 12 月第 1 版　2018 年 12 月北京第 1 次印刷
开本：710 毫米 ×1000 毫米 1/16　印张：15.5
字数：245 千字

ISBN 978 - 7 - 01 - 020070 - 5　定价：53.00 元

邮购地址 100706　北京市东城区隆福寺街 99 号
人民东方图书销售中心　电话（010）65250042　65289539